Carmin/Arminger Das Buch vom Augenblick

E. R. Carmin / M. Arminger

Das Buch vom Augenblick

Lebe hier und jetzt –
oder Du lebst nie!

Oesch Verlag

CIP-Titelaufnahme der Deutschen Bibliothek

Carmin, E. R.:

Das Buch vom Augenblick : lebe hier und jetzt –
oder du lebst nie! / E. R. Carmin ; M. Arminger. –
Zürich : Oesch, 1989

ISBN 3-85833-385-9
NE: Arminger, Margret:

Schutzumschlag: Heinz von Arx, Zürich
Satz: Typobauer Filmsatz GmbH, Ostfildern
Druck und Bindung: Wiener Verlag, Himberg bei Wien
Printed in Austria

ISBN 3-85833-385-9

Die Welt wird jeden Tag neu geschaffen,
jeden Augenblick, den man sich bewußt
zu er-leben bemüht, anstatt ihn zu
ver-leben.

Inhalt

Vorwort

»In einem Augenblick hebe ich dich
heraus aus Zeit und Raum.
Leg die Welt beiseite,
und ich werde Welt in dir ...«

Schabistari: Der verborgene Garten

Die Zukunft gehört uns nicht, sie läuft uns immer davon, den Utopisten am allerschnellsten. Die Vergangenheit haben wir bereits verspielt. Sie ist erledigt, sie ist tot. Nichts können wir ändern, was gestern getan wurde, es ist geschehen. Was uns realistischerweise einzig bleibt, ist die Gegenwart, und diese, den Augenblick, haben wir nie richtig kennengelernt. Wir sehen in die Vergangenheit, um aus ihr angebliche Lehren für die Zukunft zu ziehen. Darüber vergessen wir die Gegenwart. Und die Zukunft bleibt uns so stets unbewältigte Vergangenheit.

Dieses Buch handelt vom Augenblick, vom Genuß des Augenblicks, von der Lust am Leben, von der Lust an der Liebe, schließlich vom Glück: Nur der Augenblick kennt es. Aber was ist schon Glück?

In einer Zeit, in der alles machbar erscheint, in der wir fast alles dürfen und auch fast alles tun können, in einer Welt der sich immer höher schraubenden Bedürfnisse und der massenhaften Glücksangebote, die unsere Sinne betören und abstumpfen lassen, hat sich das Glück in den Nischen des Unscheinbaren versteckt: Dort, im Alltag, abseits der Güterwelt, der Vergleiche und Rivalitäten und der Hast, suchen wir es nicht. Weil wir es mit so vielem verwechseln, haben wir verlernt, Glück zu empfinden, selbst wenn es uns begegnet. Und wo wir es herbeizwingen wollen, versagt es sich uns.

Es stimmt schon: Alles ist relativ. Und was dieses Buch betrifft, so ist es eine höchst persönliche Aussage und daher zwangsläufig subjektiv. Wir geben gerne zu, daß wir uns in der Literatur zu diesem Thema jene Zeugen ausgesucht haben, mit denen wir uns verwandt fühlen. Gerade dann, wenn man versucht, seine persönlichen Erfahrungen, Gefühle und Maßstäbe zu formulieren, entdeckt man zu seinem Erstaunen oft, daß auch ein anderer schon in irgendeiner Ecke der Welt ähnliches gedacht, empfunden und geschrieben hat. Dies bestärkt einen darin, sein eigenes gefühlsmäßiges Urteil für mehr oder weniger richtig zu halten – auch das Urteil, daß es, was immer sich ein Mensch auszudenken vermag, kein allgemeingültiges Urteil und keine objektive Wahrheit gibt.

Wenn Sie, verehrte Leser, also mit sich zufrieden sind und von sich behaupten, das Leben habe es gut mit Ihnen gemeint, dann lassen Sie sich durch dieses Buch nicht irritieren. Legen Sie es lieber aus der Hand, verschenken oder verkaufen Sie es, vor allem dann, wenn Sie das Buch erworben haben, weil das Thema möglicherweise gerade einem Modetrend entspricht. Sie könnten darauf kommen, daß Ihnen zum Glück am Ende doch eine ganze Menge fehlt und daß Sie womöglich gar nicht wissen, ja nicht einmal ahnen, was es heißt, das Leben nach Herzenslust und Leibeskräften zu genießen. Wenn Sie aber auch so zufrieden sind, dann bleiben Sie es bitte! Denn wir haben uns vorgenommen, ohne jede Ehrfurcht unsere subjektive Auffassung von Lebenslust und Lebensliebe gegen Modetrends, gegen nahezu alle Vorstellungen von Zufriedenheit, Glück und Liebe zu stellen.

Als Leitsatz begleitet dieses Buch die Meinung, daß das Leben viel zu ernst ist, um es ernst zu nehmen. Weil wir aber alles so fürchterlich ernst nehmen, kommen wir kurioserweise dazu, uns selbst und unser eigenes Leben auf die falsche Weise zu wenig ernst zu nehmen. Daher ist der Versuch, eine Art Philosophie des Lebensgenusses zu skizzieren, zunächst eine ernste Angelegenheit: ein Aufräumen und Wegräumen in den heiligen Hallen herkömmlicher Moralvorstellungen, Philosophien, Ideologien und Systeme, die wir uns und unserem Glück stets in den Weg stellen. Wir verlassen uns auf sie, statt daß wir uns auf uns selbst verlassen.

Deshalb ist in den ersten Kapiteln nicht so sehr von Anleitungen zu Glück und Lebenslust die Rede, sondern vielmehr von der Zerstörung der Einheit von Körper, Geist und Seele, vom Fluch des Fleisches, vom Tod der Gefühle, von der Abstumpfung unserer Sinne, vom Verlust unserer Sinnlichkeit. Es gilt, den geistigen Ballast von Jahrhunderten, ja von Jahrtausenden abzuwerfen, in denen sich immer wieder kluge Menschen selbstquälerisch den Kopf darüber zerbrochen haben, wie sie anderen Menschen weismachen können, daß die Welt ein Jammertal ist, bestenfalls dazu geeignet, es zu Fromm und Nutzen höherer Ideale auszubeuten. Vom fröhlichen Sein ist dabei nur sehr selten die Rede gewesen.

Wir halten die Welt – auch angesichts von Umweltkatastrophen und nuklearer Zerstörungsdrohung – nicht für ein Jammertal. Wir halten nichts von der Geschichte von der Vertreibung aus dem Paradies: Die Welt ist schön und paradiesisch wie eh und je, und wenn sie es nicht ist, dann liegt es ausschließlich an uns und daran, was wir daraus gemacht haben und daraus machen.

Ob es um unser persönliches oder um das kollektive Glück der Menschheit geht, stets warten wir darauf, daß irgend jemand irgend etwas tut: Politiker, Sozialreformer, Ideologen, Philosophen, Theoretiker, Bewegungen, Parteien. Aber ebensowenig, wie wir selbst fast gar nichts an der Welt ändern können, können »die anderen« etwas verändern. Alles, was wir können, ist, uns selbst zu ändern.

Dann können wir unter Umständen auch darauf hoffen, daß sich auf der Welt etwas ändert.

Daher kann dieses Buch kein Ratgeber zur Lebenslust sein, keine Anweisung für irgendeine Glücks- oder Liebestechnik, sondern eine Anregung, ein Anstoß vielleicht. Glück oder Lebensfreude kann nicht eingeübt werden, nur unsere Bereitschaft dazu. Die Glücks- und Genußfähigkeit gilt es zu entdecken, eine an sich einfache Sache, wenn wir aufhören, uns selbst das Leben kompliziert zu machen und die Gunst des Augenblicks an die Vergangenheit zu verlieren und an die Zukunft zu verschenken.

Im Heute, im Jetzt zu leben, das bedeutet auch, zu wissen, daß es niemals für irgend etwas zu spät ist. Was auch immer morgen geschehen mag, was auch immer wir für morgen planen, es ist nicht gewiß; alles, was wir sicher wissen, ist der Umstand, daß wir heute leben. Würden wir damit beginnen, uns das Heute gut einzurichten, müßten wir uns um die Zukunft nicht so viele Gedanken machen, wenn es stimmt, daß die Voraussetzungen der Zukunft in der Vergangenheit und in der Gegenwart liegen.

Dieses Buch ist daher nicht nur ein Philosophieren über den Genuß des Lebens, sondern der Versuch, eine Antwort darauf zu finden, was man als Einzelmensch, als Individuum, zur Behebung der verschiedensten Krisen beitragen kann. Daher sagen wir ganz bewußt nicht: Wenn der Wald stirbt, stirbt auch der Mensch, sondern: Unser Schicksal ist das Schicksal der Vögel (und des Waldes). Es ist unser Jetzt, wir sind es in diesem Augenblick, die wir unsere eigene und die Zukunft der Natur bestimmen. Der Meinung, daß die Zukunft der Natur auch die unsere sei, liegt ein Denkfehler zugrunde: Die Natur kann auf uns verzichten, denn sie ist ja mehr als bloß das Wäldchen nebenan. Aber können wir auf sie verzichten?

Hoffnung ist die zweite Seele der Unglücklichen, bezeichnete Goethe das ewige In-die-Zukunft-Schieben und sah damit das Unglück der Welt der Utopisten voraus, die die Nichtbewältigung der Gegenwart stets mit einer noch unerfüllteren Zukunft rechtfertigen.

Eine Philosophie des Augenblicks ist ebensogut eine Philosophie, wie sie gar keine sein will und sein soll. Wir haben uns auf die Spur verschiedenartigster Gedankenspiele gemacht, um viele von ihnen als wahre Unglücksbringer zu entlarven, vor allem jene, die um menschliches Glück kreisen. Es wird viel von den Streichen die Rede sein, die wir uns selbst spielen, wobei die hochgepriesene Erkenntnisfähigkeit des Menschen keineswegs abgewertet werden soll: Sie nämlich gibt uns die Möglichkeit, ihre eigenen Streiche und ihre Unzulänglichkeiten zu durchschauen.

»Wer nicht schmeckt, der weiß nicht«, beschreibt der große Sufi-Dichter Rumi die Diskrepanz zwischen Wissen und Erfahrung. Diese Diskrepanz ist wahrscheinlich daran schuld, daß wir zwar wissen, wie man das Leben genießt, es aber trotzdem nicht genießen können. So darf an dieser Stelle durchaus zugegeben werden, daß wir während der theoretischen Genußarbeit an diesem Buch nur allzuoft den Augenblick und das Sein vergaßen. Wiederentdeckt haben wir es in Sprichwörtern, uralten Weisheiten, in Parabeln und in der Dichtkunst: Hier war jenes gewisse »Etwas«, mit dem es dem Reich der schönen Künste immer besser gelingt, als dies die ausgefeilteste Wissenschaftlichkeit kann, zu unserem Verständnis vorzudringen: zum Verständnis des Herzens und des Verstandes.

Ob man sich des Lebens erfreuen oder es gar genießen kann, ist letztlich einzig und allein eine Frage des Entschlusses, ob man es genießen will oder nicht. Wenn wir zu diesem Entschluß beitragen könnten, dürften wir uns glücklich schätzen.

Nicht nur als Autor, sondern vor allem als Leser weiß man, daß ein Leser jedes Buch noch einmal schreibt, indem er sich daraus das für ihn Wichtige und Zutreffende heraussucht, indem er seine eigenen Überzeugungen hineinlegt und indem er überliest, was ihn unangenehm berühren könnte. Schreiben Sie also Ihre eigene Anleitung zum Genuß des Augenblicks – wenn Sie es wollen. Schreiben Sie das Buch vor allem dann noch einmal, wenn Sie sich nach den theoretischen Kapiteln die Fragen stellen, die wir uns auch gestellt haben. Sie wurden im Sinne dieses Buches spielerisch gestellt – anknüpfend an mehr oder weniger ernstgemeinte Sprüche, Dichtungen und Weisheiten. Durchwegs sind es eher traurige Fragen, doch bevor man glücklich lachen kann, muß man auch ein wenig weinen können, über sich selbst.

Das älteste und geheimnisvollste Spiel der Welt, das »I Ging«, geht davon aus, daß der Fragesteller im Kontakt mit einer gewissen Situation diese besser versteht. In diesem Sinne verstehen wir das Fragespiel zwischen den Kapiteln: als ein spielerisches Anklopfen an die Tür vieler Geheimnisse, die wir aus uns ausgeschlossen haben. Vielleicht gelangen wir dann mit ehrlichen Antworten zu jenem liebevollen Lächeln über uns selbst, dessen Kunst der Anfang aller Lebenskunst ist.

1. Teil

Liebe dich selbst ...

Die heute vielfach gestellte Forderung an den Menschen, er möge zu sich selbst und zu seiner Natur zurückfinden, ist nicht nur modern und zugleich uralt, sondern hat auch tatsächlich vieles für sich. Das Problem ist nur, daß diese Forderung stets zu vielerlei Mißverständnissen führt und zu sehr mit philosophischer Gewichtigkeit belastet ist. Sie verlagert das Problem nur allzuoft ins Metaphysische, verwirrt zuweilen mit sich widersprechenden psychologischen Erkenntnisweisheiten oder verfällt gar derart ins Religiöse, daß sie die einzelnen zu findenden oder neu zu entdeckenden Bestandteile menschlichen Seins in irgendeinen vagen Grenzbereich transzendiert.

Im Grunde genommen ist alles sehr einfach, sagte einmal ein weiser Mensch: Nur wir sind etwas kompliziert, daher ist auch das, was wir tun, nicht eben einfach – etwa, nach dem Sinn unseres Lebens zu fragen. Wie ebenfalls kluge Leute zu sagen pflegen, liegt es schon an der Fragestellung, wie die Antwort ausfällt, denn die richtig gestellte Frage beinhaltet auch ihre Problemlösung. Sehen wir einmal in die Gesichter unserer Mitmenschen (andere zu beobachten ist erfahrungsgemäß immer leichter, als ein Auge auf sich selbst zu werfen), beobachten wir die Gesichter der Fahrgäste in den Massenverkehrsmitteln, stellen wir uns auf den Gehsteig, und lassen wir die vorüberhastenden Menschen auf uns wirken. Wie oft haben wir dabei das sichere (weil vom Glücklichen auf uns überspringende)

Gefühl, da sei jemand darunter, der glücklich scheint? Nur scheint ...?

Da wir selber in den ernsten Angelegenheiten des Lebens stets zu Späßen aufgelegt sind, haben wir uns seit einiger Zeit angewöhnt, unsere Mitmenschen mit ganz banalen Fragen zu verblüffen. Es erwies sich als wirksame Methode, sie zu schockieren und wenigstens (so hoffen wir) für einige Augenblicke dazu zu veranlassen, sich mit sich selbst auseinanderzusetzen. Die übliche Begrüßungsformel ohne Verpflichtung zu Gefühl, innerer Beteiligung und Interessiertheit: »Hallo! Wie geht's?« haben wir ersetzt durch die Frage: »Hallo! Bist du glücklich?« Die stets wiederkehrende Reaktion auf solch provokatives Fragen war stets ein verdutztes Gesicht, gefolgt von einem etwas verlegenen Lächeln und schließlich von mehr oder weniger gestotterten Variationen: »Ach ja, äh, weißt du, glücklich, nicht wahr, es geht schon.«

Das geht noch. Aber fragen Sie mal jemanden, ob er das Leben genießt; das geht kaum mehr. Wie sollte man auch! Man tut halt, was man kann. Aber genießen ...? Und ob er das Leben liebt? Gott ja, was heißt das schon: das Leben lieben ...?

Glück, Genuß, Liebe: Das sind drei Begriffe, die wir zwar stets aussprechen, über die wir aber in stillschweigender Übereinkunft ein Tabu gebreitet haben, auch wenn das jedermann vordergründig ableugnen würde. Schließlich hört jede Hausfrau allabendlich, wie glücklich sie sein könnte bei der Verwendung dieses oder jenes Waschmittels. Schließlich hört jeder junge Mann, wie er geliebt werden könnte nach Eliminierung seines Mundgeruchs durch irgendeine Spezialzahnpasta. Und schließlich erfahren wir, wie sich das Leben mit einer Fertigsuppe dieser oder jener Art genießen läßt: Familienglück am Sonntag.

Genug. So einfach ist es natürlich nicht. An qualitativ weitaus höher stehenden Glücks-, Liebes- und Genußrezepten fehlt es heute wahrlich nicht; wer will, kann sich davon total verrückt machen lassen, um so, im Überfluß des Angebots seiner natürlichen Glücks-,

Liebes- und Genußfähigkeit beraubt, den Zuhältern der Konsumgefühle von neuem auf den Leim zu gehen. Gewiß würde jeder, einmal danach gefragt, Dutzende Gründe dafür angeben können, wodurch sein persönliches Glück geschmälert, die Möglichkeit des Genießens eingeschränkt wird und warum es mit der Liebe im allgemeinen und im besonderen nicht so recht klappen will. Jeder wird ebenso gewiß unter diesen Begriffen etwas mehr oder weniger anderes verstehen, und jeder wird anderswo die Schuld dafür finden.

Woran mag es wirklich fehlen?

Es gibt zahlreiche allgemeine Theorien darüber, warum Glück, Lust, Genuß, Liebe und Freude in unserer Zeit nicht nur begrifflich, sondern vor allem auch praktisch trübe und verschwommen wurden, und jede einzelne Theorie ist wohl ein Teil der ganzen Wahrheit. Daß vor allem in unseren westlichen Konsumgesellschaften die edleren Qualitäten des Glücks, des Lebensgenusses, bei dessen Kollektivierung und Degenerierung zum bloßen Konsumartikel abhanden gekommen sind, ist nicht verwunderlich, auch nicht, daß deshalb heute viele so tun, als wäre wahrhaftiges Glücklichsein eher etwas Komisches und Vulgäres. Schließlich ist man immer wieder versucht, das abzuwerten, was man selbstverschuldet verloren hat, um so wenigstens ein elitäres Überheblichkeitsgefühl über den Verlust zu retten.

Wer sich offen dem Genuß des Lebens verschreibt und kein Hehl daraus macht, aus dem Leben den größtmöglichen Genuß ziehen zu wollen, muß naturgemäß mit allerlei Mißverständnissen und mit dem erhobenen Zeigefinger althergebrachter wie moderner Prüderie rechnen: Wie kann man nur, in dieser schrecklichen Welt, nicht wahr? Ein Erbe unserer Geistesgeschichte oder besser: unserer Denkgeschichte. Der Mensch ging – pervers, wie er eben manchmal ist, wenn er sich zu sehr auf das Denken verläßt – so weit, daß er nicht das Unglück zu fliehen aufforderte, sondern die Lust, das Glück, die Liebe, die Freude. Haben einst die Religionen den Ort des unbeschränkten Glücks und der Liebe (ohne dabei die Frage der Lust und des Genusses auch nur flüchtig zu berühren) in jenseitige, dem Sterblichen unzugängliche Räume verlegt, so bedeutet es heute, sich auf die Spur unverfälschten Lebensgenusses zu begeben, auszubrechen zumindest aus den Zwängen derer, die glaubten, sogar das Glück zur käuflichen Ware degradieren zu können.

Das ist aus vielen Gründen ebensowenig einfach, wie einst etwa einem Inquisitor klarzumachen, daß die Glücksverfrachtung ins Jenseits womöglich ein schlimmer Betrug am Schöpfungswillen sein könnte. Nein, es ist nicht einfach, und manchmal trügt der Schein des massenhaft verdünnten Lebensglücks nur allzugut. Darüber hinaus sind ja wir alle die Gesellschaft, jeder einzelne, und wenn es die Gesellschaft ist, die uns in Sachen Lebensqualität, Lebenslust, Glück und Liebe falschen Schein für echtes Gold verkauft, dann sind wir nicht unschuldig am Selbstbetrug.

Natürlich müssen alle diese allgemeinen Bedingungen analysiert und hinterfragt, aufgezählt und der Vollständigkeit halber wiederholt werden, wenn wir etwas darüber wissen wollen, warum es so mit uns steht. Im Grunde genommen ist aber alles doch einfacher, als man denkt. Erinnern wir uns an den bereits erwähnten Leitsatz dieses Buches, das Leben sei viel zu ernst, um es ernst nehmen zu können. Schon der weise Konfuzius hatte sich gewundert: Warum nur macht sich die Welt so viele Sorgen? Das ist eine sehr berechtigte Frage. Vielleicht ist es ein gewisser Autonomismus unseres Gehirns, unserer Verstandeshälfte, der uns daran hindert, alles ein bißchen weniger ernst und kompliziert zu nehmen, und der der Grund dafür ist, daß wir das Naheliegende oft übersehen.

Was sind denn die Grundvoraussetzungen dafür, daß wir – unabhängig davon, was es nun eigentlich ist – unser Lebensglück finden, daß wir das Leben genießen, ihm seine besten Seiten abzugewinnen vermögen, daß wir liebesfähig sind? Die Voraussetzung sind wir selbst, ist unsere Bereitschaft dazu, unser ganz eigener Wille, ist unser ganz persönlicher Sinn, den wir im Leben sehen. Es liegt so nahe und doch, ach, so fern! Worin sonst könnte denn der Sinn des Lebens bestehen als in seinem Genuß, in seiner Glückhaftigkeit? In der Liebe zum Leben an sich, ohne die wir unfähig sind, überhaupt zu lieben? Freude am Leben und Genuß des Lebens freilich nicht als Zweck für irgend etwas, sondern als natürliche Einstellung dem Menschenleben und dem Leben überhaupt gegenüber. Wozu wären unsere Sinnesorgane, unsere Fähigkeit, sinnlich und fühlend und bewußt wahrzunehmen, denn sonst gut?

Gewiß, die sauertöpfischen Philosophen haben wie ihre Kollegen von der Theologie stets daran herumgetüftelt, welchen übergeordneten irdischen oder überirdischen Zweck das Leben habe. Indem und wohl weil sie sich dabei der Beweisführung durch eine nichtbewiesene und auch nicht beweisbare Voraussetzung schuldig gemacht haben, sind sie bis heute zu keiner Lösung gekommen. Ob Religion oder Philosophie: Stets wurde zuviel Zweckhaftigkeit, Planmäßiges und Übersinnhaftiges vorausgesetzt in dem merkwürdigen Bestreben, einem die Lust und die Freude am Leben zu verleiden.

Das Tragische ist, daß sich diese Unart offenbar wie eine menschliche Erbsünde fortpflanzt. Waren und sind auch heute noch nicht etwa das Glück und die Lust am Leben das Hauptanliegen der Theologie, sondern die Erlösung und Befreiung aus dem irdischen Jammertal, so verfallen manche Philosophen und Denker des sogenannten New Age in einen ähnlichen, wenn auch oft gut getarnten Daseinspessimismus: Sie finden das Glück erst in einer anderen Dimension, zuweilen und bei viel Exerzitium womöglich noch im Diesseits und im Leben, aber doch hart an der Grenze. Haben uns die altvorderen Geistmenschen in ihren scholastischen Apparaturen so lange destilliert, bis sie aus uns Menschen nicht einmal mehr Seele oder Geist, sondern bloß noch eine Art geistiger Quintessenz gemacht hatten, so möchte uns heute so mancher ihrer modernen Nachfahren am liebsten im Teilchenbeschleuniger des kollektiven Bewußtseins in die Blutbahnen des Allbewußtseins schießen, wo wir dann mit einer Geschwindigkeit von möglicherweise 100000 Umdrehungen pro Sekunde als Protonen um einen universellen Zellkern flitzen. Auch hier gerät wiederum und in neuem Gewand das Problem des Lebens an sich vielfach in Vergessenheit über dem anderen Problem, wie man aus dieser Welt hinauskommt: eine Problemstellung, die wir für den Ratschluß einer höheren Instanz halten können, wenn wir wollen, die aber notwendigerweise (um nicht zu sagen: typischerweise) aus menschlich grübelndem Verstand hervorgegangen ist.

Nein, wir wollen mit niemandem streiten und halten alles für glaubhaft und möglich. Wir neigen, aus purer Liebe zu diesem jetzigen Leben, durchaus zu dem Glauben an eine Wiedergeburt, die uns möglicherweise neuerlich in den Genuß bringt, dem Leben zwischen Geburt und Tod die besten Seiten abzugewinnen, womöglich mit mehr Erfahrung und Raffinesse. Vor allem glauben wir felsenfest an eines: Selbst wenn es nach diesem Leben hier und jetzt eine andere Form der Existenz gäbe, ein neues, anderes Leben oder ein Auferstehen und Aufgehen in paradiesischen und himmlischen Gefilden – wie kann daraus etwas werden, wenn die Basis, das Verdienst gewissermaßen, aus dem tristen, sauertöpfischen, unglücklichen, lieblosen, ständig im Kampf um irgendwelche Überwerte befindlichen, schlicht und einfach tragischen Leben im Diesseits kommt? Nein, die Frage nach irgendeinem Überzweck des Lebens ist nicht praktisch. Bevor wir uns mit blassen Andeutungen von himmlischen Choralgesängen beschäftigen, stellt sich die viel naheliegendere Frage: Wie mache ich das Beste aus meinem Leben? Wie finde ich das Glück in diesem Leben? Und zwar eben nicht im Sinn von ausschließlich materiellem Erfolg, weil Glück und Lust und Freude niemals etwas Wägbares sein können, sondern in der ganz einfachen und schlichten Absicht, sich letztlich am Leben zu freuen und am Ende sagen zu können: Es war gut. Ich habe gelebt. Ich habe geliebt. Ich habe es genossen. Es war ein Glück.

Was so einfach klingt, scheint indes für viele Menschen überaus schwierig zu sein, vor allem in einer Zeit, die uns nicht nur mit allen möglichen Arten tatsächlicher und potentieller oder auch bloß eingebildeter Katastrophen belastet, sondern uns darüber hinaus mit einer Unzahl von scheinbaren Genuß- und Lustmöglichkeiten überfrachtet und überreizt. Stimmt es denn nicht, daß wir uns nahezu alles leisten können? Ja, sicher, und trotzdem ist es mehr als ein bloßes Gefühl, ein bloßer Verdacht, daß sich die meisten unserer Mitmenschen geradezu schämen, wenn sie in die Nähe dessen gelangen, was wir mit Lebenslust bezeichnen. Mehr denn je gilt die resignative Frage des Chinesen Li Po aus dem 7. Jahrhundert: »Unser Leben schwebt dahin wie ein Traum; wie oft wohl kannst du ganz dich selbst genießen?«

Irgend etwas hat die Menschen dazu gebracht, daß sie nicht nur eine absolut negative Einstellung zu ihrem eigenen Leben haben, sondern auch nicht wollen, daß andere eine positive Sicht von ihrem Leben kultivieren. Das eine scheint das andere zu bedingen. Da gibt es in unserem engsten Verwandtenkreis beispielsweise jemand, der uns eines Tages im Verlauf eines durchaus angenehmen Gesprächs mit vollster Überzeugung und mit einer Endgültigkeit, die keine weitere Diskussion erlaubte, erklärte: »Es gibt nichts Schönes im Leben. Im Grunde genommen nicht. Niemals wieder möchte ich leben. Weder hier noch sonstwo. Nein – ich bin nicht unglücklich, aber trotzdem ...« Das war kategorisch. Dem war nichts entgegenzusetzen als betroffenes Schweigen.

Im Leben dieses Menschen gab es zweifellos die üblichen Wechselfälle von Trauer und Freude, von Liebe und Schmerz, von Hoffnung und Hoffnungslosigkeit, den Verlust dieses und jenes geliebten Menschen, diese oder jene Enttäuschung über Nichterreichtes, aber eben doch auch Grund zur Freude, Momente der Liebe und des Glücks. Oder waren es nur potentielle, nicht begriffene, gefühlte, gestützte Möglichkeiten dazu? Kann das alles spurlos vorübergehen? Es gibt ein altes Sprichwort, das besagt, schlechte Träume machen die guten Träume zunichte. Ist das Schöne im Leben so flüchtig wie im Traum, der glückliche Augenblick so kostbar, daß er so teuer bezahlt werden muß?

Könnten wir den Fall aus einer religiösen Sicht klären, wäre die Sache einfacher. Da jedoch bei diesem Menschen keineswegs von besonderen und intensiven religiösen Vorstellungen die Rede sein kann, liegt der Verdacht nahe, daß seine Lebenseinstellung ihre überaus irdischen Ursachen hat. Wenn auch drastisch als Beispiel, so ist dieser Fall doch kein Einzelfall. Wo nicht pure Lebensverneinung verkündet wird, ist in vielen Fällen zumindest Gleichgültigkeit und Apathie dem eigenen Leben gegenüber zu entdecken: »Unser Leben schwebt dahin wie ein Traum ...« Wir lassen es entschweben, und schließlich bleibt uns wirklich nichts anderes übrig, als zu fragen: Was sollte es denn gewesen sein? War das alles? Eben: Wer sich nicht immer wieder darum bemüht, geboren zu werden, sagt der amerikanische Sänger Bob Dylan, ist damit beschäftigt zu sterben.

Doch: Wann und wie hätte man denn lernen können, das Leben zu lieben, die Liebe in einem umfassenden Sinn zu lieben, das ganz persönliche Glück, die unverwechselbare und unersetzbare persönliche Lust am Leben zu empfinden, wenn uns Tag für Tag nur gelehrt wird, mehrheitlich zu denken, zu handeln, zu fühlen? Niemand sagt uns, und es steht in keinem Anstandskatalog: Liebet einander, seid glücklich! Wir hören nur, was wir lieben und womit wir glücklich sein sollen, unter welchen Bedingungen und materiellen Voraussetzungen. Spätestens ab der Tagesschau feiern wir dann die große Messe der gleichgeschalteten Gefühle. In der Tat: Das Problem erweist sich als ein Problem der Inflation, der Abwertung durch Quantität, der Vermassung und Verdünnung.

Die moderne Gesellschaft hat uns des Instrumentariums und der nötigen Sensibilität für das persönliche Lustempfinden, für den individuellen Lebensgenuß beraubt. Oder präziser ausgedrückt: Die Vordenker, die Idealisten, die intellektuellen Seiltänzer, die sogenannten gesellschaftsbildenden Kräfte, die Glücksverwalter und Glücksverteiler der modernen Massengesellschaft haben uns beraubt, und wir, jeder einzelne von uns, ließen uns berauben. Jetzt fehlt uns vielfach die nötige Kraft, aus diesem allgemeinen Dämmerzustand aufzuwachen, aus diesem uns vorgegebenen Traum von einem Leben nur scheinbarer Selbstbestimmung. Eingelullt in die Regeln des kollektiven Wohlseins, fehlen uns sowohl die Energie wie auch der Mut, auf eigene Faust zu leben, auf eigene Faust zu genießen. Die Gemeinschaft der Opfer der Massenkultur ist eben unerbittlich allfälligen Dissidenten gegenüber, die sich womöglich erfolgreich dem Glücksdiktat der Vergesellschaftung widersetzen und Öffentlichkeit und Privatsphäre unterscheiden. Was das glückliche Leben betrifft, will die Gesellschaft – nicht nur diejenige der Ostblockländer, sondern vor allem die in der Masse glückliche Gesellschaft des Westens – keine Nonkonformisten und schon gar keine Realisten. Denn Realismus bedeutet dies: das Leben zu nehmen, wie es ist, den Sperling in der Hand für besser zu halten als die Früchte der sich ständig nach oben drehenden Spirale von Bedürfniswecken und vagen, letztlich nicht einlösbaren Befriedigungsversprechen.

Die moderne Gesellschaft der Massenbeglückung hat im Grunde genommen dasselbe angestellt wie die Religionen, die das menschliche Glück ins Jenseits verfrachtet haben: Sie hat den unmittelbaren Zusammenhang von Leben, Genuß und Glück zerbrochen. Es ist das alte faustische Lied von dem, der Gutes will und Böses schafft.

Der Gedanke der Aufklärung, der an der Wiege unseres Zeitalters stand, hatte ja wirklich nichts Schlechtes an sich: Gleiches Recht und gleiches Glück für alle, das größtmögliche Glück für eine größtmögliche Zahl von Menschen. Jeder hat ein Recht darauf, nicht erst im Jenseits, sondern eben und vor allem im Diesseits. Doch um etwas verteilen zu können, muß es auch meßbar, sozusagen handfest und greifbar sein, auch das, was man leichthin mit dem Begriff der Qualität des Lebens umkreist: Befriedigung körperlicher, geistiger, gefühlsmäßiger Bedürfnisse, also auch Genuß, Lust und Liebe. Wir wissen es: Es ist die Verwechslung von Sein und Haben, und danach haben wir begonnen, alles am Haben zu orientieren und zu messen. Lebenslust und Lebensglück wurden zur trivialen Frage des bloßen Besitzes und des verbürgten Anspruchs.

Arnold Gehlen hat in seiner »pluralistischen Ethik« *(Moral und Hypermoral)* diese Entwicklung folgerichtig diagnostiziert: »... da nun alle diese physiologischen und auch die vitalen Zustände von außen her durch die Andienung von Gütern in hohem Grade lenkbar und steigerbar sind und da ferner die modernen Industriegesellschaften über die entsprechende Kapazität für die Produktion und Verteilung verfügen, wird der Staat zum Adressaten der Erfüllungswünsche und die Politik ihrer Idee nach zu einer Technik des Glücks.«

Staat oder Gesellschaft, Eltern oder Kinder, Ehemann oder Ehefrau – die Materialisierung des Seins zum bloßen Haben hat uns dazu gebracht, ständig von irgend jemand die Erfüllung unserer steigenden Bedürfnisse zu verlangen. Jeder möchte jemand sein, solange er nicht selber dieser Jemand ist: der Besitzer von diesem oder jenem, der Besitzer auch dieses oder jenes Anscheins von Sein, dessen Wert nicht nach der Frage »Wer bin ich?«, sondern nach dem Schlüssel »Was bin ich?« gemessen wird. Es liegt in der Natur der materiellen Dinge, daß das Glücksrittertum unserer Zeit zwangsläufig etwas vom Kampf Don Quijotes gegen die Flügel der Windmühle zu tun hat. Der Weg ins Schlaraffenland wurde zum Teufelskreis, das Streben nach dem wirklich Genießbaren im und am Leben zum Schattenboxen. In der Psychologie weiß man darum, daß der Besitz nach dessen Erwerb zu schalem Kaffee wird, der nicht mehr schmeckt – nicht zuletzt auch, weil auf dem Tisch des Rivalen eine andere Sorte Kaffee ein anderes Aroma verströmt. Die Konsumwerbung, die modernisierte Version der Verführung im Paradies, weiß dies bekanntermaßen bestens auszunutzen.

Jetzt stehen wir also im Warenhaus vor vollgefüllten Regalen, wissen nicht, was wir mitnehmen sollen, und kommen uns als das vor, was wir sind: verloren. Wir greifen nach einer neuen Kaffeesorte und wissen im Inneren, daß wir den Kaffee gar nicht wollen. Äußerlich haben wir uns alle Freiräume und Möglichkeiten des Lebensgenusses verschafft. In unserem Inneren aber schlug die Überfülle um in Öde, in ein Vakuum, in dem wir nicht einmal mehr nach Luft zu ringen vermögen: Als gegenseitige Benutzer sind wir selbst zur bloßen Sache geworden. Der Überfluß an Haben hat uns selbst zu Überflüssigen gemacht: Jedem das gleiche.

Wenn wir der Öde des Lebens überdrüssig geworden sind, fliehen wir ganz unbewußt in die für uns bereitgehaltenen Ersatzwelten der Medien, in die Glücksfabriken der Profitmacher, wo auch unser Innenleben nach den Gesetzen des Marktes geregelt wird. Wir leben, denken, fühlen, freuen, leiden in einer fiktiven Welt, die wir uns täglich ins Haus holen. Auch hier erleben wir die ständige Steigerung des Angebots auf die wachsenden Bedürfnisse nach Gefühlsbefriedigung: in immer extremeren Situationen, in immer absurderen Aufregungen, mit denen wir uns kurzfristig identifizieren. Im Grunde genommen machen wir ständig Erfahrungen, die nicht unsere eigenen Erfahrungen sind. Wir schlüpfen in Rollen, die uns ansprechen, die wir zu sein wünschen, bis wir tatsächlich nur mehr eine Rolle spielen können. Wir leiden Kunstleiden, wir empfinden Kunstglück. Wir leben in Dallas oder in den fashionablen Zirkeln des Denver-Clans, wir beschäftigen uns mit den Problemen der alternativen Filme. Selbst die Weltereignisse konsumieren wir in vorgekauten Kommentaren, die uns einer eigenen Meinungsbildung entheben; unser eigentliches Leben abseits vom bloßen Broterwerb leben wir in Gastrollen in fremder Menschen Biografien.

Die Fixierung auf Fiktionen und Fremderlebnisse ist zum letzten Fluchtweg aus der Öde des unbefriedigenden Habens geworden. Ernährt vom Leben aus der Konserve, sind wir selbst zu Lebenskonserven geworden, die vielfach nur noch nach fremden, vorgegebenen Verhaltensmustern zu reagieren vermögen. Es bleibt, so scheint es, keine Lücke, die unmittelbares Selbsterlebnis und damit Selbsterfahrung zuläßt. Sogar die Sehnsucht nach eigenem Erlebnis, nach persönlicher Authentizität, letzte und vielfach nur unbewußte Erinnerung an das, was das Leben sein könnte, erlischt allmählich unter dem Ansturm von Künstlichkeit.

Wir sind süchtig geworden, Voyeure, mehr noch, Gefühlsvampire, die ohne Energieversorgung aus anderer Leute Leben nicht mehr existieren können. Unsere Privatsphäre ist dahin. Selbst wenn wir uns räumlich zurückziehen, können wir nicht allein sein. Ständig kümmern wir uns um andere oder lassen zu, daß sich andere um uns kümmern. Selbst dort, wo wir Individualisten zu sein glauben und Annäherung an unser eigenes Selbst zu finden hoffen: in der Mode, in extremen Naturkontakten oder beim Sport, sind wir fremdbestimmt. Das Gefühl der Unzulänglichkeit läßt uns nicht zur Ruhe kommen. Wir bekommen Angst vor uns selbst. »Jedes krankhafte Interesse am anderen«, schreibt Bruno Bettelheim, »ist die Folge eines Gefühls eigener Unzulänglichkeit – deshalb sind wir so darauf versessen, zu erfahren, wie andere die Dinge meistern. Wenn wir alle fähig wären, unser eigenes Leben zu gestalten, hätten wir wenig Grund, das Leben anderer ordnen zu wollen.«

Genau das wollen, ja müssen wir aber, wenn wir in unserer Beengtheit, in unserer stumpfsinnigen Empfindungs- und Erlebnisunfähigkeit nicht zerplatzen wollen. Wir sind darauf versessen, den anderen zu beobachten; über uns selbst haben wir nichts zu reden. Wir brauchen die Fehler und Unzulänglichkeiten der anderen, um atmen zu können. Wir geilen uns an den beruflichen und privaten Schwierigkeiten unserer Nachbarn auf. Selbst der Tod oder die Krankheit eines beliebigen Bekannten werden zum genüßlich aufgetragenen Gesprächsdessert am sonntäglichen Mittagstisch. Mehr das Unglück und das Leid als die Freude und das Glück der anderen faszinieren uns. Da spielt auch unbewußte Rache mit dafür, daß wir uns selbst nicht nur aller Spielräume für eigenes Erfahren beraubt haben, sondern auch den Mut zum eigenen Wesen nicht mehr finden. Deshalb wollen wir geradezu begierig in den anderen sehen, was wir für uns selbst nicht bekennen können.

Die natürliche Reaktion auf unser eigenes voyeuristisches, ja vampiristisches Verhalten ist die Angst vor dem Mitmenschen. Lebend aus zweiter und dritter Hand, sind wir zu Schauspielern geworden und spielen bewußt oder unbewußt den Zuschauern eine Rolle vor, die ihnen zusagen soll, uns selbst aber noch kränker macht, als wir es ohnedies schon sind. Unfreiwillig, und doch auch freiwillig, sind wir unsere eigenen Gefangenen: Wir wollen, wie es Victor Frankl ausdrückt, entweder nur das, was die anderen wollen, oder wir tun das, was die anderen wollen, oder wir tun nur das, was andere wollen oder wovon wir glauben, daß andere von uns wollen, daß wir es tun sollten. Das ist dann unsere ganze Persönlichkeit. Und dieses Wort stammt nicht von ungefähr vom lateinischen *persona*, das heißt Maske: Es ist das Ergebnis von Indoktrination, Einbildung, Nachahmung, Illusion, hinter dem das, was wir sind oder doch sein könnten, im Laufe unseres Lebens zusammenschrumpft zu einem absoluten Nichts oder bestenfalls zu einem kümmerlichen Rest, der sich hin und wieder in dumpfen Sehnsüchten oder leisen Regungen unseres Gewissens äußert.

Wir leben ein geborgtes, ein gekauftes, ein abgeschautes Leben. Und wir fühlen uns vordergründig dabei manchmal sogar ausgesprochen wohl. Hin und wieder aber befällt uns der Katzenjammer: Irgend etwas stimmt dabei nicht. Aber was? Irgend etwas fehlt in diesem ganzen Angebot, da ist ein Mangel in der Überfülle! Irgend etwas wird uns vorenthalten. Und dann wissen wir es ganz genau: Das Leben ist schuld, die Gesellschaft ist schuld, beide wollen uns, so scheint es, nicht geben, wovon wir nur ahnen, daß es uns fehlt, und wovon wir nicht recht wissen, was es ist. Gewöhnt daran, bedient zu werden, wissen wir bloß eines: Leben und Gesellschaft, vielleicht auch Gott, sofern wir an einen Gott glauben, sind uns etwas schuldig geblieben.

Die größte Tragödie, so sagt Erich Fromm, ist es, daß die meisten Menschen sterben müssen, ehe sie ganz geboren sind. Wir sterben auf irgendeine Weise jeden Augenblick unserer Lebens, den wir nicht aus uns selbst leben, den wir nicht mit uns selbst leben, sondern nur als bloße Empfänger und Relaisstationen fremder Einflüsse und Eindrücke.

Die Forderung, der Mensch möge endlich zu sich selbst finden, ist wahrhaftig von Bedeutung. Schon die alten Griechen forderten die Menschen dazu auf: Erkenne dich selbst. Damit haben wir jedoch unsere Schwierigkeiten, offenbar seit es uns gibt. Es fehlen uns, so scheint es, seit Adams Zeiten der nötige Realismus und auch der nötige Humor für die Komödie der Menschheit, die sich, mit allen natürlichen Schwächen geplagt oder gesegnet, stets auf der Pilgerfahrt in irgendwelche himmlische Gefilde befindet und dumpf darüber brütet, warum die Mächte der Schöpfung sie so unvollkommen sein ließen.

Wir haben Sokrates nicht zugehört, der nicht nur Selbsterkenntnis forderte, sondern auch hinzufügte: »Welche Autorität ich auch haben mag, sie beruht einzig und allein darauf, daß ich weiß, wie wenig ich weiß.« Ein Rufer in der Wüste, wie Platon, der dies in dem hübschen Satz formulierte: »Indem ich also fortging, gedachte ich bei mir selbst, als dieser Mann bin ich nun freilich weiser. Denn es mag wohl keiner von uns beiden etwas Tüchtiges oder Sonderliches wissen; allein dieser meint etwas zu wissen, obwohl er nicht weiß, ich aber, wie ich eben nicht weiß, so meine ich es auch nicht. Ich scheine also um dieses wenige doch weiser zu sein als er, daß ich, was ich nicht weiß, auch nicht glaube zu wissen.«

Der Mensch, der sagt: »Ich kenne mich selbst«, kennt sich selbst nicht. Möglicherweise aber hat der Mensch, der weiß, wie wenig er von sich weiß, eine vernünftige Chance, etwas über sich herauszufinden, bevor er stirbt. Das freilich war uns stets zu wenig. Wir wollten es immer genau wissen, und was wir nicht wußten, das erfanden wir einfach und erklärten es zur absoluten Wahrheit. Seit wir uns zu dieser intellektuellen Ungenügsamkeit entschlossen haben, nämlich in uns selbst stets mehr zu sehen, als wir womöglich sind, befinden wir uns mit permanenten Fehlschlägen auf einem Entwicklungsweg, der einen allfälligen Schöpfer in aufrichtiges biologisches Entsetzen geraten lassen muß: Wir haben es uns zur Aufgabe gemacht, uns ständig einer von uns selbst geschaffenen Kultur anpassen zu wollen. Über all unseren hochfliegenden Plänen pflegen wir das Naheliegende zu vergessen, nämlich daß wir zwischen Geburt und Tod, einer real durchaus absehbaren Anzahl von Jahren, zunächst ganz einfach zu leben haben.

Um keine Mißverständnisse aufkommen zu lassen: Nicht diese oder jene Kultur oder diese oder jene Ordnung des Zusammenlebens ist schlecht (wenngleich von der Vernunftbetontheit und der Perfektion der sozialen Ordnung her gesehen die Ameisen vermutlich längst vor dem Menschen die Siegespalme verdient haben; der Ameisenstaat ist Sozialismus in höchster Vollkommenheit). Unsere Crux im Gegensatz zu den Ameisen scheint zu sein: Wir vergessen ständig, wer wir sind. Wir haben vergessen, daß wir, jenseits von allem Metaphysischen, Lebewesen sind, die in dieser Welt, auf und mit dieser Erde und mit einer Vielzahl anderer Lebewesen (nicht nur Menschen) für eine bestimmte Zeit zu leben haben. Daß wir im Gegensatz zu anderen Lebewesen auch noch einen Verstand und so etwas wie ein Potential an Bewußtheit haben, also die Fähigkeit, bewußt zu handeln, zu leben und zu erleben, gibt uns im Vergleich zum Tier die Möglichkeit, ja verpflichtet uns dazu, dieses Leben so schön zu er-leben wie nur irgend möglich.

Irgendwann und irgendwie aber kommen grübelnde Menschenwesen immer wieder auf den Gedanken, daß man es sich so einfach nicht machen dürfe und es sich für die Krone der Schöpfung gezieme, mit tierischem Ernst und ohne einen Funken Humor nach dem Unerreichbaren zu greifen, ehe der Mensch auch nur Zeit hatte, das Gegebene zu schützen. Es ist eine geradezu fatale Neigung zum Idealismus, der die Menschheit nicht nur vorwärts, sondern dabei stets auch in die Irre führt. Solcherart edles inneres Streben nach Höherem wäre nicht so schlimm, wenn es wenigstens einen Hauch von Humor an sich hätte. Wir indessen meinen, Unzufriedenheit sei eine Gabe der Götter.

Zu sich selbst finden: Die Frage ist nur immer, wie macht der Mensch das? Wie kommt er zu sich selbst und zum Naheliegenden durch das glitzernde Labyrinth von künstlichen Welten, utopischen Vorstellungen, fremden Idealen und Gedanken? Was könnte den modernen Menschen, der unter dem hohen Blutdruck ständigen Tätertums leidet, etwa dazu bringen, auch nur einen Augenblick innezuhalten und zu bekennen: Himmel! Das Leben ist doch schön!

Zerstörerische Beglückungsversuche

Gerade heute erleben wir eine regelrechte Inflation mehr oder weniger brauchbarer Glücksrezepte, Selbstfindungsanweisungen, Weltverbesserungspläne. Da sind die vielen umweltgeschädigten Idealisten, die in der ihnen eigenen charmanten Irrationalität in alte oder neue utopische Träume flüchten und sich von ihnen forttragen lassen in eine imaginäre, möglicherweise schöne, aber eben nicht der Wirklichkeit entsprechende Welt allgemeiner Beglückung und gar menschlicher Überentwicklung. Da sind unzählige ernsthafte, ehrgeizige und vermutlich überaus gutmeinende Weltverbesserer, die, wenn sie nur könnten, der Welt und den Mitmenschen ihre Ideale und persönlichen Schuldprobleme aufzwingen würden, um so die Wunden zu heilen, die ihnen ihr eigenes Leben und vor allem ihre eigene Unzulänglichkeit geschlagen haben: die zwangsläufig Enttäuschten, die stets und vergeblich die Welt zu ändern versuchen, bevor sie mit sich selbst zu Rande gekommen sind. So ist denn die menschliche Geschichte in der Tat eine Geschichte ständiger Weltveränderungs- und Beglückungsversuche, die einhergeht mit einem proportional anwachsenden Zerstörungsgeist: die Reaktion auf die permanente Enttäuschung über die Nichteinlösbarkeit übersteigerter Glücksverheißungen.

Immer wieder begegnen wir in verschiedenen Variationen demselben Fehler menschlichen Denkens: zu glauben, man könnte etwas am Prinzipiellen ändern. Es gibt aber keinen Determinismus in menschlichen Angelegenheiten. Der Faktor des Menschlichen ist es eben, der die Berechnungen aller Theorie- und Systemfanatiker umwirft und allen Urhebern von Gesetzen, Institutionen und sozialen Allheilmitteln letzten Endes doch immer wieder ein Schnippchen schlägt. Der Fehler ist, so scheint es, daß wir, wenn wir unzufrieden sind mit uns selbst, stets versuchen, andere zu ändern. Und da sich immer wieder jemand bereit findet, eine Idee zu produzieren, wie sich alles zum Besseren verändern ließe, verläßt sich die passive Hälfte der Menschheit darauf, daß die Dinge schon irgendwie geregelt würden. Da aber niemand die Dinge für einen anderen so regeln kann, daß dieser am Ende vollends zufrieden ist, folgt zwangsläufig eine Enttäuschung auf die andere.

Die Psychologie des einzelnen, so der Schweizer Psychologe C.G. Jung, entspricht der Psychologie der Nation. Was die Nationen tun, tut auch jeder einzelne, und solange es jeder einzelne tut, tut es auch die Nation. »Ich muß mein eigenes System finden, oder ich werde zum Sklaven des Systems eines anderen.« Dieser Ausspruch von William Blake bringt uns einer möglichen Lösung nahe, sofern man sich selbst nicht wieder mit irgendeiner allgemeinen oder einer bestimmten »alternativen« Idee verwechselt. Gewiß, man kann einem anderen oberflächlich seine Meinungen, Ideale, sogar sein System in einem Ausmaß aufzwingen, daß er kurzfristig und vordergründig selbst daran glaubt, doch man kann ihn nicht ändern. Alles, was man verändern kann, ist sich selbst, seine eigene Welt, seine Einstellung zu sich selbst, zur Welt und zum Leben. Wie man das freilich macht, darüber müssen auch die modernen Auguren der Selbstbefreiung schweigen. Da wir alle verschieden sind, kann es nicht ein Rezept für alle geben; deshalb sind wir aufgefordert und gezwungen, unser Leben selbst in die Hand zu nehmen.

Volksweisheiten klingen zuweilen banal, und doch verbirgt sich in ihnen häufig mehr praktische Erfahrung und lebensnahes Wirken als in sämtlichen Abhandlungen von Philosophen und Systemgrüblern: Vor der eigenen Tür kehren, seines eigenen Glückes Schmied sein. Niemand kann unser Glück machen, und niemand kann uns die notwendigen Bedingungen dafür schaffen, denn jeder äußere Lebensumstand ist dafür zunächst so gut, wie er dafür schlecht und falsch ist, solange nicht jeder für sich seine Impotenz überwindet, aus sich selbst heraus Lebenslust zu empfinden. Das bringt auch keine Wohngemeinschaft, keine Kommune oder sonst irgendeine alternative Lebensform, wenn Selbstentfaltung sich in Gruppenübungen verliert, gleichviel, was die hehren Ziele auch sein mögen.

Die moderne Glücksverteilungsgesellschaft beweist uns das zur Genüge: Die weitesten Freiräume und die besten äußeren Bedingungen nützen nichts, wenn wir nicht selbst das Beste daraus zu machen verstehen. Die anderen, denen wir allenthalben Vorwürfe machen, irgend etwas nicht zu tun oder getan zu haben, sind immer wir selbst. Unser Glück ist unser Glück, dein Glück ist dein Glück, unser Leben ist unser Leben, dein Leben ist dein Leben und niemandes anderen. Die Welt, die das Leben ausmacht, die es bunt macht, die Welt der Freude, der Liebe, des Glücks, aber auch die Welt der Angst, die Tränen, die dazugehören wie die Nacht zum Tag, das ist die ganze private, persönliche Welt jedes einzelnen. Leben hat mit Qualitäten zu tun, nicht mit Quantitäten.

Eine Herausforderung, gewiß, der man sich zu stellen hat, weil zu den Knüppeln, die einem bewußt oder unbewußt die anderen ständig vor die Füße werfen, auch die eigenen kommen, über die man zuweilen stolpert. Doch das einmal erfahrene Gefühl, sich selbst Leben zu eigen gemacht und die überfremdeten und ausgereizten Sinne befreit zu haben, macht die Überwindungsschwierigkeiten noch allemal wett. Man kann lernen, auf eigene Faust zu leben, zu fühlen, sich zu freuen, die Verantwortung für Lust und Unlust zum Leben im allgemeinen zu übernehmen. Die Lust zu sein, was wir sind, auch – und vor allem – wenn das, was wir sind, nicht unbedingt dem entspricht, was wir nach Meinung anderer Leute zu sein hätten. Wir müssen unser Denken von seiner sich selbst auferlegten krankhaften Überbewertung reinigen und zu einer Denkweise zurückkehren, welcher es mehr auf die Berührung mit der Wirklichkeit, mit dem Leben und vor allem mit der Realität der menschlichen Natur ankommt als auf das bloß Korrekte, Logische, in sich Geschlossene. Anstelle eines Denkens, wie es sich in Descartes' berühmter Entdeckung äußert: »Ich denke, also bin ich«, müssen wir die viel einfachere, menschlichere und vernunftgemäßere Aussage setzen: »Ich bin, ich fühle, ich denke, ich genüge so, wie ich bin. Schlicht und einfach: Ich bin da.«

Überdenken wir noch einmal unsere ganz einfache Situation: Im Grunde genommen möchten wir alle nichts als leben. Alles Verlangen nach irgendwelchen irdischen oder gar überirdischen Kunstformen des Lebens hat viel Ähnlichkeit mit der Psychologie des Selbstmordes, bei der ebenfalls von der Voraussetzung ausgegangen wird, dieses Leben sei nicht gut genug für uns. Womöglich ist nichts anderes als dies der eigentliche psychologische Hintergrund dafür, daß heutzutage die Angst vor dem tatsächlichen kollektiven Selbstmord den Menschen den Schlaf und die Lebenslust rauben muß. Aber realistischerweise ist es eben so: Was immer möglicherweise doch über dieses Leben hinausreichen mag – wir haben nun einmal keine andere Wahl, als auf dieser Erde, in dieser Welt, hier und jetzt in jedem Augenblick unserer Existenz zu leben und dies auch nach bestem Vermögen zu genießen. So ist der Rückzug auf sich selbst keineswegs ein Rückzug aus der Welt oder aus der Gesellschaft in irgendeinen stillen, andächtigen Winkel, keine Verneinung von irgend etwas außer der Verneinung an sich, keine Flucht, sondern vollste Bejahung all dessen, was das Leben zu bieten hat. Das hat nichts mit Egoismus oder Egozentrik zu tun, weil wir eben nur in voller Übereinstimmung mit uns selbst ja sagen können zum Leben, weil wir nur so auch frei sein können von uns selbst und offen, die Vollständigkeit des Daseins zu genießen.

Es ist ein Akt der Selbstbescheidung, in dem wir zunächst alle nicht wesentlichen Dinge aus unserer Lebensanschauung entfernen, all den angehäuften Ballast an Fremd- und Giftstoffen und möglicherweise hübschen, aber irreführenden Illusionen, und das Endziel des Lebens, dessen einzig wirklich greifbaren Sinn herausschälen: das Leben selbst. Die Konsequenz aus einem solchen Selbstbefreiungsakt ergibt sich zwangsläufig: Das Leben verliert seine Ernsthaftigkeit.

Wir könnten dann damit beginnen, uns selbst wieder zu mögen. Nicht nur zu mögen, mehr: uns selbst zu lieben, so, wie wir zunächst einmal sind mit allen unseren Schwächen, Fehlern, die weniger gefährlich und bedrohlich werden, wenn wir ein Gefühl dafür entwickeln, was uns guttut und was nicht. Zwar begibt man sich mit dieser auf einen kräftigen Lebensgenuß abzielenden Anschauung in die Gefahr, von durchaus wohlmeinenden Mitmenschen des puren Egoismus, des unsozialen Verhaltens, ja des bedenklichen Narzißmus bezichtigt zu werden. Was soll denn aus der Welt werden, wenn jeder zunächst nur an sich selbst denkt und all die furchtbaren Probleme und Gefahren, das Leid und die Not der näheren oder ferneren Mitmenschen völlig außer acht läßt? Vor allem berufsmäßige Moralisten erheben ihre Zeigefinger gegen derlei Angriffe auf das, was sie als die übliche Sittlichkeit und Moral bezeichnen.

Indessen: Hätten wir mehr Ehrfurcht vor uns selbst, wären wir vermutlich auch fähig und willens zu mehr Ehrfurcht vor der Erde, vor der Natur, ja auch vor einem möglichen Schöpfer und vor allem vor unseren Mitmenschen; dann würden wir die Welt, so wie sie ist, eben »bloß« bewundern und ihr mit Ehrfurcht begegnen und sie nicht ehrfurchtslos nutzen und benutzen wollen. Wir sind nun einmal grenzenlos optimistisch und glauben mit Überzeugung an eines: Gäbe es lauter glückliche Menschen, dann wären Psychotherapeuten ebenso überflüssig wie eine Friedensbewegung. Beide haben ihren Ursprung letztlich in selbstauferlegtem Unglück. Den Schwarzsehern ist gewiß zuzustimmen: Natürlich ist das nicht so, nicht zuletzt eben deswegen, weil uns das Sensorium dafür abhanden gekommen ist, Lebensfreude und Glück zu erfühlen. Und daran sind nicht zuletzt jene schuld, die uns immer wieder erklären, wir seien unvollkommen, die Welt sei unvollkommen, alles sei unvollkommen. Natürlich ist nichts vollkommen. Man stelle sich einmal Vollkommenheit in menschlichen Belangen vor: Wie langweilig und trist, wie geschmacklos; wo blieben da das Salz, der Geruch und der Geschmack des Lebens? Erst das ehrliche und realistische Bekenntnis zu unser aller Unvollkommenheit vermag unsere Sinne dem Genuß des Daseins zu öffnen, während ihre Leugnung wie jede Art von Verdrängung als Neurose zurückschlägt: in der Auffassung etwa, wahres Glück ließe sich nur jenseits des Wohlbefindens entdecken, oder die Umstände des Daseins gäben zu nichts anderem Berechtigung als zu gepflegtem Weltschmerz.

Selbstliebe, Liebe, Genuß des Lebens: das sind Wörter, die die alten wie die neuen Sittenwächter und Moralapostel aufschrecken und die Heuchler enttarnen. Wer zugibt, dieses Leben genießen zu wollen und auch zu können, und sich zu der einzig wesentlichen Frage bekennt: »Wie lebe ich glücklich und zufrieden?«, erscheint bestenfalls exotisch und lebensfremd. Dem allem liegt die gerade den Wächtern der kollektivierten Sittlichkeit und Moral eigene Verwechslung von Lebensgenuß und Zügellosigkeit zugrunde, eine Verwechslung, die nur folgerichtig ist in Gesellschaften, in denen das Lustgewinnprinzip gleichgesetzt wird mit materialistischer Gewinnmaximierung.

Das kümmert uns nicht, soll uns auch nicht kümmern. Das Streben nach praller Lebensfreude findet selbst dort göttliche Zustimmung, wo einst die Verwalter der Religionen mit Sündenbeschwörungen und Appellen zum Glücksverzicht die Welt in ein irdisches Jammertal zu verwandeln trachteten. Die Thora etwa lehrt den frommen Juden, ausschließlich in dieser Welt und nicht in einer zukünftigen, auch nicht in einer irdisch zukünftigen, zu leben, sie lehrt ihn vor allem, sich selbst, die Menschen und alle Dinge zu lieben. Das eine ergibt sich eben aus dem anderen. Im Alten Testament finden wir im »Hohelied Salomos« Aufforderungen zu wahrhaft irdischer Sinnlichkeit und geradezu überschäumender sinnlicher Freude an irdischen Genüssen; und niemand Geringerer als Jesus selbst stellt dem Gebot, den Nächsten zu lieben, die Voraussetzung voran: Liebe dich selbst. Liebe deinen Nächsten wie dich selbst: Zustimmung zu uns selbst und zu unserer Umwelt, Zustimmung zur Daseinsfülle im Augenblick, Offenheit für die eigene Erfahrung, vorbehaltlose Annahme jeder Erfahrung, ohne sogleich zu bewerten, zu vergleichen, einzuordnen, zu fordern: Das ist die Fähigkeit, bei sich selbst und in der Umwelt zu leben, das ist die Fähigkeit zu Liebe und Glücksempfinden.

Erst wenn wir uns unseres eigenen Wertes voll bewußt sind, werden wir nicht nur erkennen, sondern auch danach handeln, daß unser Nächster zu wertvoll in seiner Eigenart ist, um ihn zu benutzen, in ihm Objekt anstatt Subjekt zu sehen. Dann werden wir vielleicht auch verlernen, uns über unseren Nächsten zu ärgern, wie wir verlernen, uns über irgend etwas zu ärgern, weil wir in unserer Verantwortlichkeit uns selbst gegenüber begreifen, daß uns das nichts bringt und dem anderen auch nicht.

Selbstliebe ist Selbstverantwortung, ist guter Egoismus und alles andere als schnöde Eigenliebe. Ein Mensch, der sich zu sich selbst bekennt, weil er sich vor allem zu seinen eigenen Gefühlen bekennen kann und sich daher auch der Gefühle anderer Menschen tief bewußt ist, kann kaum blind oder eifersüchtig handeln. Er ist im besten Sinne »sozial«, wenn auch nicht in jenem allgemein geforderten Sinne konformistischer Angepaßtheit, die doch nur zu sozialer Heuchelei führt.

Wie sollte jemand, der sich selbst nicht liebt und daher auch nicht akzeptiert, überhaupt fähig sein, den anderen in seiner Andersartigkeit zu akzeptieren? Wie sollte jemand, der sich seiner Individualität, seiner Einzigartigkeit und Unverwechselbarkeit, nicht voll bewußt ist, dazu fähig sein, die Einzigartigkeit eines anderen anzuerkennen? Wie können wir überhaupt jemals weiterkommen, wenn wir uns nicht zuerst uns selbst zuwenden? Wie können wir denn die sogenannte innere Wahrheit der Welt auch nur andeutungsweise erfahren oder gar an ihr teilhaben, wenn wir uns nicht zunächst mit uns selbst beschäftigen? Und wie können wir anderen helfen, wenn wir noch nicht einmal gelernt haben, uns selbst zu helfen?

Die Welt hat schon genug an Heuchlern gelitten, die ihren kleinlichen Selbsthaß als selbstlose Nächstenliebe getarnt hatten. Glück haben sie der Welt nicht gebracht. Daß aber der wahre Glückliche niemandem etwas anderes als Glück schenken möchte, daß er eine Quelle der Freude ist, davon war man schon in der Antike überzeugt: Uns selbst zu lieben ist die Voraussetzung für die Fähigkeit, andere zu lieben.

Henry Miller schrieb in *Insomnia oder Die schönen Torheiten des Alters*: »Persönlichkeiten wie Buddha oder Christus werden als Vollkommene geboren. Sie verlangen nicht nach Liebe, und sie verschenken keine Liebe; sie sind die Liebe selbst. Aber wir, die wir immer wieder von neuem geboren werden, müssen die Bedeutung der Liebe entdecken; wir müssen lernen, die Liebe zu unserem Lebensinhalt zu machen, so wie die Schönheit der Lebensinhalt der Blume ist.«

Freilich: Der aus bloßer Freude am Sein resultierende Genuß am Leben (was anderes wäre denn Liebe?), das Glück dessen, der sich in poesielosen Zeiten aufmacht, das Schöne im Alltäglichen zu entdekken, der mit offenen Augen zu träumen versteht und über seine Träume lachen kann, auch wenn sie Träume bleiben, der dem Leben insgesamt mit einer Art zärtlicher Ironie gegenübersteht: Das alles ist nichts Zählbares, liegt außerhalb von Kalkulierbarkeit und Kollektivierung und mag daher zunächst manchen verunsichern, dem nichts anderes vorgegeben wurde, als sich selbst bloß zwischen den zwei Säulen einer Kosten-Nutzen-Rechnung zu sehen.

Genüßliches Leben, das Offensein für die schönen Augenblicke, die sich mit der Sensibilisierung unserer Sinne auftun, der spielerische Umgang mit den sogenannten ernsten Dingen und Notwendigkeiten des Lebens, das lustvolle Zelebrieren manch unbedeutender Nebensächlichkeit, die sprichwörtliche Wollust einer müßigen Stunde, die Freude an einer Blume oder an einem Menschen: Das alles kostet nichts, ist beinahe umsonst. Der einzige Einsatz, der verlangt wird, sind wir selbst, sind unser Wille und unsere Bereitschaft zur Freude und zum Genuß. Von Goethe stammt das Wort, daß, wäre das Auge nicht sonnenhaft, es die Sonne niemals erblicken könnte. Darin liegt eine tiefe Wahrheit: Nichts enthält nämlich Schönheit, Glück oder Freude in sich, sondern dient dazu, ein Teilchen des unendlich Schönen und des allgemein verfügbaren Glücks hervorzulocken, das in uns allen als jederzeit verfügbares Potential schlummert. In uns und durch uns wird etwas schön oder häßlich. Das ist nicht Dichtung, sondern wenn schon nicht Wahrheit, dann zumindest moderne wissenschaftliche Vermutung: Auge macht Bild, Ohr macht Klang, Hirn macht Welt, Gefühl macht Farbe und Wirklichkeit. Glück fällt eben nicht von außen auf den Menschen, sondern Innen und Außen verbinden sich in seinem Inneren. Glück ist Harmonie zwischen äußeren Umständen und inneren Erscheinungen. Gefallen wir uns selbst, dann haben wir auch die Möglichkeit, Gefallen an anderen zu entwickeln. In uns allen liegen die Fähigkeit und die Chance, immer wieder aufs neue frisch und unbefangen die guten Dinge des Lebens mit Ehrfurcht, Vergnügen, Staunen, ja mit Begeisterung zu genießen, wie schal und alltäglich diese Erfahrungen für andere Leute auch sein mögen. Es liegt an uns, ob wir jeden Sonnenaufgang einzigartig schön finden, es liegt einzig und allein bei uns, ob für uns jede Blume atemberaubend schön ist, auch wenn wir schon eine Million solcher Blumen gesehen haben.

Der Bewertungsmaßstab ist in jedem Fall das »Ich«. Es ist ein schöpferischer Wechselprozeß zwischen Innen und Außen, zwischen uns und der Welt: Ob die Welt schön oder häßlich ist, ob wir uns an ihr freuen oder an ihr leiden, ist nicht eine Sache der Welt, sondern ausschließlich unsere eigene. D.H. Lawrence hat dies treffend so ausgedrückt: »Wenn wir darüber nachdenken, dann finden wir, daß unser Leben darin besteht, eine reine Beziehung zwischen uns selbst und der lebenden Umwelt zu schaffen. Auf diese Weise ›rette ich meine Seele‹, indem ich eine reine Beziehung zwischen mir und einem anderen Menschen, mir und anderen Leuten, mir und einer Nation, mir und einer Menschenrasse, mir und den Tieren, mir und den Bäumen und Blumen, mir und der Erde, mir und dem Himmel und der Sonne und den Sternen, mir und dem Mond herstelle: eine Unendlichkeit von reinen Beziehungen, groß und klein. [...]

Das ist, wenn wir es wüßten, unser Leben und unsere Ewigkeit: die feine vollkommene Beziehung zwischen mir und dem mich umgebenden Weltall.«

Die Augenblicke in unserem Leben, dies zu erleben, sind unzählig. Und jeder dieser Augenblicke für sich ist zu Ewigkeit zerronnene Zeit, in der man unter Umständen mehr erleben kann als mancher arme Teufel in seinem ganzen langen Leben. Wie bedauernswert ist etwa Lord Byron, der unmittelbar vor seinem Tod einem Freund geklagt haben soll, er wisse nur von drei glücklichen Stunden in seinem Leben. Hat Lord Byron überhaupt gelebt ...?

Die Trauer des Harlekins oder: Die Philosophie des weisen Narren

Sich selbst zu lieben, sich selbst kennenzulernen bedeutet nicht, lange darüber nachzudenken, was hätte sein können, was wir sein könnten. Damit entfernen wir uns nur weiter von uns selbst, von den Möglichkeiten des Augenblicks: Wir irren herum in der Vergangenheit oder in der Zukunft, denn Denken ist Zeit, aber nicht der Augenblick, in dem wir eben sind, jetzt, in diesem Moment. Das bedeutet jedoch nicht, daß wir überhaupt nicht über uns selbst nachdenken sollen; es läßt sich ohnedies nicht vermeiden. Aber wir können nun einmal nur in jenen Kategorien über uns nachdenken, die unseren Vorstellungen von uns selbst entsprechen, und diese Vorstellungen entsprechen nur in den seltensten Fällen dem, was und wie wir wirklich sind. Sich selbst lieben zu lernen bedeutet, ein gutes Gefühl für sich zu entwickeln, heißt, sich selbst er-fühlen zu lernen, mit allen unseren guten und schlechten Seiten. Sich selbst lieben zu wollen erzeugt an sich schon ein Gefühl, und es erzeugt auch Widerstände, weil es sich nicht vermeiden läßt, daß uns dabei die seltsamsten Gedanken durch den Kopf gehen, etwa Gedanken über die Sicherheit und Bequemlichkeit, mit der uns unser bisheriger Glaube vermittelt hat, wir würden uns selbst kennen; Gedanken über jenen Glauben, mit dem wir die Angst beschwichtigt haben, wir könnten uns irgendwann einmal so verhalten, daß wir in der Zukunft all das zerstören könnten, was wir in unserer Vergangenheit so schätzten. Das Bild von uns selbst ist etwas durchaus Kräftiges und Eigenständiges: Es will geliebt werden, es will weiterleben. Daher erzeugt schon die bewußte Absicht des Sich-selbst-Liebens Barrieren einer Art von Scham, einer seltsamen Art von Skrupeln, als schickten wir uns an, etwas überaus Unkeusches und Unanständiges zu begehen. Freilich, diese Ängste sind überflüssig, aber sie sind womöglich da; deshalb sind sie eine Wirklichkeit, die uns ebenso zu schaffen macht wie das scheinbare Aufgeben von Sicherheiten, die gar keine Sicherheiten sind.

Sich selbst lieben zu lernen bringt möglicherweise Geburtswehen mit sich. Es bedeutet, Krücken wegzuwerfen, Schlacken auszuschwitzen, Bewertungsgewohnheiten abzulegen, die uns verkrüppeln, Skrupel zu überwinden. Es bedeutet, sich freizudenken, besser: sich frei zu fühlen von lähmenden Ängsten, von der Angst, uns zu Narren zu machen auf den Konkurrenzmärkten der Eitelkeiten, auch wenn diese Angst eigentlich keine Berechtigung hat. Beides, Liebe an sich und Gefühl an sich, lassen uns in Panik davor geraten, uns selbst auszuliefern. Wer großen Gefühlen verfällt, gilt im allgemeinen als gescheitert, wo berechnende Nüchternheit regiert. Liebe, erst recht Liebe zu sich selbst, wirft gewisse Wertordnungen über den Haufen, erscheint als Risiko, weil sie die Frage danach, was sie »bringt«, nicht stellt. Tatsächlich begeben wir uns fern der gewohnten Berechenbarkeit unserer Existenz in Räume des Unerwarteten, der möglichen Überraschungen. Wir erkennen plötzlich nicht nur, daß die Landkarten unserer Wirklichkeit und vor allem unseres eigenen Ichs wie alle Landkarten an den Rändern in unbekanntes Gelände übergehen und nicht alles vom Gelände zeigen, sondern wir erkennen auch, daß die Landkarte nicht das Gelände ist: Wir kennen das Gelände nicht. Ein Gefühl der Liebe zu sich selbst zu entwickeln ist zweifellos ein Moment der Wahrheit, der relativen Wahrheit zumindest, der zunächst vielleicht echte Bedrohungsängste freisetzt, weil uns dabei am Ende klar wird, wieviel Zeit wir verschwendet haben, wieviel Sinnloses und Überflüssiges wir im Laufe unseres bisherigen Lebens ernst genommen haben, wieviel Leben uns verlorenging, wieviel wir von uns selbst verloren und verschleudert haben.

Vielleicht machen uns diese Entdeckungen für Momente melancholisch, trauriger vielleicht, als wir es je in unserem Leben waren, und unvermutet beginnt man wie ein Schloßhund zu heulen, wenn ein Wort, eine bestimmte Melodie oder auch nur der Anblick eines Schmetterlings urplötzlich den Dammbruch herbeiführt. Und doch – am Ende ein schönes Gefühl: Es ist die Trauer des Harlekins, dessen, der von der Weisheit des Wissens und vom Reichtum des Zählens und Habens zur lachenden Philosophie des weisen Narren etwa vom Schlage eines Demokrit vorzudringen im Begriff ist, der in den Tragödien des Lebens auch die Komödien zu erahnen beginnt; der auch das Ungewisse ertragen kann, weil er weiß, daß es außerhalb des Augenblicks keine Gewißheit gibt, und der daher Gewißheit hat. Auch Tränen gehören zum Glück. Wir müssen weinen, ehe wir lachen können. Aus dem Schmerz kommt das Erwachen und aus dem Erwachen das Lachen. »Wache auf und lebe!« heißt zuallererst eben auch, lachen zu lernen, vor allem über sich selbst.

Solcherart ausgerüstet, können wir es uns durchaus bequem machen und uns zu einer Philosophie der Lebenslust bekennen. Wir können uns endlich einmal selbst genießen, ohne irgendein Ziel, ohne irgendeine besondere Absicht, ganz einfach nur so. Was kann das praktisch bedeuten? Stellt man sich einfach nur einmal hin, ruft mit der Zauberformel »Ich liebe mich« die verwandelnde Katharsis hervor und hat damit schon alle Probleme gelöst, wie einige der anziehungskräftigen modernen Heilslehren als Einübung in die Ichlosigkeit versprechen?

Es ist einfacher, als man denkt, und doch nicht so einfach, weil uns immer wieder die eingefahrenen Denkweisen und anerzogenen moralischen Kategorien irremachen. Wir sind noch lange Gefangene der sogenannten »Gesellschaft«, auch wenn wir uns ernstlich dazu entschlossen haben, uns zu befreien, um frei in und mit der Gesellschaft zu leben. Es ist viel Schatten da, über den man zu springen hat, aber das Springen lohnt sich für den, der ernstlich springen will. »Nichts kann einem Menschen etwas anhaben, der weiß, daß ihm nichts etwas anhaben kann!« sagt ein altes chinesisches Sprichwort. Und wer gesprungen ist und sich bereit gefunden hat, sein Lebensglück nicht mehr fremdgestalten zu lassen, der hält auch die Schattenseiten aus, die Rückschläge und Rückfälle, die Krisen und vor allem auch die Kritik: Das Leben an sich zu lieben und zu genießen heißt eben auch, seine Dürftigkeit zu überwinden und das an sich Belanglose im sogenannten Ernst des Lebens zu entdecken.

Alle Wege beginnen bei uns selbst, oder besser: Nur jene Wege, die bei uns beginnen, führen uns zu unserem Ziel, wir sind Anfang und Ende des Weges, Weg und Ziel zugleich. Daher können wir immer nur bei uns selbst beginnen. Und wer nur einen Funken Liebe zu sich selbst empfindet, wird von selbst damit anfangen, sich nicht mehr ganz so ernst nehmen zu können. Das wäre schon ein Pluspunkt für unsere Egologie, jene gesunde Art von Egoismus und Lebenskunst.

Ernsthaftigkeit ist ja, genauer betrachtet, nur ein Zeichen völlig unnötiger Anstrengung, und Anstrengung jedweder Art ist ein Zeichen ungenügender Beherrschung, von Unbeholfenheit und Befangenheit: das Markenzeichen jener, die Komplexe haben. Kein Wunder also, daß all unsere Vorstellungen vom Leben so kompliziert, so ernst sind, da sie ihren Ursprung in verkrampftem und verwickeltem Denken haben. Wer sich selbst zu ernst nimmt, wird nur allzuleicht zum Sklaven seiner eigenen Ideen, Gedanken, Ansprüche und Systeme. Nur die ironische Distanz zu uns selbst macht uns zu Meistern unserer Einfälle und stattet uns mit jener leichthändigen geistigen Überlegenheit aus, die es uns erlaubt, mit unseren Ideen zu spielen: Ursprung aller Kreativität.

Es ist eine Sache der praktischen Vernunft und der Übung, seine eigenen Ideen und Vorstellungen mit humorvoller Distanz an der Wirklichkeit zu messen. Das macht einen nicht nur bescheidener, sondern auch überlegen: Das Interesse am Streit erlischt, der Eifer zur Auseinandersetzung und zum Ärger weicht dem Lächeln gegenüber allen Arten verkrampfter Posen, gelehrter Hohlköpfigkeit und sozialer Schwindelei. Das liebevolle Lächeln über uns selbst macht uns nicht nur von uns selbst frei, sondern auch von anderen. Es macht uns frei für uns selbst und für den anderen. Von dieser Warte dürfen wir auf uns selbst und auf die anderen hinabschauen und werden die meist künstlichen, weil aus irgendwelchen geistigen Verschlingungen geborenen Probleme unseres Lebens weitgehend unerheblich finden.

Was wir brauchen, ist eine einfache, praktische und wirklichkeitsnahe Idee vom Leben, die unsere Vollkommenheiten wie unsere Unvollkommenheiten ohne Scheu betrachtet, beispielsweise unsere Körperlichkeit, unsere Leidenschaften, unsere Bedürfnisse, unsere natürlichen Triebe. Was ist naheliegender, als uns dort zu lieben zu beginnen, wo wir für uns selbst mittelbar sichtbar, angreifbar, auch verwundbar sind?

Es ist wie mit der Idee vom Jenseits, die man durchaus für eine möglicherweise begründete Idee halten, die man aber auch beiseite schieben kann, wenn man das Leben mit gebotener Sachlichkeit angeht und seinen Endzweck zunächst einmal in ihm selbst und in seinem Genuß sieht. Was notwendig ist, auch in bezug auf unsere Möglichkeit, uns selbst lieben und schätzen und zuweilen auch belächeln zu können, ist eine an die greifbare Wirklichkeit gebundene Idee vom Menschen, die von der Einsicht ausgeht, daß er einen Körper besitzt und aus Fleisch und Blut und Geist besteht. Geist lenkt, Gehirn denkt, Körper fühlt, Seele lebt ewig und büßt womöglich für etwas, für das sie nichts kann: Diese Auffassung darf ohne Gewissensbisse zu den Akten gelegt werden, wo sie verstauben mag. Zweckmäßig und einfach und vor allem unserer eigenen Realität am nächsten ist die sich allmählich ausbreitende ganzheitliche und abgerundete Auffassung von der Natur des Menschen, die seine Körperlichkeit und seine Geistigkeit harmonisch zusammenfügt und miteinander versöhnt. Sie ist dazu angetan, unser Vertrauen in dieses wunderbare Aufnahmeorgan, Körper geheißen, wiederherzustellen und uns die Mißachtung unserer Sinne und unsere Angst vor ihnen auszutreiben. Unsere verminderte Fähigkeit zum Genuß des Lebens rührt ja nicht zuletzt von der geschwächten Empfänglichkeit unserer Sinnesorgane und unserer ganzen Körperlichkeit her, vor allem aber von deren mangelhaftem Gebrauch und der überlieferten und anerzogenen Geringschätzung, die auch dann Geringschätzung bleibt, wenn sie in unserer Zeit in Mißbrauch umgeschlagen ist.

Zunächst und ganz offensichtlich ist das Geistige in uns über keinen anderen Weg erreichbar als über unsere Sinne. Dies gilt nicht nur für die körperlichen Genüsse, sondern auch für jedwede Art von geistigem Genuß: Wir lesen Schneewittchen, Goethe, Heinrich Böll oder Charles Bukowski mit unseren Augen, wir hören die schönste Musik zunächst nur über unsere Ohren, ehe sie unseren Geist erreicht, wir riechen mit der Nase, schmecken mit Zunge und Gaumen, wir tasten und fühlen mit Händen und Füßen, ja mit dem ganzen Körper. Wenn wir in Wut geraten, bekommen wir einen roten Kopf, wenn wir uns verlieben, gerät unser Herz ins Flattern, und wenn wir traurig sind, tränen uns die Augen, sitzt uns ein Kloß in der Kehle. Mehr noch: Unsere Körperlichkeit, unsere Augen, unser Gehörsinn, unser Geruchs- und Tastsinn sind es, die unsere geistige Wesenheit zumindest mit aufbauen.

Uns dieser unserer Körperlichkeit bewußt zu sein, wäre wohl das Natürlichste auf der Welt. Uns selbst vermittels unseres Körpers etwas Gutes zu tun kann keine Sünde sein. Lernen wir daher unsere Körperlichkeit zu schätzen und zu achten, lernen wir, sie wieder wirklich zu lieben und zu genießen, was unserer physischen wie psychischen Gesundheit zweifellos zuträglicher sein würde als jede andere Auffassung von uns selbst. Es ist die schlechteste und unpraktischste Idee nicht, dieses wunderbare Instrumentarium unserer Sinnlichkeit in dem uns zur Verfügung stehenden Zeitraum auf Erden auf angemessene Weise zu nützen, ein Leben in vollem Einklang mit unseren Sinnen zu führen. Lernen wir, solcherart Respekt vor unserem Körper zu haben, vor seiner Unverwechselbarkeit, vor seiner zumindest ursprünglichen Vollkommenheit und Präzision. Noch lange nicht am Ende ihrer Weisheit angelangt, hat uns die moderne Naturwissenschaft zumindest einen Eindruck von der faszinierenden Perfektion des Körpers gegeben, vom faszinierenden Zusammenspiel aller Teile eines Körpers, der sich selbst reguliert, sich selbst repariert, Materie in Energie umwandelt.

Daß wir so wenig von uns selbst wissen, liegt nicht zuletzt auch daran, daß wir uns unseres Körpers nahezu überhaupt nicht bewußt sind. Und weil wir uns unseres Körpers nicht bewußt sind, und vor allem auch nicht der vielschichtigen Wechselbeziehungen zwischen Geist und Körper, liegen ungeahnte Möglichkeiten brach. Daran ist der einzelne gewiß nur teilweise schuld. Denn, so drücken es etwa Robert Masters und Jean Houston, zwei Pioniere moderner Bewußtseinsforschung, aus: »Die Erziehung sollte uns lehren, unseren Körper und unseren Geist effektiv zu gebrauchen, doch sie tut es nicht. Wir erfahren nichts über die gegenseitige Verknüpfung von Bewegungen, Empfindungen, Gedanken und Gefühlen oder darüber, wie Geist und Körper gemeinsam bestimmen, was wir sind und was wir tun können. Man lehrt uns noch nicht einmal, mit unserem Körper so umzugehen, daß Schädigungen des Organismus vermieden werden. Noch vermittelt man uns auch nur einen ungefähren Eindruck von den tatsächlich in uns vorhandenen Möglichkeiten, geschweige denn davon, wie wir sie effektiv verwerten können. Indem wir viele unserer Möglichkeiten nicht zum Zug kommen lassen, entwickeln wir eine unausgewogene Persönlichkeit (und zweifellos eine unausgewogene Funktionsweise des Gehirns). Eine angemessene Bewußtheit des eigenen Körpers und der Wechselbeziehungen zwischen Geist und Körper gehört zum grundlegenden Wissen über sich selbst, und wenn die Mängel in dieser Beziehung nicht behoben werden, wird die Erziehung immer versagen – und zwar in fundamentaler Weise versagen.«

Gefühle, Empfindungen, Gedanken, das Gehirn und das Nervensystem, Muskeln und Knochen, der Geist und der Körper sind nur verschiedene Aspekte eines Ganzen, dessen Teile voneinander abhängen und sich gegenseitig beeinflussen. Unser Bild vom Körper, das Teil unseres Selbstbildes ist, das alles beinhalten soll, was wir sind, ist jedoch das Bild eines unzusammenhängenden Stückwerks. Wir sind nicht einmal fähig, uns unserer kleinen Zehe bewußt zu sein, sie als kleine Zehe zu empfinden. Wir sind nicht in der Lage, ohne Hinsehen oder Berühren unseren Körper zu spüren. Der Verlust der Körperempfindung geht Hand in Hand mit seinem Mißbrauch anstelle von Gebrauch, geht Hand in Hand mit der Abstumpfung der Sinne.

Daher hat Körperbewußtsein ganz und gar nichts mit narzißtischer Körperkultur zu tun: Es ist ein Aspekt des Selbstbewußtseins und darüber hinaus ein Aspekt körperlich-geistig-seelischer Gesundheit anstelle jener geistig-seelischen Neurotik und Schizophrenie, die sich im allgemeinen Verhältnis zum Körperlichen und nicht zuletzt im Zustand der Menschenkörper unserer Zeit widerspiegelt.

»Wie wir funktionieren«, so Masters und Houston, »wird dadurch bestimmt, wie wir unseren ganzen Organismus zu jedem Zeitpunkt und in jeder Situation gebrauchen. Je nachdem, ob wir ihn einerseits nur teilweise benutzen oder mißbrauchen, ob wir ihn andererseits vollständiger oder effizienter gebrauchen, werden wir in einem weiteren Sinne versagen oder Erfolg haben – in dem Sinn nämlich, wie wir es schaffen, die in uns innewohnenden Möglichkeiten zu erschließen. Viele, die sich mit dieser Angelegenheit befaßten, haben den Schluß gezogen, daß wir nur fünf bis zehn Prozent unseres körperlichen und geistigen Potentials benutzen.«

Kein Zweifel, daß Kinder im allgemeinen mehr Wissen über sich selbst und mehr Bewußtsein besitzen als Erwachsene. Sie stehen noch im Einklang mit ihrem Körper und seinen Bewegungen, Empfindungen, Bedürfnissen und Wünschen. Ihre nicht abgestumpften Sinne reagieren noch auf die Welt, die farbenprächtig und lebendig ist; und durch diese so wahrgenommene Realität wird das Kind wiederum belebt. Und viel wichtiger: Das Kind erlebt sich, wie es ist.

Heute wird allenthalben begriffen, wie notwendig Selbstverwirklichung und Selbstentfaltung sind, und wir bekommen allmählich eine Ahnung davon, wie die Gedanken und Wertvorstellungen, die Kindern schließlich aufgezwungen werden, ihre Sinneswahrnehmungen verzerren und ihnen in fast buchstäblichem Sinne das Rückgrat wenn nicht brechen, so doch zumindest gehörig verbiegen: Körperliche Deformation ist heutzutage Normalzustand.

Nach wie vor deformiert uns die paradoxe, ja in ihrer Selbstrechtfertigung notgedrungen schizophrene Moral der modernen Gesellschaft bis in die Knochen. Die verächtliche Abwertung des Materiellen gegenüber dem Geistigen und damit des Körpers im Verhältnis zum Geist gilt auch und gerade in Zeiten sogenannter körperlicher Freizügigkeiten. Die leibfeindliche Lebensdeutung der Vergangenheit ist bloß umgeschlagen in ein Gegenteil, das nicht weniger leibfeindlich ist, mehr noch, es ist der Selbstmord der Gefühle: Die Abwertung der Körper zu bloßen Leistungsgeräten, zu bloßen Auslösern geschlechtsspezifischer Reaktionen nach dem Gewinn-Verlust-Prinzip degradiert unsere körperlichen wie seelischen Bedürfnisse zu technischen Abläufen. Die Folge: nicht nur weitere Verarmung und Abstumpfung der Art und Weise, wie der Körper sich selbst und seine Umwelt erfährt, sondern auch seelische Verkrüppelung.

Es liegt an uns, dies zu korrigieren und dabei beim Naheliegendsten zu beginnen, indem wir den körperlichen Teil unseres Selbst allmählich wieder am Lustprinzip orientieren, das Recht des Körpers auf Lust bekräftigen, doch nicht im Sinne eines zwanghaften, infantilen Strebens nach Lust, sondern im Sinne seiner allgemeinen Sensibilisierung, seines angenehmen Gebrauchs. Selbstentfaltung, Selbstentwicklung und Selbstbewußtsein beginnen zunächst nirgendwo anders als bei einem positiven Körperbewußtsein und nicht bei anstrengenden, mühseligen und vielfach schädlichen Überwindungsübungen oder anderen Malträtierungen, mit denen man die Menschen in das Zaumzeug irgendwelcher Theoriesysteme hineinzuzwingen sucht. Gerade hier sollte auch nichts anderes zählen als das wirklich eigene Wollen, die Freiheit der eigenen Erfahrung im bewußten Genuß seines Selbst und seiner Möglichkeiten, unserer natürlichen Möglichkeiten.

Es liegt in unserer Natur: Der Körper, das ganze Nervensystem, ist von Natur aus hedonistisch angelegt, das heißt, er zieht angenehme, lustvolle Empfindungen vernünftigerweise unangenehmen oder gar schmerzlichen Empfindungen vor. Wenn wir uns unseres Körpers auf angenehme Weise bedienen, wenn wir auf sein natürliches Bedürfnis nach Wohlbefinden eingehen und uns so die angeborenen Fähigkeiten des Körpers, auf verschiedene Gefühlszustände in bestimmter Weise zu reagieren, in produktiver Weise nutzbar machen, kommt dies dem gesamten Komplex der Körper-Geist-Seele-Einheit zugute. Auch hier ein Wechselprozeß: Körperliches Wohlbefinden erzeugt und verstärkt psychisches Wohlbefinden, und psychisches Wohlbefinden wiederum verstärkt körperliches Wohlsein, was nichts anderes bedeutet als physische Gesundheit. Umgekehrt wirkt sich jede Mißachtung des Körperlichen destruktiv aus, zerstört das physisch-psychisch-geistige Gleichgewicht.

Es gibt sicherlich Methoden, die uns helfen, unsere körperliche Bewußtheit zu regenerieren, und in vielen Fällen der Selbstentfremdung mag eine systematische und methodische Wiederannäherung die einzige noch wirksame Möglichkeit sein, etwa durch autogenes Training, durch die nach ihrem Begründer benannte Alexander-Technik zum richtigen Gebrauch des Körpers, durch die von Moshe Feldenkrais entwickelte Methode, Bewußtheit durch Bewegung wiederherzustellen, oder durch das System der psycho-physischen Umerziehung des bereits erwähnten Forscherpaares Masters und Houston.

Letzten Endes aber geht es darum, daß wir eine neue Beziehung zu unserer Körperlichkeit herstellen, daß wir uns ohne falsche Scham des ganzen sinnlichen Instrumentariums bewußt werden, daß wir uns zu unserer Körperlichkeit bekennen, wie auch immer dieser Körper beschaffen sein mag in diesem Augenblick. Wir haben allen Grund, das an uns Sichtbare und Greifbare und Naheliegende zu verwöhnen und zu bestaunen. Es ist dieser Körper, der, was immer unsere geistige Quintessenz sein mag, die Tore zu den Wundern und Genüssen dieser Welt öffnet, es ist dieser Körper, der uns letztlich auch die Möglichkeit gibt, uns geistig zu entwickeln.

Moralisch-unmoralisch: Derlei Unterscheidungen verlieren ihren Sinn, wenn es um das Natürliche geht. Leidenschaften, Begierden können gut oder schlecht sein. Das richtet sich nach unserer Einstellung uns selbst und dem Leben gegenüber. Sie sind immer Ausdruck unserer Lebensenergie, wir können sie nutzen, mißbrauchen oder verkümmern lassen. Die Kultur des Genusses erweist sich dort, wo Leidenschaften und Süchte des Menschen zu harmonischem Ausdruck gelangen: Dort ist Leidenschaft die Seele des Lebens, der Klang in der Musik, das Lächeln des Geliebten, das Licht in den Sternen, der kühle Windhauch am Abend. Für den, der sich und das Leben zu lieben und zu genießen versteht, ist der Genuß stets im Sittlichen und im Maß geborgen, er genießt in Bewunderung. Denn der Genießer ist auch hier Realist: Er weiß, daß ihm schlecht wird, wenn er zuviel ißt, und er weiß, daß er sich des Gegenstandes seines Genusses beraubt, wenn er die Distanz und die Balance verliert. Er weiß um den scheuen Charakter des Glücks, das entflieht, sobald er es beherrschen will. Er ist zufrieden in dem, was ist, und mit dem, was er tut.

Das ist das aktuelle Problem der Übersättigung mit Glücks- und Gefühlsattrappen, die uns das Gefühl für das Angemessene genommen hat: Von uns selbst ständig Unangemessenes erwartend, können wir nichts mehr lieben und genießen, ohne dabei Besitz- und Beherrschungssüchte zu befriedigen. Das Vergnügen wird dabei vergeblich gesucht. Ironischerweise vergißt der idealistische Egoist auf der Suche nach Mitteln und Techniken ganz sich selbst, so daß es kein Wunder wäre, wenn er einer fröhlichen und lockeren Philosophie der Lebensfreude mit scheinheiliger Entrüstung gegenüberstehen würde.

Es ist das Schicksal aller Epikureer, des schnöden Materialismus, der bodenlosen Vergnügungs- und Genußsucht und eines asozialen Egoismus bezichtigt zu werden. Man vergißt und vergaß zu gerne und zu oft, daß Epikurs Lehre vom Ideal des glücklichen Menschen eine Lehre weiser Lebenskunst und der Selbstbeherrschung ist. In diesem Sinne halten wir es mit dem weisen Griechen, der vor das Glück die Grenze setzte, die es festigt: Die Grenze liegt dort, wo wir uns schaden könnten, im Übermaß, im Schädlichen und Häßlichen an sich.

Das Glück der Liebe zu sich selbst ist auch Lebensglück, das alles einschließt und sich dem Leben, der Erde und der Natur zuwendet. Auf diese Weise zu uns selbst gefunden, brauchen wir – und das mag die Ernsthaften und die so überaus Sozialen und Solidarischen verwundern – keine Doktrin und keine Glaubensartikel oder sonstwie formulierte intellektuelle Überzeugungen, um etwa die einfache Tat der Menschen- und Nächstenliebe abzustützen. Menschenliebe, die der Gründe bedarf, so hehr diese auch immer klingen mögen, ist keine echte Liebe. Dem, der das Leben liebt, ist sie natürlich und selbstverständlich. Er bedarf keiner schwammigen Begründungen wie soziale Pflicht, Gesellschaft, Sünde, Erlösung, gute Werke oder gegenseitige Verpflichtung der Menschen. Wer den Anblick eines Vogels, das Flattern eines Schmetterlings genießen kann, wer sich selbst und seines Wertes bewußt ist, weil er den Sinn des Gebotes, seinen Nächsten zu lieben wie sich selbst, begriffen hat, wird auch keiner wie immer gearteten Grausamkeit Tieren oder Menschen oder der Natur gegenüber fähig sein.

Glück ist ein Ergebnis des Friedens mit sich selbst und der Erde. Für den großen Chinesen Konfuzius war die natürliche Erfüllung der Instinkte gleichbedeutend mit dem Weg zu moralischem Frieden

– ein sogar politisches Ideal, dessen Endzweck es wäre, die Politik und damit alle menschheitsbeglückenden Ideologien überflüssig zu machen. Denn es wäre ein Frieden, der beständig ist und im Frieden des einzelnen gründet, und eine Utopie auch (oder noch). Belassen wir es zunächst dabei, den uns gegebenen Augenblick zu genießen.

Nachlese

»Der Körper ist ein Weisheitsbaum,
der Geist ein heller Spiegel auf einem Ständer;
achte darauf, daß er immer blank ist,
und erlaube nicht, daß sich Staub ansetzt!«

Shen Hsiu

Körperweisheit
Weisheitskörper
Geistspiegel
Spiegelgeist

Und was ist der Staub?

»Die persönliche Welt ist normalerweise
der Mittelpunkt unseres Lebens.«

Anaïs Nin

Welt
Person
Per-son
Bei-sich-Sein
Mittelpunkt ...

»Unaufhörlich ließ Candid Fragen an jenen Greis richten; er wollte wissen, wie man in Eldorado etwas von Gott erflehe. ›Wir erflehen nichts von ihm!‹ sagte der gute und würdige Weise. ›Wir brauchen um nichts zu bitten; er hat uns alles gegeben, wessen wir bedürfen, wir danken ihm ohne Unterlaß.‹ Der neugierige Candid wollte Priester sehen; er ließ fragen, wo sie seien. Der gute Greis lächelte: ›Lieber Freund‹, sagte er, ›wir sind alle Priester ...‹«

Voltaire: Candide oder Die beste der Welten

Um nichts bitten,
Den Augenblick genießen,
Dankbar sein,
Das Fest des Lebens feiern ...
Alles wessen Priester?

2. Teil

Der grenzenlose Augenblick

Shakespeare war nicht nur ein in hohem Maße poetischer Mensch, sondern er war auch überaus weise und bar jedweder Illusionen über sich und das Leben im allgemeinen: Dies gab ihm seinen Sinn für das Komödiantische, und das wiederum machte ihn poetisch. Er läßt Hamlet den Staub des Alexander verfolgen. Und wo findet Hamlet ihn? »Alexander starb, Alexander ward begraben, Alexander verwandelte sich in Staub; der Staub ist Erde; aus Erde machen wir Lehm; und warum sollte man nicht mit dem Lehm, worein er verwandelt ward, ein Bierfaß stopfen können ...«

Natürlich, Dichter pflegen meist zu übertreiben, und sie dürfen das auch; sie dürfen, im Gegensatz zu den Philosophen, Theologen, Psychologen und Soziologen, sich selbst und die Welt bespötteln. Die Dichter unterhalten uns ja »bloß«, wenn sie versuchen, uns durch die Zerstörung von Illusionen den tatsächlichen Zusammenbruch zu ersparen.

Der Mensch – letztlich nur dazu da, ein Spundloch zu stopfen? So weit wollen wir nun doch nicht gehen. Und dennoch kommt es nicht von ungefähr, wenn große Geister wie etwa ein Omar Khayyam oder eben Shakespeare den Akzent des Komischen aus dem Gefühl des Todes beziehen. Denn, nicht wahr: Ob nun ein mehr oder weniger wertvolles Stück von uns selbst die irdische Existenz überdauert, wenn wir schon von Demokratie und von der Gleichheit aller sprechen: Hier, wo jeder Leichenzug die Fahne mit dem Banner »Gleichheit aller Menschen trägt«, finden wir sie wirklich. Hier wird Hänschen Meier dem großen Alexander ebenbürtig, hier liegt der tiefe Sinn des »Jedermann«, an dem sich alljährlich in Salzburg eine sogenannte Kulturelite zum sinn- und zwecklosen Ärgernis Zukurzgekommener ergötzt, ohne sich groß etwas dabei zu denken. Das Jedermann-Schicksal hat darüber hinaus auch einen anderen und durchaus tröstlichen Aspekt: Es mag einer ein Rockefeller oder Morgan oder Rothschild sein, er hat nicht mehr Zeit zur Verfügung als ein Schuhputzer in Mexico-City. Auch mit den sogenannten Annehmlichkeiten des Lebens ist das so eine Sache: Wenn einer auf die Toilette muß, ist es schließlich ziemlich gleichgültig, ob er seinem menschlichen Bedürfnis auf einer güldenen Brille oder hinter einem Strauch nachgeht. Wenn er schläft, spielt es eine relativ geringe Rolle, ob das Bett zweimal zwei Meter oder bloß einsachtzig im Quadrat mißt. Und sofern man von den Ärmsten der Armen absieht, kann ein Rothschild sich schlimmstenfalls zu Tode essen, mehr aber nicht. Natürlich, der Vergleich hinkt wie jeder Vergleich; vermutlich versteht Rothschild es, seinen Wein in Schlückchen zu genießen (es wäre ihm jedenfalls zu wünschen), aber das und mehr können wir Durchschnittsmenschen auch, wenn wir nur wollten.

Daß Reichtum nicht alles im Leben ist und Geld allein nicht glücklich macht, ja meistens das Glück vertreibt, ist eine viel beschriebene, erfahrene, besungene, bedichtete und doch nie geglaubte Weisheit. Wir können sie zunächst als Nebensächlichkeit beiseite schieben. Am Tag des Gerichts, so steht es in den talmudischen Schriften der Juden geschrieben, in dem Augenblick also, da man sich nach dem Sinn des gelebten Lebens fragt, »muß jeder für alles Gute, worüber er sich hätte freuen können, aber nicht gefreut hat, Rechenschaft ablegen«. Das ist es, worum es letztlich geht. Egal, ob als Millionär, als Intellektueller, als Industriearbeiter, als Bauer – jeder lebt und stirbt, Anfang und Ende der Reise sind für alle gleich. Das Potential, über das wir verfügen, alle, ausnahmslos, heißt Leben.

Wenn wir uns umsehen, dann fragen wir uns zuweilen, ob man

heute wirklich erst Krebs bekommen muß, um den Wert dieses Potentials zu begreifen. Muß man auf das Leben nach dem Tod warten, darauf, daß man einen Stich ins Herz bekommt, wenn man Blumen, spielende Kinder, sich küssende Liebespaare und andere schöne Dinge sieht, weil plötzlich alles doppelt und dreifach kostbar und wichtig geworden ist? Weil plötzlich jeder Augenblick zählt?

Die Chance, die sich in solchen Augenblicken bietet, schlägt häufig ins Negative um, in Pessimismus und Lebensverneinung. Man weiß dann, daß das Leben nicht so war, wie man es sich vorgestellt hatte, daß etwas fehlte. »Nein, noch einmal möchte ich nicht mehr leben!« wird lamentiert, statt sich auf die Schenkel zu schlagen und sich endlich freizulachen und freizuweinen von dem unübersehbaren und ernsthaften Tatbestand, der sich unserem Innersten darbietet, daß angesichts unserer wirklichen Wünsche und Sehnsüchte und vor allem angesichts unserer begrenzten Zeit das alltägliche Leben etwas grenzenlos Lächerliches an sich hat: lächerlich in der Ernsthaftigkeit, mit der wir uns ständig auf lange und verzwickte Wege begeben, obwohl wir längst angekommen sind; lächerlich in der Ernsthaftigkeit, mit der wir einen komplizierten Sinn im Leben suchen wie jene zerstreuten Professoren ihre Brillen, die sie auf der Nase sitzen haben. Unruhig und irritiert wird weitergesucht nach Undefinierbarem, oder man übt sich in der sogenannten Tugend der Demut vor den Unwägbarkeiten und Unverständlichkeiten des Lebens: dem Verzicht auf die Möglichkeit, anders zu sein, als man zu sein glaubt, der bornierten Verweigerung des Versuchs, durchzuatmen und die Augen und die Sinne zu öffnen. In dieser eigenverschuldeten Selbstverlorenheit verschwenden wir weiterhin kostbare Zeit, als hätten wir ewig zu leben.

Die alten Chinesen hatten einen höchst realistischen Sinn für das menschliche Wesen. Von Chaung-tse, einem Schüler des berühmten Lao-tse, stammt folgende hübsche Parabel: »Vor langer Zeit standen schöne Wälder auf den Niu-Bergen. Doch darf man heute noch sagen, das Gebirge sei schön, wo eine so große Stadt in seiner Nähe liegt und die Holzfäller die Bäume abgehauen haben? Tag und Nacht haben dem Gebirge ihre Ruhe geschenkt, Regen und Tau nährten es, und ständig entsprang neues Leben seinem Boden. Aber dann begannen Rinder und Schafe dort zu weiden. Deshalb sieht das Niu-Gebirge so schrecklich kahl aus, und wenn wir es ansehen, denken wir, da habe nie Holz gestanden. Ist das etwa das echte Wesen des Gebirges?«

Hat nicht auch der Mensch ein Herz der Liebe und der Rechtschaffenheit? Wie aber soll das Wesen seine Schönheit behalten, wenn es Tag für Tag zerhackt wird, wie der Holzfäller die Bäume umschlägt mit seiner Axt? Gewiß, die Tage und Nächte tun weiter ihr heilendes Werk, und der Morgentau kommt mit seinem nährenden Hauch und will den Wald kraftvoll und gesund erhalten, aber die Morgenluft ist dünn und kommt nicht an gegen das, was der Mensch tagsüber tut. Da immer weiter losgehackt wird auf den Menschengeist, bieten Ruhe und Erholung während der Nacht keinen genügenden Ausgleich mehr, und ist es erst einmal soweit, dann verfällt der Mensch durch eigene Schuld in einen Zustand, der nicht weit vom Tier entfernt ist. Man sieht ihn an und stellt fest: Er handelt wie ein Tier. Und man muß sich denken: In ihm war nie etwas Echtes und Eigenes. Und das sollte das wahre Wesen des Menschen sein?

Was unsereins tut, das tut er manchmal auch tüchtig: Wir haben ordentlich abgeholzt, offenbar ehe der Wald richtig dicht gewachsen war, und das mag der Grund dafür sein, daß wir heute aus Angst vor unserem eigenen Verstand vom Menschen als von einem Fehlschlag der Natur sprechen. Tatsächlich: Das Paradies ist verriegelt, und der Cherub steht hinter uns. So ist nämlich diese Parabel zu verstehen: der Kahlschlag des aus menschlicher Überheblichkeit und Selbstgefälligkeit geborenen künstlichen Lebens an seinem eigenen Wesen.

Und dieses Wesen hat sich nicht vorgenommen, ein zufriedener und guter Mensch sein zu wollen, sondern etwas Abstraktes. Dort hat die Tragödie der Vertreibung aus dem Paradies begonnen und findet sie noch immer statt: dort, wo der Mensch aufgehört hat, über seine Träume zu lachen, und sich ernster nimmt als ihm gebührt; dort, wo die Rösser der Fantasie mit ihm durchgegangen sind, wo sich seine Gedanken davongemacht haben, wo er begonnen hat, sich zunächst ins Göttliche und schließlich aufgeklärterweise ins Kosmische als selbsternannter kosmischer Heros zu transzendieren. Dies ist das Mißgeschick: daß der Kultivierungsprozeß des Menschen vollzogen wurde im geradezu erbitterten Kampf des Geistes gegen das Gattungstier Mensch, kurz gegen all das, was den Menschen – abgesehen von seiner Geistigkeit – vor allem menschlich macht. Was ist nicht alles erdacht, herumgerätselt und an verstiegenem, höherem Menschentum erfunden worden, weil es – allerdings in einem viel weiteren Sinne – das gibt, was die Psychologen Verdrängung nennen, und weil deshalb das Auge des Verstandes eines nicht sehen wollte: das Leben.

Vor ihm sind wir stets auf der Flucht, auf verschiedenen Wegen und unterschiedlich motiviert, aber wir sind es noch immer. Womöglich sind wir es seit dem Augenblick, da der erste überbegabte Menschenaffe schlauer wurde als die Mehrzahl seiner Sippe und darauf kam, daß seine Sippschaft vermittels höherer, strafender und daher Angst hervorrufender Mächte eleganter zu beherrschen sei als mit der grobschlächtigen Keule. Womöglich war es gar ein erstes Eifersuchtsdrama, das unseren Urahn geistig dermaßen beflügelte, daß er der Erfindung des Jenseits die Tabuisierung der Geschlechtlichkeit zur Seite stellte.

Doch Spaß beiseite. Daß der Mensch ein überaus begabtes Wesen ist, kann niemand bestreiten. Indessen wird man den genauen Umstand und den genauen Zeitpunkt wohl nie bestimmen können, warum und wann er sich dies in seinem Verstand überlegte und so zu einer katastrophalen Anmaßung und Verwicklung seiner Gedanken kam. Über den Ursprung von Religionen braucht man nicht zu diskutieren, Mythen haben ihre eigene Qualität. Niemand wird ernstlich bestreiten wollen, weil es ja jeder fühlt und spürt, daß es so etwas wie ein zur Selbsttranszendenz neigendes Streben des geist- und bewußtseinsbegabten Wesens Mensch über seinen beschränkten Horizont hinaus gibt. Dies will heißen, um einen Begriff von Victor Frankl zu verwenden: der Wille zum Sinn, der Wille zu einem Sinn des Lebens. Das wiederum kann vieles sein, kann vor allem praktisch angelegt sein.

Doch beizeiten, so will es scheinen, hat man den Menschen des praktischen Lebenssinns beraubt und gar seines Willens dazu: als eine verquere Logik Geist und Fleisch in zwei Stücke riß, das eine dem Teufel und das andere dem Göttlichen zuwies und schließlich die Idee produzierte, die Entdeckung seiner Geschlechtlichkeit, seiner dem sich fortpflanzenden Tier ähnlichen Körperlichkeit sei der eigentliche Verlust des Paradieses. Wir wollen jedoch eher dafür plädieren, daß es die Erklärung alles Körperlichen zum absoluten Feind des Menschen war, die ihm die Pforten des Paradieses verschloß: Folge der Selbstüberschätzung des menschlichen Geistes. Fast scheint es, als sei dies die Rache des menschlichen Verstandes dafür, was er bei einigem Sinn für Humor ohne besondere Erschütterung zur Kenntnis nehmen könnte: daß sich zunächst auch die gerühmte menschliche Verstandes- und Geisteskraft entwicklungsgeschichtlich aus einem sich vergrößernden Rückenwirbel gebildet hat und ursprünglich ihre Funktion, wie die des Rückenmarks, im wesentlichen darin bestand, sich in der Umwelt zurechtzufinden und – das Leben zu erhalten.

Der denkende Mensch aber beweist wenig Humor, wenn er sich damit auseinanderzusetzen hat, warum der Herr des Universums die Krone der Schöpfung so unvollkommen geschaffen hat. Zu gern wäre er reinster Geist; und um der quälenden Frage aus dem Weg zu gehen, wie er überhaupt dazu komme, den Leib zu verachten, den schließlich auch Gott geschaffen hat, erklärt er ihn und alle damit zusammenhängenden Lebensäußerungen für teuflisch: Weltunbehagen als Tugend, Freude am Leben als Sünde, irdischer Glücksmangel als Fahrkarte für den Himmel. Es war wohl so, wie es immer ist: daß sich menschliche Grübler vor der Mäßigung ihrer eigenen Genußsucht und Gier nach Glück ins Extrem der Askese flüchteten, um von dort aus dem Rest der Welt das wahre Glück zu predigen. Und die Menschheit hat es zu erleiden, eingequetscht zwischen Himmel und Erde, zwischen Idealismus und Realismus, zwischen hochfliegenden Gedanken und nach Glückserfüllung strebenden Sinnen: den ungestillten Durst nach elementarer Lebenserfüllung, nach der Möglichkeit der Selbstachtung, nach einem Leben, das er mit tiefster Überzeugung bejahen kann, nach Eros, nach freiem Atem, nach den Spielfeldern der Lebensfreude, nach seiner Einheitlichkeit und Identität.

Man durchschaut nur allzuleicht die Philosophie, die besagt, daß die erkennende Vernunft und der Wille des Herzens von Sünde besessen seien. Vom Haupt bis zu den Füßen sei der Mensch damit übergossen, so daß kein Teil seines Wesens von Sünde frei bliebe. Daß alles, was er tut, zur Sünde gerechnet werden müsse, wie Paulus sagt (Römer 8,7), daß alle Regungen und Gedanken des Fleisches Feindschaft wider Gott und darum der Tod seien.

»Was sich in der Philosophie als Verpönung von Triebregungen ausdrückt, erweist sich im wirklichen Leben als die Praxis ihrer Unterdrückung«, schrieb Max Horkheimer. »Alle Instinkte, die sich nicht in vorgezeichneten Bahnen bewegten, jedes unbedingte Glücksverlangen wurde zugunsten ›sittlichen‹, auf das Gemeinwohl bezogenen Strebens verfolgt und zurückgedrängt; und im gleichen Maße, wie dieses Gemeinwohl den unmittelbarsten Interessen der meisten widersprach, entzog sich der Übergang psychischer Energien in sozial erlaubte Formen rationaler Begründung, bedurfte die Gesellschaft zur Domestizierung der Gesellschaft neben dem materiellen Zwang einer durch Religion und Metaphysik beherrschten Erziehung. [...] Die Individuen wurden gebändigt. Im offiziellen und in ihrem eigenen oberflächlichen Bewußtsein standen sie schließlich als moralische Wesen da. Im Grunde ihrer Seele mochten zwar schlechte Triebe und Leidenschaften schlummern, aber nur schwache und verworfene Naturen fielen ihnen anheim. Die Herren selbst waren im harten Daseinskampf freilich gezwungen, rücksichtslos vorzugehen, aber das gehörte zu den bitteren Notwendigkeiten. Auf ein rechtes Exemplar der Oberschicht wirkt die moralische Propaganda seiner eigenen Klasse gegenüber der Gesamtgesellschaft so zurück, daß ihm die Ausbeutung und freie Verfügung über Menschen und Dinge, seiner eigenen Ideologie nach, keine Freude macht, sondern als Dienst am Ganzen, als soziale Leistung, Erfüllung eines vorgezeichneten Lebensweges erscheinen muß, damit er sich zu ihr bekennt und sie bejaht.

Triebverzicht durch Unterdrückung und Verdrängung und Unterdrückung und Verdrängung durch Verzicht auf Freude am Leben – denn selbst unter traurigsten Existenzbedingungen sollte der Normalmensch »in Gott« getröstet und vertröstet sein. Nach dem Verlust der Kreditwürdigkeit und der absoluten Sicherheit eines jenseitigen Paradieses übernahmen in der Gegenwart die Vergnügungs- und Konsumindustrien die Funktion der Seelentröstung. Heute findet menschliches Glück in den Illusionen einer Scheinwelt sein getrübtes Dasein, denn »die Fähigkeit zu unmittelbarer Lust ist [...] durch die idealistische Predigt der Veredelung geschwächt, vergröbert, in vielen Fällen ganz verloren« (Horkheimer). Die Zeit seines Lebens, letzten Endes auch ein Gut, wenn man es recht bedenkt und sich dessen bewußt ist, hat man dem Menschen neuerlich in ein Abstraktum transferiert: in das kollektive Glück einer fernen Zukunft, auch wenn diese angesichts des Vorhandenseins der Massenvernichtungsmittel ebensowenig sicher ist wie das Jenseits.

So stolpert der Mensch denn schwitzend und arbeitend durchs Leben, nicht zu seinem Besten und nicht im Einklang mit sich selbst, sondern in trostlosem Unglück, um noch einmal den Philosophen Max Horkheimer zu bemühen: »Ausbleiben von Schicksalsschlägen und von Gewissenskonflikten, das heißt die relative Freiheit von äußeren und inneren Schmerzen und Ängsten, ein neutraler, oft recht trüber Zustand, in dem die Seele zwischen äußerster Betriebsamkeit und Stumpfsinn hin und her zu schwanken pflegt, wird mit Glück verwechselt. [...] So gut ist die Verpönung der ›gemeinen Lust‹ gelungen, daß, wer sie sich gönnt, gemein anstatt frei, grob anstatt dankbar, blöd anstatt gescheit zu werden scheint. Aus dem Licht des kulturellen Bewußtseins ist die Lust in das traurige Refugium der spießbürgerlichen Zote und in die Prostitution verbannt.«

Es geht aber um mehr als nur um die bloße Lust, wenn die menschliche Körperlichkeit gemeint ist, die so vieles umfaßt, außer, so scheint es, die praktische Vernunft. Der Mensch als solcher läßt sich nicht ungestraft verleugnen, denn vor sich selbst kann er am Ende doch nicht fliehen, und wenn er sich hundertmal einbildet, er sei etwas Höheres, zu Höherem bestimmt, zu nichts anderem da, als die höchste seiner Lüste in seiner Selbstverewigung als geistiges Wesen zu finden. Bei derlei Gedankenflügen hat er sich alles andere als veredelt, sondern sich in seinem ganzen Wesen selbst verleugnet: Der Mensch, die Möglichkeit des Humanen, hat sich damit enthumanisiert. Wir kennen die Geschichte des veredelten Menschen: jenes gespaltenen Wesens, das die schönsten Kunstwerke geschaffen und zugleich ganze Städte ausradiert hat, das mit andächtig gefalteten Händen Choräle gesungen und Andersgläubige gevierteilt hat, das einen neuen Menschen schaffen wollte und dabei Menschen in Seife verwandelt hat, das heutzutage Nächstenliebe und Friede predigt und den nuklearen Untergang vorbereitet.

Die Chinesen, die früher einmal offenbar jene wunderbare Gabe besessen haben, ihrem eigenen Verstand stets mit einer gesunden Portion Mißtrauen zu begegnen, ziehen im Epos vom Affen Wukung eine überdenkenswerte Parallele zum menschlichen Strebertum. Es erzählt von Wuk-ung, einem überaus klugen, aber auch ungewöhnlich anmaßenden Affen. Dank seiner äffisch-magischen Kräfte gelang es ihm eines Tages, in den Himmel einzudringen. Um dort zu leben, mangelte es ihm allerdings an Vernunft, Gleichgewicht und Mäßigkeit des Geistes. Zu gut vielleicht für die Erde und sein sterbliches Los, war er doch nicht gut genug für die Gesellschaft der

Unsterblichkeit im Himmel. Unvollkommen, wie er war, stiftete er im Himmel nichts als Unruhe, ruinierte er gar das jährliche Festessen, das die Westliche Königin-Himmelsmutter für die übrigen Götter zu geben pflegte, aus bloßer Wut, weil er nicht dazu eingeladen war. So verwandelte er sich in einen Götterboten und schickte die eintreffenden Festgäste in die falsche Richtung mit dem Hinweis, der Ort der Festlichkeit sei verlegt worden.

Der Affe verwandelte sich in eine Stechfliege, stach dergestalt die Dienerschaft und machte sich dann selbst über die Weinkrüge her. Halb betrunken, fraß er schließlich auch noch die Himmelspfirsiche auf, die als Nachtisch bereitlagen. Als die Götter schließlich eintrafen, hatte er sich schon wieder davongemacht und versuchte in Laotses himmlischem Haus die Unsterblichkeitspillen des Taoisten zu verspeisen. Mißgelaunt darüber, daß die Götter ihn ignoriert hatten, kehrte er zurück ins Affenreich, wo er König war, pflanzte dort das Banner des Aufruhrs gegen den Himmel auf und schrieb darauf die Worte: »Der große Weise – ebenbürtig den Göttern.« Darauf entwickelten sich naturgemäß heftige Kämpfe zwischen dem Affenkönig und den himmlischen Streitern, die erst ein Ende fanden, als die Göttin der Barmherzigkeit dem Affen mit einem Blütenzweig eins auf den Schädel gab. Doch auch nach seiner Gefangennahme wollte der Affenkönig kein Einsehen haben und stellte den Jadekaiser zur Rede, daß man ihm doch endlich seinen ihm gebührenden Göttertitel gäbe. Worauf sich Buddha, der Herr der Götter, einschaltete und in seiner Güte und Weisheit eine Wette mit dem Affen einging. Der Affe wettete, daß er dank seiner magischen Kräfte bis ans Ende der Welt laufen könne. Sollte ihm dies gelingen, müsse man ihm endlich den Titel des Großen Weisen verleihen. Verlöre er, würde er sich unterwerfen.

Also machte der Affe einen Sprung, raste wie ein Blitz über das Land und hielt erst auf dem Gipfel eines hohen Berges an, von dem er dachte, er sei das Ende der Welt, das kein Sterblicher je erreicht habe. Zum Beweis seiner Anwesenheit schlug er auf dem Berggipfel ein paar Tropfen seines äffischen Wassers ab und machte sich auf den Heimweg. Doch da öffnete Buddha seine Hand, hieß den Affen, an der Spitze des Mittelfingers seinen eigenen Affenharn zu riechen, und erklärte ihm, daß er während seiner ganzen Zauberreise nicht einmal die Handfläche verlassen habe. Erst da wurde der Affenkönig bescheiden ...

Braucht der Mensch noch mehr Beschämung als seine eigene Geschichte, braucht er die totale Selbsterniedrigung, um zu sich selbst zurückzufinden? Muß er tatsächlich erst an die Grenzen des Universums vorstoßen als dessen selbsternannter Beherrscher, um in einem nuklearen Blitz der Selbsterkenntnis den eigenen Harn am Markierungsort seines Daseinsirrtums zu riechen?

Den Himmel haben wir den Engeln und den Spatzen überlassen – die Erde haben wir deswegen noch immer nicht gefunden

Zurückfinden zu sich selbst: Die Flucht vor sich selbst, die Flucht vor dem Leben ist noch immer nicht zu Ende. Sie hat nur andere Namen bekommen. Mit anderen Begriffen kämpft der Mensch noch immer gegen seine Natur, gegen sein animalisches und natürliches Erbe. In goldenen Käfigen siecht das Glück dahin wie ein Raubtier, dessen Fell allmählich rauh und fahl wird. Das Raubtier, die Bestie, die teuflische Leiblichkeit: Weder Aufklärung noch soziale Revolution, noch Psychoanalyse scheinen dieser Art menschlicher Selbstverstümmelung ein Ende gesetzt zu haben, wenn gar ein Herbert Marcuse folgerte: Über die Annehmlichkeiten des Leibes müsse das Ich hinausgelangen, damit der Mensch erst Mensch sein könne. Zwar wissen wir dank der Psychoanalyse, daß nicht das Tier im Menschen an sich die Bestie ist, die im Laufe der Geschichte immer wieder in menschlicher Maske ihr Gesicht neigte, sondern daß die Unterdrückung der menschlichen Natur es war, die ihre Pervertierung verursachte: auf der Seite der Unterdrücker die Folge der Verdrängung in Form perversester Kulturbarbarei, auf der Seite der Unterdrückten in Form psychischer Verkrüppelung.

Doch selbst solche Erkenntnisse vermochten nichts daran zu ändern, daß unterhalb der gesellschaftlichen Verhaltensfolie des sich zu Ende neigenden zwanzigsten Jahrhunderts ein schier unermeßliches Potential an spirituellen, vitalen, erotischen und expansiven Energien, an ungelebtem Leben auf seine Befreiung zu menschlicher und gesellschaftlicher Entfaltung drängt. Die Angst vor der Körperlichkeit, vor der Natürlichkeit des Menschen hat, so scheint es, auch in modernen Zeiten in einem überaus negativen Sinne zu einer Fixierung des Denkens auf eben diese Körperlichkeit geführt und nicht zu deren geistiger Überwindung: Nicht der Körper ist der Kerkermeister der Seele, sondern die Angst des Geistes vor dem Körper.

Die Aufklärer haben die Vernunft über alles gestellt und zur letzten und einzigen Instanz über Wahrheit und Irrtum erhoben – die Spitze einer enthumanisierten Logik, die die Begegnung mit der menschlichen Natur fürchtet und ihren Sinn und ihre Existenzberechtigung bestreitet. So blieb denn auch Sigmund Freuds *Zukunft einer Illusion* eine Illusion: »Wenn der Mensch seine Erwartungen vom Jenseits abzieht und alle frei gewordenen Kräfte auf das irdische Leben konzentriert«, um somit zu erreichen, »daß das Leben für alle erträglich wird und die Kultur keinen mehr erdrückt«, dann kann man eben auch nur sagen, wir haben zwar den Himmel den Engeln und den Spatzen überlassen und uns unserem alten Elend, wie es sich in Marx' trotzigem Gedanken ausdrückt: »Ich bin nichts und könnte alles sein!« Das alte Leiden: Entweder bricht der Mensch in unglaublichen Größenwahn aus, oder er kommt sich als wertloser, armseliger Wurm, weniger noch: als ein Nichts vor.

So ist denn auch die Psychoanalyse kein Befreier von der Erbsünde geworden, sondern ein gutwilliger Bösewicht unter anderen: Sie hat nicht zu einer Befreiung von selbstauferlegten Fesseln, sondern eher zu einer ständigen Nabelschau masochistischer Selbstgefälligkeit geführt, bei der unsere instinktmäßige und natürliche Seite erst recht ins Monströse geriet, wie Freud selbst sagte: Es galt, das Leiden und das Elend des Neurotikers zu kurieren, um ihm das alltägliche Elend des Lebens vor Augen zu führen. Jetzt weiß man, weshalb wir uns am Leben nicht freuen können: Penisneid, inzestuöse Anziehung, Kastrationsfurcht, polymorphe Perversität, ödipale Rivalität etc. Wir sind nicht nur aufgrund unserer Triebunterdrückung, sondern von Grund auf, von unserer biologischen

Herkunft her noch viel schlimmer, als wir dachten. Nun können die neuen Puritaner mit Fug und Recht behaupten: Die Persönlichkeit wird von der und durch die Sexualität, dem Konzentrationspunkt unserer kreatürlichen Natur, vernichtet. Es sind die sexuellen Tabus, die den Triumph der menschlichen Persönlichkeit über das animalisch Gleichförmige bestätigen und festigen. Die menschliche Geschlechtlichkeit als Zeichen seiner bloßen Rollenerfüllung als Gattungstier beweise dem Menschen, daß er ohne geistig herausdestilliertes Ich nichts weiter darstelle als das Glied einer biologischen Kette – austauschbar und deshalb vollkommen überflüssig. Darum verkörpere die Geschlechtlichkeit das bloße Gattungsbewußtsein und als solches den Sieg über die Individualität und die Persönlichkeit. Daher: Die Verdrängung sei lebensnotwendig, mehr noch, die Verdrängung sei keine Verfälschung der Welt, sondern sie sei die Wahrheit, die einzige Wahrheit.

Die andere Partei – es gibt immer Parteien, weil der denkende Mensch stets ein Extrem ans andere fügt – reduziert das Problem des Menschen ebenfalls auf das Sexuelle und sieht in der totalen Befreiung der Sexualität die einzige Möglichkeit, den Menschen zu entschlacken und von der Tyrannei des heimlichen Satans zu erlösen, den dunklen Kräften im innersten Seelenkern, der Ursache allen Übels.

Dort die ewige Flucht vor dem Fleisch, hier der Rückzug auf das Fleisch als letztem Fluchtort auf der Suche nach Lebenssinn, beides das Extrem ein und derselben Zerstückelung und Irrationalität. So stehen sie sich heutzutage verworren und verwirrt gegenüber: Zur rechten Seite des Menschen jene, die, nachdem die Trennung von Körper und Geist endgültig vollzogen ist, nun gar den Körper ohne Sex zu betrachten pflegen, zur linken Seite des Menschen jene, die den Sex ohne den Rest des Körpers betreiben. Hier das Fußballstadion als Quelle des Stolzes und der Selbstbehauptung gegen das Bett als Ort der Schamlosigkeit, dort das Stadion als Ort der Entfremdung und faschistoider Befriedigung und das Bett als Ort der Politik; Sex als Politikum ersten Ranges; Liebe als antikapitalistisches Happening in den späten sechziger Jahren, heute als Schocktherapie gegen Spießer, die Reduzierung des menschlichen Gefühlsinstrumentariums, der menschlichen Körperlichkeit und Sinnlichkeit auf die Genitalien: Körperfeindlichkeit hier wie dort in altem und neuem Gewand. Der Allmachtswahn im Sexuellen wie in seinem Extrem der Verleugnung läßt die eigentlichen Wünsche nach Gefühl ungestillt.

Die Grenzenlosigkeit der Vernunft hat zu rigideren Fesseln, zu sublimeren Eingrenzungen geführt als je zuvor. Ohnmächtige Lustbeschwörungen dort, wo etwa in den Ansätzen alternativer Lebensformen Wilhelm Reichs Vision von freier Sexualität zu solidarischen Tauschaktionen jederzeit verfügbarer Körper zerrann. Der Rest der Menschen in unseren Breiten steht dazwischen und befolgt ratlos die technischen Anleitungen zu verschiedensten Formen des Liebesglücks und des Glücks im allgemeinen. Die Glücksverteiler in der Massengesellschaft haben sich also auch der letzten Sehnsüchte angenommen. Solcherart hat der Mensch nun endgültig in ständigen Akten der Selbstvergewaltigung sein Glück defloriert und auf die Straße geschickt, wo es unter letzten und vergeblichen Zuckungen gänzlich verkommt.

Die letzten und einzigen noch möglichen Erfahrungsspielräume und Erlebnisquellen, die dem Menschen des Massenzeitalters als seine ureigensten offenstehen könnten, hat er sich selbst weggenommen: Liebe, Eros und Sinnlichkeit. Denn der Mensch lebt eben nicht nur vom Brot allein, auch ebensowenig wie er allein aus dem Geist lebt, lebt er auch nicht nur aus zu körperlichen Bewegungsformen reduziertem Sex: Er lebt vor allem aus den Gefühlen und der Fähigkeit zu fühlen. Und aus der Fähigkeit des Fühlens erwächst erst der Genuß. Der Tod der Gefühle scheint beinahe schon genetisch geworden zu sein. Nicht daß unsere Kinder mit kaltem Herzen geboren würden, aber wird ihnen nicht schon dort, wo sie sich spielend entfalten könnten, das Gefühl abgetötet im Ernst des Lebens, die die

Fremdbestimmung ja ist? Sogar die Spiele für die Kleinsten werden von der modernen Vernunftreligion »geregelt«, rationell zweckbestimmt, befohlen, wird das Spiel seines Zaubers beraubt.

Es ist ein kontinuierlicher Prozeß, da im Laufe unseres Lebens unsere empfindsame Natur ausstirbt, abgetötet, erfroren, erwürgt wird durch die überlieferten Vorstellungszwänge; durch die Einfalt, die Intelligenz über das Gefühl zu stellen, durch die äußeren Umstände und schließlich auch wohl durch unsere eigene Nachlässigkeit, durch unsere eigene Unaufmerksamkeit, daß wir nicht darauf bedacht waren, unsere ursprüngliche Beschaffenheit lebendig zu erhalten. Das ist dann der Normaltyp: hart geworden, künstlich, kalten Herzens, unfähig zu fühlen, zu sehen, zu riechen, zu hören, des Lauschens überdrüssig, weil ohnedies nur Lärm die zärteren Kanäle mordet; stolz auf nüchtern gesammelte nüchterne Erfahrungen. Da steht er, der Erfolgsmensch des Zeitalters der Vernunft und des Fortschritts, auf die höchsten Wipfel am Baum seiner Urahnen gehoben und aus seiner Natur hinauskatapultiert, mit eisernen Entschlüssen, festem Willen, der die letzten Glutreste an Empfindungen als störendes Seelen-Wischiwaschi beiseite schiebt, dessen uneingelöste Wünsche und Träume ihn bewußt oder unbewußt zu ständiger Suche nach perfiden Ersatzhandlungen treiben, in die trivialen Spielräume trivialster Erfahrungsprothesen: ein williger Abnehmer bei den Lieferanten von Schwindelerfahrungen und Schwindelgefühlen, stolz auf die mit einem verrückten Aufwand an Zeit und Geld ergatterten Trophäen flüchtiger Ahnungen von Ekstase, über die er sich am Ende doch nicht freuen kann.

Nun können die Fernsehpfarrer der etablierten und alteingesessenen Religionen ihre modernisierte Formel verkünden: Gott will das Glück des Menschen »in der Zeit und in der Ewigkeit«, um damit einzutreten in den Konkurrenzkampf der Wohlfahrts- und Glücksbetriebe. Aber das Paradox, das die Techniker des Kollektivglücks bewirkt haben, daß der einzelne nämlich sein will wie die anderen und doch voller insgeheimer Sehnsucht danach, endlich einmal den unverwechselbaren Moment der Einzigartigkeit zu erleben, können die Religionen auch nicht lösen. Überdies ist auch auf religiösem Gebiet gewissermaßen nach den Gesetzen des Marktes (und zuweilen auch des Profites) die Konkurrenz gewachsen, um bei der wachsenden Anzahl lebender Toter auf Seelenfang zu gehen.

Ach über die Toren, könnte man mit dem chinesischen Gelehrten Liu Tasheng klagen, ach über die Toren, die sich festfahren in einem bestimmten Stück, einer Rolle, einer Textstelle, einem bestimmten Schauspiel, bis all ihr Vorrat an Gedärm und innerem Organ von dem Theaterspiel beherrscht wird und sie nicht ein einziges Mal mehr merken, daß sie in Wahrheit Schauspieler sind.

Es ist schon so: Gemein und häßlich wird das Leben doch nur dort, wo es unterdrückt und verbogen wird. Böse und häßlich wurde und wird der Mensch, wenn er sich selbst unterdrücken und verstellen muß, weil er sich nicht mehr zu dem Lebendigen bekennen darf und bekennen kann, was an ihm zerrt, was ihn in seinem Innersten schmerzt und nach dem er sich sehnt, auch wenn er es gar nicht weiß.

Der Verlust der Gefühlsfähigkeit, der Verlust unserer Sinnlichkeit: Sie sind das Opfer unseres übersteigerten Denkens, das uns zu Schauspielern gemacht hat, die sich ständig etwas vorspielen, bis das Spiel zum krankhaften Zwang wird. Ohne in die heute übliche gänzliche Diffamierung des menschlichen Intellekts zu verfallen, was nur wieder die andere Seite seiner kuriosen Erhebung ist, eine neue Form von – diesmal geistiger – »Selbstentleibung«, bringt einen dies zum Philosophieren über Wert und Unwert menschlicher Geistigkeit. Mag es denn stimmen, daß seine Überheblichkeit, die menschliche Hybris, dort beginnt, wo der Mensch sich zu begreifen anmaßte, warum ihm zuweilen auch etwas auf den Kopf fallen kann, warum ihn zuweilen Unglück trifft? Vielleicht, vielleicht auch nicht, ein Stück der Wahrheit wird es wohl sein. Nur: Daß am Anfang des menschlichen Geistes das Erschrecken darüber gestanden haben soll, daß er erkannt hatte, mit seinem Körper leben zu müssen, daß, wie manche behaupten, am Grunde jedes totemistischen Rituals nichts anderes zu finden wäre als die Verdrängung und die Sublimierung der »Urszene«, daß der Mensch über seine Körperlichkeit und Einbettung in die Natur triumphieren mußte, um überhaupt ein Kulturwesen werden zu können – all das klingt zu sehr nach Selbstrechtfertigung des unter seiner Selbstgerechtigkeit leidenden scheinheiligen Geistes. Und selbst wenn es fallweise so gewesen wäre, so gibt beziehungsweise gab es unter erst neu entdeckten sogenannten Primitiven auch genügend erstaunliche Beispiele dafür, daß die ganz ursprüngliche Fähigkeit, sich Gedanken über Sinn und Unsinn des Lebens und der Welt zu machen, zu einem fröhlichen, alles einschließenden, alle Ängste bannenden Lebensgefühl führten, in dem Lust und Freude am Dasein nicht gebannt, sondern in überschäumender Festlichkeit kultiviert, ritualisiert und zelebriert wurden.

Wozu also, könnte man angesichts unserer Misere fragen, sind denn nun der menschliche Geist und Verstand gut? Um sich irgend etwas auszudenken über die Schuld seines Daseins und wie er diese Schuld irgendwohin projizieren könnte? Um sich eine lebenssteigernde Illusion zu erfinden? Um Gedankenblasen zu konstruieren, eine ausgedachte Realität, in der er sich dann als unschuldige Seifenblasenwirklichkeit entdecken kann?

Die Konfuzianer sagen, der Mensch sei von Natur aus gut und werde erst durch die äußeren Umstände im Laufe seines Lebens schlecht. Womit zumindest bewiesen wäre, daß die masochistische Grundeinstellung der abendländischen Zivilisation kein allgemeinmenschliches Desaster wäre. Dostojewski hat das Problem auf einen faszinierend einfachen Nenner gebracht: »Der Mensch ist unglücklich«, so schreibt er, »weil er nicht weiß, daß er glücklich ist. Nur deshalb. Das ist alles. Wer das erkennt, der wird glücklich sein, sofort, im selben Augenblick!«

Da hat ihm aber die zur Unart kultivierte Fähigkeit des menschlichen Geistes, sich selbst und alles über einen logischen, analysierenden und definierenden Kamm zu scheren, einen Strich durch die

Rechnung gemacht. Nicht die menschliche Natur ist der höllische Bengel, den es zu disziplinieren gilt, sondern der menschliche Verstand muß zu seiner praktischen Wirklichkeit zurechtgestutzt werden. Nicht die menschliche Körperlichkeit, nicht seine Instinkte, nicht seine Gefühlswelt sind das Sündhafte, sondern der Hang des menschlichen Geistes zu Illusionen und Ignoranz, ein Mißbrauch seiner eigentlichen Fähigkeiten. So können wir durchaus auch in bezug auf den Verstand sagen: Er ist von Natur aus gut und keineswegs ein Mißgriff der Evolution, solcherart also eine durch ein unwahrscheinliches Tier verkörperte Niederlage der Natur.

Das Problem dabei ist die Liebe des Schauspielers zu seiner Rolle, die Liebe zu den sich verselbständigenden Wörtern und zum endlosen Definieren, sind die Wege zu menschlicher Ignoranz. Es wurde ja schon angedeutet, worin die eigentliche und ursprüngliche Aufgabe des menschlichen Gehirns bestand: in der Fähigkeit, sich seiner Umwelt anzupassen, nicht um sie zu zerstören, um Leben zu erhalten, nicht um Leben zu erwürgen, um sich zu verteidigen gegen natürliche Gefahren, nicht um anzugreifen. Der österreichische Physiker Ludwig Boltzmann brachte dies auf folgenden präzisen Nenner: »Das Gehirn betrachten wir als den Apparat, das Organ der Herstellung der Weltbilder, welches sich wegen der großen Nützlichkeit dieser Weltbilder für die Erhaltung der Art entsprechend der Darwinschen Theorie beim Menschen geradezu zur besonderen Vollkommenheit herausgebildet hat, wie bei der Giraffe der Hals.«

An den Beginn des menschlichen Bewußtseins, der Fähigkeit also, sich seiner selbst in bezug auf die Umwelt gewahr zu sein, können wir die Sprache setzen, Sprache allerdings im weitesten Sinne des Ausdrucks, wie es durchaus auch das Bellen eines Hundes ist. Vereinfacht ausgedrückt, könnte man sagen: Das Gehirn machte sich die Sprache, aber die Sprache erst machte sich dann das eigentliche Gehirn. Das heißt: Das menschliche Gehirn entwickelt sich an der mittels der Sprache gegebenen Fähigkeit zu lügen (im guten wie im schlechten Sinne), nämlich an der Fähigkeit, Hypothesen aufstellen zu können, Wirklichkeiten zu schaffen, die mit den gegebenen Umständen nichts oder nur annähernd etwas gemein haben. Um es mit dem Philosophen Karl Popper zu formulieren: »Die Natur, die physikalische Welt, schafft sich mit noch dumpfem Bewußtsein eine künstliche, dennoch objektiv vorhandene Welt, die Welt der Weltbilder also, die wiederum zum Katalysator für die Entwicklung des menschlichen Bewußtseins wird, welches in der Folge neuerlich künstliche Welten produziert, die wiederum das menschliche Bewußtsein in einem Rückkoppelungseffekt beeinflussen.«

Sprache im allgemeinen ist reine Ausdrucksfunktion, das Symptom eines Zustandes etwa einer Pflanze oder eines Tieres. Aus dieser reinen Ausdrucksfunktion entwickelt sich die Signalfunktion, die Fähigkeit zu kommunizieren, den inneren Zustand mitzuteilen: Wenn etwa die Biene ihren Tanz aufführt, um anderen Bienen die Entfernung zwischen Bienenstock und Apfelbaumblüte mitzuteilen, so entspricht ihr Tanz genau ihrem inneren Erfahrungszustand, nämlich dem der tatsächlichen Entfernung. Die nächste Stufe schließlich ist die Darstellungsfunktion. »Da gibt es Sätze«, sagt etwa Popper, »die etwas behaupten, die einen Teil der Umwelt darstellen. Die Darstellung kann wahr oder falsch sein.« Jene Stufe nun auf der Ebene unseres Bewußtseins übertrifft diese Möglichkeit, einen Teil der Umwelt richtig oder falsch darzustellen, im Erfinden von Geschichten und Ereignissen, die mit der Umwelt überhaupt nichts mehr zu tun haben.

Die damit einhergehende Entwicklung des Vorderhirns, die Fähigkeit, zu symbolisieren, die Zeit zu binden, Erfahrungen hinauszuzögern, diese wirklich ungeheure Erweiterung der Erfahrungsmöglichkeit, Bewußtsein genannt, muß nun nicht zwangsläufig zur Katastrophe führen. Über die Fähigkeit hinaus, eine den gegebenen Umständen nicht entsprechende Wirklichkeit zu schaffen, stattet es uns mit der Freiheit aus, Erfundenes für bare Münze zu nehmen oder nicht, uns natürlich oder unnatürlich zu benehmen, idiotisch oder schlicht vernünftig zu handeln, kurz und gut: uns einzubilden, was wir uns einbilden wollen, alles fürchterlich ernst zu nehmen oder weniger ernst; uns einzubilden, wir seien von Grund auf schlecht oder von Natur aus gut, uns einzubilden, wir seien Schmetterlinge, die träumen, sie seien Menschen, uns einzubilden, das Leben sei überhaupt nur ein Traum. Im Gegensatz zum Tier können wir ganz bewußt darüber lachen oder weinen, uns ärgern oder nicht ärgern, uns ganz bewußt dafür entscheiden, das Leben zu lieben oder zu hassen, es zu genießen oder nicht, und das jeder für sich. Die Evolution, auch das können wir bewußt begreifen oder ignorieren, hat sich stets auf mehr Schönheit und Bewußtheit zubewegt. Auch das können wir bewußt nachvollziehen oder auch nicht. So können wir uns auch der Ansicht Teilhard de Chardins anschließen oder sie ablehnen: »Sie [die Evolution] hat, um uns zu gebären, seit den Uranfängen mit zuviel Unwahrscheinlichkeiten nach Wunderart gespielt, als daß wir nur die geringste Gefahr liefen, wenn wir auch weiterhin und bis ans Ende uns ihrer Führung anvertrauten. Wenn sie das Werk unternommen hat, so kann sie es auch vollenden, und zwar nach denselben Methoden und mit derselben Unfehlbarkeit, wie sie es begonnen hat.«

Selbstbewußt und so durchaus, aus eigener Faust lebend, sich einem Größeren anzuvertrauen ist durchaus eine Verhaltenslogik, die konsequentem Nachdenken über die handfeste Wirklichkeit der Welt und ihrem Sinn entspricht. Der Wirklichkeit aber will der Mensch weniger vertrauen als seiner Einbildung. Je mehr er analysiert, desto mehr hat er zu analysieren und zu definieren, und je mehr er definiert, desto mehr wird er ins Definieren verliebt sein und in eine unmögliche logische Vollkommenheit. So kam es dazu, daß die Denker sich nicht nur um richtige Begriffsbestimmungen bemühten, sondern diese Begriffe selbst wiederum definierten, so daß sie am Ende außer den Begriffen, die das Leben benennen und ausdrükken, eine ganze Anzahl von Wörtern hatten, die ihrerseits wieder nur andere Wörter und Begriffe definierten, die nichts mehr mit der menschlichen Realität, sondern nur mehr mit einer künstlichen

Wortwelt zu tun haben. So wurde letzten Endes nicht von ungefähr für Wittgenstein die Philosophie schließlich zum Kampf gegen die Faszination der Ausdrucksformen, jene gefährliche Faszination, wie sie Max Picard verdeutlicht: »Hat das Wort nicht mehr die Kraft des Ursprünglichen, so wird es purer Laut, der das Objekt nur auf der Oberfläche zu berühren vermag; es etikettiert die Dinge bloß. Diese Wortlaute, diese Wortetiketten, führen dann ein Leben unter sich, Wortetikette mit Wortetikette, als ob es keine Dinge gebe. Und auch die Dinge führen ein Leben unter sich: Ding mit Ding, denn wenn das Wort zerstört ist, vermag es das Ding nicht mehr zu halten, das Ding löst sich von ihm ab. Es verliert alles Maß, es übersteigert sich. Ding erzeugt hier Ding (wie in der Welt von heute), als ob der Mensch gar nicht mehr da wäre, und kein Ding erscheint mehr als neu, auch das Neue nicht, denn jedes ist nur wie ein Teil eines Ablaufs von jeher, wie immer schon dagewesen, daher erscheint jedes Ding überflüssig und langweilig. Die Dinge selbst wenden sich weg vom Menschen. Die alten Götterfiguren im Saal eines Museums zum Beispiel – wie eine Verschwörung stehen sie manchmal da, sie verweigern sich, sie sagen dem Menschen nichts mehr, im wahren Sinn des Wortes: Sie sagen ihm nichts mehr, sie stehen miteinander da wie eine weiße Wand [. . .] zwei drohende Gebilde also stehen sich einander gegenüber: Die Unwelt der Wortmaschinerie, die jedes Ding in Lärm auflöst, und die Unwelt der Dingmaschinerie, die, losgelöst vom Wort, darauf wartet, sich in einer lauten Explosion selber eine Sprache zu schaffen. Wie ein Stummer manchmal schreit, so daß es ist, als zerrisse er sein Fleisch, um zum Wort zu gelangen, so zerspringen und explodieren heute die Dinge, als wollten sie sich aufreißen in einen Laut – es ist der Laut des Untergangs.«

Was könnte man dem hinzufügen? Zerfetzt im Grunde genommen schon das Wort unsere Gedanken in dem Bemühen, ihnen Ausdruck zu geben, so ist die Verliebtheit in künstliche Wortwelten in Form der Wortsysteme erst recht dazu geeignet, der unmittelbaren und realistischen Anschauung vom Leben Abbruch zu tun: das

Schielen nach einer absoluten Wahrheit, die es nicht gibt. Je logischer die Wortsysteme aufgebaut sind, desto abscheulicher wird das geistige Schielen: der krankhafte Drang des Menschen, immer nur eine ihm gerade zufällig ins Auge springende Ansicht der Wahrheit zu sehen und diese Teilwahrheit dann sofort zu einem logisch unumstößlichen System auszubauen. Damit entfernt sich das Denken geradezu zwangsläufig und immer weiter vom Leben. »Sichere Wahrheit erkannte kein Mensch und wird keiner erkennen!« stellte schon der Vorsokratiker Xenophanes fest. »Sollte einer auch einst die vollkommenste Wahrheit verkünden, wissen könnte er das nicht: Es ist alles durchwebt von Vermutung.«

Wer von der absoluten Wahrheit redet, verletzt und verleugnet sie auch schon, wer sie beweisen will, verstümmelt und verstellt sie, wer ihr eine Wortetikette umhängt, der tötet sie, und wer sich als Gläubiger einer absoluten Wahrheit ausgibt, ist ihr Totengräber. So scheint dies das Schicksal jeder Wahrheit zu sein: daß sie unter den Händen ihrer Schöpfer und Verfechter leidet, in die Grube der Realität fährt und nichts übrig läßt als den Satz: Ich habe recht, und du hast unrecht.

Aus dem gegenseitigen Neid der Systeme ist das menschliche Unglück gekommen, der Systeme und Wortgebilde wegen haben sie sich gegenseitig die Schädel eingeschlagen und tun es noch, anstatt die Systeme und Wortgebilde zu töten. So stehen sich noch immer künstliche Systeme gegenüber in dieser in sich selbst spielenden Kunstwelt und brauchen die Wirklichkeit auf, stehen sich die Menschen gegenüber und stehen die Menschen ihrer Natur gegenüber und haben sich nichts zu sagen. Sie verweigern sich gegenseitig, und sie verweigern sich ihrer eigentlichen Natur und Aufgabe. Die Wortklaubereien ihres eigenen Verstandes haben sie totgemacht, sie gehen durch die Gärten des Glücks, ohne die Blüten zu sehen, haben keine Organe und keine Sinne, sondern nur Organlöcher, keine Geschlechtsorgane, sondern nur Geschlechtswerkzeuge, keine Geschlechtssinne, um sich sexuell frei zu fühlen, kein Herz, um sich wirklich etwas zu Herzen gehen lassen zu können, ihre Hände sind zu zudringlich, um tasten zu können. Die künstlichen Wortsysteme haben einen Panzer um uns geschlossen, nichts rührt uns mehr, außer vielleicht ein Interesse für die neueste komplizierte Digitaluhr, es fehlen das Gefühl und der Sinn für das Da-sein, wie es in einem Gedicht von Wordsworth so traurig geschildert wird:

»Die Welt belastet uns zu sehr – spät und früh:
Gewinn, Verlust – damit veröden unsere Kräfte.
Wenig sehen wir in der Natur, was unser ist.
Wir haben unser Herz verkauft – ein schmutziges Geschäft.
Dies Meer, das seine Brust dem Mond entblößt,
Die Winde, die sonst immer heulen
Und die jetzt eingefaltet ruh'n wie Knospen,
Für dies, für alles fehlt in uns der Sinn.
Es rührt uns nicht.«

Die Kunstsysteme haben ihr Eigenleben und leben durch das Aussaugen des menschlichen Lebenssaftes, sie sind unser Gefängnis. Und noch immer und immer wieder erklären sie sich, als notwendige Moral getarnt, zum Bollwerk gegen den angeblich asozialen Charakter der verkümmerten und verdrängten menschlichen Energien, versuchen die selbständig gewordenen Ideenmonster, die menschliche Welt des einzelnen Individuums in alten und neuen Wortgewändern der Moral, der Religion und der fixen Ideen und Ideologen zu überwinden, indem sie vorgeben, den Menschen zu verbessern, obwohl ganz offensichtlich derartige gut- oder böswillige Versuche historisch längst gescheitert sind.

Die sich schließlich selbst zeugenden, ins Absurde verdrehten Wortetiketten nehmen uns letztlich ganz den Mut, wir selbst zu sein. Auf diese oder jene Weise bringen sie uns bei, daß der Durchschnittsmensch weder die innere Festigkeit noch die erforderliche Tapferkeit besitzt und begreift, die zu seiner Individuation, zu seiner Selbstverwirklichung unumgänglich ist. Denn er ist den Schrecknissen der Isolation ausgeliefert, erdrückt von der Last, die er allein zu tragen hat, von der er nur erlöst werden kann als solidarischer Herdenmensch: als einer, der seine Individualität ablegt, auf sie verzichtet, die Schuld seines Daseins irgendwohin projiziert und seine kreatürliche Hilflosigkeit eingesteht.

Was Wunder, daß die Wortsysteme dann zur inneren und äußeren Wirklichkeit werden, indem die in ihnen gefangene Gesellschaft dem konkreten Individuum stündlich aufs neue bestätigt, daß nur die Umstände, nicht die Personen tatsächlich Respekt verdienen. Die Umstände, das sind unsere heutigen Käfige der Verführungen eines verwalteten Lebens und eines verwalteten Glücks, in denen wir uns ständig vergeblich fragen, wie groß die Happen des wirklichen Lebens sind, die wir abbeißen können – und dabei übersehen, daß wir selbst diese Wirklichkeit sind. So stehen wir wie Gefangene in der dunkelsten Ecke des Gefängnisses und klammern uns an die Eisenstäbe eines kleinen Fensters, um einen Blick auf das Leben zu erhaschen. Fixiert auf das winzige Stück Himmel, bemerken wir nicht, daß hinter uns die Tür offen ist: Wir könnten jederzeit hinausgehen.

Unser Schicksal ist das Schicksal der Vögel und der Wälder

Insgeheim ahnen wir, daß dieses geschäftige, verstrickte und abgestumpfte Ich, das an den Gitterstäben hängt, gar nicht wir selbst sind. Aber die Unsicherheit über uns selbst, in die uns die Wortblasen sämtlicher Daseins- und Sinninterpreten gestürzt haben, hat uns ängstlich und vorsichtig gemacht – wir wagen es nicht, uns uns selbst zu nähern.

Die Paranoia unserer Zeit weist auf den richtigen Tatbestand hin: Die innere Verödung hat die äußere Verödung zur Folge, die über unseren Köpfen schwebende menschliche und ökologische Katastrophe ist die Rache des vergewaltigten Lebens insgesamt; Innenweltverschmutzung verursacht Außenweltverschmutzung. Das ist das realistische Bild jener anfangs zitierten Parabel von den kahlgeschlagenen Gebirgen und dem Kahlschlag im Inneren des Menschen. Denn wir repräsentieren eine direkte Metamorphose des Bodens. Die menschliche Form kam nicht in die Welt, sie kam aus der Welt, ist Teil der Welt. Es gibt nicht uns und die Natur, sondern wir sind Natur, und unser Bewußtsein ist in diesem Sinne Bewußtsein der Natur. Umgebung formt Bewußtsein genauso sicher, wie das Bewußtsein die Umgebung beeinflußt. Als sich selbst erhaltender Zyklus ergibt sich eins aus dem anderen. Zu sagen, wir müssen die Ökologie in der Natur wiederherstellen, ist derselbe Fehlschluß, der ihrer Zerstörung zugrunde gelegen hat. Wir sind Teil dieser Ökologie, und deshalb hängt die große Mehrheit der heutigen Krankheiten mit dem Ungleichgewicht zwischen der Natur und der vom Menschen geschaffenen Umwelt zusammen.

Außerhalb und innerhalb von uns findet die Kollision statt. Sie zeigt sich in den toten Flüssen, in der verunreinigten und verstrahlten Luft ebenso wie in den epidemieartig hohen Zahlen schwerer Identitätsstörungen und psychosomatischer Erkrankungen. Das Schicksal der Vögel, der Fische und der Säugetiere, das Schicksal der Wiesen und Wälder wird sich erst dann nachhaltig bessern können, wenn sich der Mensch selbst innerlich entrümpelt und entlastet. Wenn aller Anfang in der Natur und damit vor allem auch jeder Anfang einer Veränderung zuerst im Samen auftritt, dann kann auch die Veränderung, die wir im Äußeren anstreben, nur in und durch uns selbst beginnen, indem wir durch unsere eigene innere Ökologie die Voraussetzungen für die Ökologie draußen schaffen beziehungsweise wiederbegründen. Nicht zufällig haben wir in anderem Zusammenhang bereits den Begriff »Egologie« im Sinne eines guten Egoismus gewählt. Denn nichts anderes als guter Egoismus ist es, sich selbst etwas Gutes zu tun, sich auf sich selbst zu besinnen, sich mit sich selbst zu versöhnen, sich loszulösen von den ideologischen Schlagworten und allen Schlagworten überhaupt, weil jeder andere Versuch innerer wie äußerer Umweltrettung wiederum nur moralischer und von der Art der Weltverbesserungsideen wäre – und damit von der Wirklichkeit entfernt.

In seinem Buch *Das Rätsel des Humanen* erkennt der französische Forscher Edgar Morin diese Notwendigkeit: »Man wird stärker, wenn man sich für immer von dem Zauberwort losreißt, das alles erklärt, von der Litanei, die angeblich alles auflöst. Man wird schließlich stärker, wenn man das Leben, den Menschen, die Erkenntnis und das Handeln als offenes System betrachtet. Die Öffnung, eine Bresche ins Unbekannte und ins Nichts, die ursprüngliche Wunde unseres Geistes und unseres Lebens – das ist zugleich der durstige und hungrige Mund, durch den unser Geist und unser Leben begehren, atmen, trinken, essen, sich liebend vereinigen!«

Wahrhaftig: Das Leben, die Existenz, braucht sich nicht kniefällig vor irgendeiner Logik darum zu bewerben, daß diese gnädigst bescheinigt: Jawohl, es gibt dich, du bist da, und das ist gut so. »Wenn jemand stirbt, nicht das allein ist Tod. Tod ist, wenn jemand lebt und es nicht weiß«, sagte Rainer Maria Rilke. Und das Leben ist, von allen künstlichen, ihm entfremdeten Wörtern befreit, nicht so kompliziert, daß es zu seiner Bewältigung übermenschlicher Kräfte oder kollektiver Stützen bedürfte. Freilich: Die »Einfachheit des Lebens« ist ein Opfer zahlloser Mißverständnisse in einer Zeit, da jener als Tor gilt, der sein Glück nicht in den luxuriösen Rauschzuständen der fabrikmäßigen Beglückung sucht. So gut ist die Verpönung der bloßen Daseinsfreude gelungen, daß blöd anstatt gescheit zu werden scheint, wer sie sich gönnt.

Entkleidet von allem Firlefanz des Zerdenkens des Lebenssinns und des wortreichen Zerreißens von Leib und Seele, von Mensch und Natur, bleibt als nüchterner und einzig sichtbarer Tatbestand: Es ist wahr, daß wir den Weg der Heuschrecke gehen müssen. Es ist wahr, was Shakespeare uns mit gebührlicher Ironie klarzumachen versuchte, als er die Spur von Alexander dem Großen schließlich im Spundloch eines Bierfasses entdeckte. Und es ist ferner wahr, daß wir vieles in bezug auf das Leben nicht verstehen; auch nicht, nachdem wir uns etliche Jahre unter kuriosesten Geistesverrenkungen vergeblich darum bemüht haben, Übersinne zu konstruieren. Rilke hat die Psychoanalyse abgelehnt in der nicht unbegründeten Befürchtung, seine Heilung könnte seine Schaffenskraft vernichten. Menschliches Glück und die Fähigkeit kreativer Lebensgestaltung sind eben nicht unbedingt das Ergebnis von Allmacht, Grenzenlosigkeit und Allwissenheit: Sie sind die Frucht bewältigter Ohnmacht.

Gehört nicht das Dunkle und Ungreifbare ebenso und vielleicht noch mehr zum vollen Leben wie das Begriffene und Kontrollierte? Vernachlässigt das Lob des Willens und des Verstandes nicht die Wirklichkeit, steht diese wirklich im Widerspruch zum Reichtum und zu der Kreativität des lebendigen Unbewußten und Nichtbeherrschten? Glätten wir alles an der Oberfläche, so führt das dazu, daß auch die fruchtbaren Strudel in der Tiefe erstarren, dort, wo unsere Gefühle und unsere ganze Sinnlichkeit zu Hause sind. Das vergängliche Leben zu akzeptieren, das wir bewußt zu unserem Vergnügen und zu unserem Glück gestalten können, gibt ihm erst jenen wirklichen und tiefen Lebenssinn, der uns letztlich auch davor bewahrt, dem Leben entfliehen zu wollen. Solcherart kann das Leben selbst als Antwort des kreativen Menschen auf das Problem der Existenz zum Kunstwerk werden. Man kann sich mit dem befreienden Gedanken anfreunden, dem Leben nicht mehr mit der Mentalität des Kaufmanns entgegentreten zu müssen, der stets darauf bedacht ist, sich irgend etwas einzuhandeln. Die Nüchternheit dem Leben gegenüber versieht es mit dem Beigeschmack eines Traumes, sie zeigt uns andererseits die Vergeblichkeit und Witzigkeit von so manchem, was rings um uns geschieht, die Vergeblichkeit und Witzigkeit auch eigenen Strebens.

Wenn man also eine Philosophie oder Theorie des Lebens in Worte kleiden will, dann muß sie sich vor allem durch Illusionslosigkeit auszeichnen. Es müßte eine Theorie der Lebenskunst sein, die sich selbst gegenüber stets in jenem Maße mißtrauisch und kritisch ist, daß sie uns vor der idealistischen Gefahr schützt, mit dem Kopf gegen die derbe Wirklichkeit zu rennen, eine Philosophie des praktischen Lebens und der biologischen und natürlichen Tatsachen, die uns die Aufgabe zuweist, vermöge unserer Geistesfähigkeiten unsere animalischen Züge ins Humane zu kultivieren, ohne dabei das Humane unserem natürlichen Erbe entgegenzustellen: die bewußte Wiedervereinigung des Menschen mit seinen elementarsten Lebensfunktionen, die Wiedervereinigung des Geistes mit seinen Ausdrucks- und Empfindungsorganen. Dazu bedarf es keiner moralischen Übersinne und dergleichen, sondern einer gesunden Portion Selbstvertrauen.

Eine Art wirklich humanistischer und praktischer Lebensphilosophie müßte den Verhaltenskodex der Menschen in einem einfachen Satz zusammenfassen können: Lebe sinnvoll und fröhlich, indem du das Beste daraus zu deinem Besten machst; tu, was du willst, und es wird sittlich vertretbar und moralisch gerechtfertigt sein. Wir können uns dabei getrost auf uns selbst verlassen, wenn wir das Leben unter dem Aspekt seines sinnvollen Genusses betrachten. Das, was das persönliche Gewinnen uns sagt, ist durchaus eindeutig. Wobei man dabei freilich unterscheiden muß zwischen dem, was die Psychologen als das sogenannte »Über-Ich« bezeichnen, die gespeicherte Summe aller tradierten sittlichen Normen, und jener inneren Stimme in uns, die uns angeboren, aber ebenso verschüttet und abgestumpft ist wie unsere Sinne. Aber sie ist vorhanden. Wir können sie übertölpeln, ignorieren, verspotten, doch wir können sie nicht bestechen, weil sie es ist, die uns im gegebenen Moment aufzeigt, was am sinnvollsten und verantwortungsvollsten zu tun ist. Wenn etwas Menschliches der Wahrheit und der Wirklichkeit nahe kommt, dann ist es dieses von Victor Frankl als »Sinnorgan« bezeichnete innere Gefühl in uns, das selbst die Werte noch zu bewerten vermag, indem es ihnen Vorrang und Nachrang zuweist.

Das nüchterne Bewußtsein unserer Zeitlichkeit und unserer Eigenverantwortlichkeit über das uns zur Verfügung stehende Potential an Leben läßt uns den Wert der reinen Existenz wieder höher schätzen lernen als die Kategorien materiellen Lebensstandards, es schützt uns vor Desillusionierungen, weil wir uns keine Illusionen zu machen brauchen, es schützt uns vor Enttäuschungen, weil allzu ausschweifende Hoffnungen als überflüssig erkannt und gar nicht genährt werden. Die weise Nüchternheit dem Leben gegenüber gewinnt durchaus auch ein romantisches, fast religiöses Licht: Es ist das ganz einfache und ursprüngliche Empfinden der Ehrfurcht vor Schönheit, Größe und Rätselhaftigkeit des Lebens und der von ihm geforderten Verantwortungen, vor allem aber die Ehrfurcht vor der Zeit, die wir nicht horten können. Wir können sie verschwenden – wir können sie nutzen. Sie ist eine Möglichkeit, wie das Leben auch.

Wir können sie mit Sinn erfüllen, oder wir können sie entgleiten lassen. Dem Leben geht es nicht um die Zukunft oder um irgendeine Vergangenheit, sondern um die Gegenwart: Die Gegenwart, in jedem ihrer Augenblicke, ist unsere Realität. Man kann in Erinnerungen schwelgen, man kann sie sogar genießen, aber auch das tut man in der Gegenwart. Man kann von einer Zukunft träumen und sich schönen Vorstellungen hingeben und sie sogar genießen: Aber auch das tut man im gegenwärtigen Augenblick. Nur er kennt erlebtes Glück.

Freilich: Weit, weit vorne in der Zukunft leuchten die Ideale vom schönen, humanen, glückversprechenden Diesseits oder vom noch schöneren Jenseits; weit hinten unter dem Schutt der Geschichten liegen die Funken eines abstrakten, gewesenen Glücks. Unsere Geschichte ist eine Geschichte des Vor-sich-her-Schiebens, der mißglückten Fluchtversuche. So, wie wir ständig vor dem bunten, kraftvollen Leben fliehen, fliehen wir auch ständig aus der Gegenwart, aus der einzig verfügbaren Zeit, die wir mit Leben erfüllen könnten.

Im alltäglichen Leben finden wir genügend Beispiele für die Sinnlosigkeit, sich auf die Zukunft zu fixieren. Es wird nahezu immer anders, als man denkt – ein vielzitiertes Sprichwort, das wie alle Sprichwörter, die viel zitiert werden, nicht ernst genommen wird. Da nimmt man sich etwas vor, und eine Kleinigkeit kommt dazwischen; schon sieht alles wieder ganz anders aus. Man plant für den nächsten Tag einen Ausflug, aber am nächsten Tag gießt es in Strömen. Ein Zufall, natürlich, aber Erfüllungen in der Zukunft leben vom reinen Zufall. Schon morgen kann jeder von uns krank sein. In einer Stunde kann jeder von uns einen Autounfall haben oder von irgendeinem Wahnsinnigen, der in einer Explosion angestauter Probleme Amok läuft, bei einem friedlichen Einkaufsbummel angefallen werden. Wenn es nicht passiert, ist es ein Zufall, wenn es geschieht, ebenso.

Wer kann nach vierzig, fünfzig Jahren Leben schon behaupten, das Leben sei genau so verlaufen, wie er es geplant hatte? Wenn es wahr wäre, daß vorwärtsblickender Idealismus und enttäuschte Illusionen notwendigerweise in dieser Welt zusammengehören, so ist das wahrhaftig nicht die Schuld des Lebens oder der Welt, sondern jene der Utopisten und derer, die dem Schauspieler gleichen, der nicht mehr weiß, daß er nur eine Rolle spielt. Das ist es nämlich, das das Leben unruhig, hektisch und geradezu gefährlich macht. Die Unsicherheit der Zukunft ist es, die die Leute verrückt macht, weil sie bei all ihrem Glauben an die Machbarkeit von allem und jedem in der Zukunft insgeheim doch fühlen, daß am Ende alles anders wird und die Enttäuschung auf all die vagen Versprechungen vorprogrammiert ist. Am Ende bleibt dann das traurige Eingeständnis à la Lord Byron, daß das Leben auf ein paar wenige im Bewußtsein verbliebene Stunden zusammengeschrumpft ist, während der Rest an die Zukunft verlorengegangen ist. So benehmen wir uns wie jemand, der ständig seiner Wohnung überdrüssig wird und alle paar Monate umzieht, aus dem einfachen Grund, weil es die ideale Wohnung als solche nicht gibt und weil der Ort, wo man nicht ist, schon um dieses Umstandes willen begehrenswerter erscheint.

Verschwendetes Leben, verschwendete Zeit, mißglückte Fluchtversuche: Die Menschen sind irgendwelcher Traumziele wegen ständig auf der Flucht: auf der Flucht vor sich selbst, vor dem Leben, vor der Gegenwart, vor der Zeit, vor der Wirklichkeit. Politik war und ist beispielsweise stets eine solch idealistische Schmetterlingsjagd und somit eine vorweggenommene Enttäuschung, wenn nicht gar eine Katastrophe eben dort, wo die hehren Utopien in unkritischem Idealismus mit tödlichem Ernst verwirklicht werden wollten. Die vernachlässigte und damit unbewältigte Gegenwart holt deshalb die Zukunftspolitik stets ein mit all den unbewältigten Problemen, und am Ende ist dann auch die Zukunft nichts anderes als die ewig ungelöste Gegenwart. Ideologen und Idealisten haben darüber hinaus keine Geduld. Deshalb möchten sie stets die Gegenwart überspringen und ihre Ideen von der Zukunft sofort ins Praktische und Konkrete umsetzen, bevor sie mit der Gegenwart fertig geworden sind, was natürlich nicht einfach ist, da sie die Summe aller unbewältigten Vergangenheit ist.

So wandern der ideale Staat, die ideale Wirtschaft, die ideale Gesellschaft, der ideale Mensch, das Glück aller und des einzelnen stets vor den Sehnsüchtigen und ewig Enttäuschten einher. Freilich könnte man nun den Einwand vorbringen: Wie, bitte schön, ist dann überhaupt Fortschritt möglich? Gäbe es keine Ziele und keine Ideale, gäbe es nicht diesen Antrieb, wo wäre dann die Menschheit geblieben? Mit nachsichtiger Ironie könnte man dem entgegnen: Wohin hat uns denn dieser Fortschritt gebracht? Haben wir nicht schon den Punkt erreicht, da dieses fieberhafte Fortschreiten einer wachsenden Anzahl von Menschen zum Hals heraushängt und wir damit beginnen, innerhalb der materiellen Welt auf eine mehr oder weniger geeignete Art und Weise Inventur zu machen? Und mittlerweile, so könnte weiter argumentiert werden, besteht ohnedies keine allzu große Gefahr der Stagnation dadurch, daß sich eine Mehrzahl von Menschen von heute auf morgen entschließen würde, ein Leben des genüßlichen Hier und Jetzt zu leben, sondern viel eher dadurch, daß die Früchte des Fortschritts den utopischen Illusionen von heute auf morgen ein höchst unliebsames schnelles Ende bereiten. Und selbst wenn: Dann darf man überzeugt sein, daß sich auch in absehbarer Zeit noch immer genügend Narren finden werden, die mit Freude und Betriebsamkeit und unheilbarer Lust an der Macht das Geschäft mit Fortschritt und Zukunft betreiben – Narren deshalb, weil es die letzten Leute sind, von denen man annehmen kann, daß sie sich des Lebens je wirklich erfreuen können.

Gegen den Fortschritt im Sinne von mehr Wissen, mehr Möglichkeiten der Selbstentfaltung, mehr Muße und Bequemlichkeit dank technischer Entwicklungen haben wir überhaupt nichts einzuwenden, im Gegenteil: wenn das Fortschrittsdenken darauf gerichtet ist, daß es dem Menschen bessergeht, soweit das irgendwie möglich ist; daß sich die Beziehungen zwischen den Menschen soweit wie möglich jetzt und nicht erst morgen oder in hundert Jahren bessern; daß sich das Fortschreiten im Sinne besserer Daseinsbedingungen nicht auf Kosten der Natur vollzieht; daß der Hunger in der Welt soweit wie möglich augenblicklich wenigstens gemildert wird; daß der technische und soziale Fortschritt nicht zum Selbstzweck wird, in dem das Individuum, ja selbst die Masse nur mehr die Rolle des Mittels zu spielen hat.

Gewiß, das klingt schöner, als es durch Ansätze leiser Hoffnung gerechtfertigt wäre. Utopisten, die in bezug auf die Gegenwart naturgemäß stets pessimistisch sein müssen, werden erklären, gerade dies sei eben unrealistisch – die Rechtfertigung des Utopisten und des enthusiastischen Idealisten dafür, daß er sich der Verantwortung entzieht, sich mit der Realität hier und jetzt einzulassen, daß er sich weigert, sich mit der eigenen Unvollkommenheit und mit derjenigen der gegenwärtigen Verhältnisse überhaupt einzulassen, und deren Überwindung in die Zukunft projiziert.

Flucht aus der Gegenwart, Flucht aus der Wirklichkeit, Flucht vor den Orten wechselnden Unbehagens: Wenn heute die Gedanken an ein neues Zeitalter, an ein New Age, weitgehend verbunden sind mit Vorstellungen eines bäuerlichen Sozialismus und eines einfachen, naturverbundenen, technologiefreien und womöglich magischen Lebens, dann ist auch dies ein Fliehen aus der Gegenwart in die Nostalgie, dann ist auch dies eine Flucht aus der eigenen Verantwortlichkeit gegenüber dem Jetzt ebenso wie die Flucht in eine vage andere Dimension, in der es sich lust- und glückvoll aufzulösen gilt. In den Traumzonen der Fiktion wird das Lebensglück gesucht und nicht gefunden, denn es hat mit der Wirklichkeit nichts zu tun.

Fluchtversuche: Man gibt vor, sich von gesellschaftlichen Autoritäten und Zwängen emanzipieren zu müssen, und flieht dabei vor der eigenen möglichen Emanzipation, der eigenen Selbstbeschränkung. Man zieht aus den Städten auf das Land und sucht dort Befreiung von Entfremdung und Anonymität, doch wenn die Stadtflüchtigen die Berge und die Flüsse und die Natur nicht im Herzen haben, werden sie auch auf dem Land Fremde bleiben. »Den

Sinn mußt Du wechseln«, schreibt der römische Philosoph Seneca seinem Freund Lucilius, »nicht den Himmelsstrich. Du fragst, warum Dir diese Flucht nichts hilft? Du fliehst mit Dir selbst. Die Last Deiner Seele muß erst abgelegt werden; eher wird kein Ort Dir gefallen. Nicht wohin, sondern wie Du kommst, entscheidet. Das Glücklichleben ist an jedem Ort zu finden, Dir gehört die ganze Welt; eben deshalb kannst Du überall glücklich sein.«

Fluchtversuche bringen nichts, sei es Flucht aus der Gegenwart in die Zukunft, sei es ein Davonlaufen vor sich selbst. Sensibel geworden für den Wert der Gegenwart, brauchen wir nur zuzugreifen, um dieser Gegenwart ihre guten Seiten abzugewinnen. Wenn engagierte Weltverbesserer uns nun vielleicht die Worte entgegenschleudern, die Claudel die Violeine in der *Verkündigung* sagen läßt: »Für den Leidenden sind die Tröstungen des fröhlichen Trösters billig!« – nun, dann könnte man dem entgegenhalten: Was nützt dem Leidenden und Traurigen das Leid und die Trauer des anderen? Nichts, gar nichts. Es ist eben so , wie es ist: Wenn man etwas an der Welt ändern will, dann fängt man am allerbesten zunächst bei sich selbst, bei seinem eigenen Denken an, und wenn man der Welt etwas Gutes tun will, dann fängt man am besten auch bei sich selbst an. Wie heißt es in der *Goldenen Mitte* der Konfuzianischen Lehre: »Wenn ein Mensch das innere Ich und die Harmonie gewonnen hat, sind Himmel und Erde in rechter Ordnung, und die zahllosen Dinge haben Nahrung und Wuchs. Zum Verständnis gelangen, vom wahren Ich her, heißt Gesittung; wer sein wahres Ich hat, der hat dadurch Verständnis, und wer Verständnis hat, findet dadurch sein wahres Ich. Nur die in der Welt ihr ganzes Ich haben, können die Natur erfüllen. Nur die ihre eigene Natur erfüllen, können die Natur der anderen erfüllen, können die Natur der Dinge erfüllen. Die aber die Natur der Dinge erfüllen, sind würdig, daß sie der Mutter Natur helfen, zu wachsen und das Leben zu erhalten, und die dazu würdig sind, sind Himmel und Erde ebenbürtig.«

Wieviel Zeit haben wir dazu? Vierzig Jahre? Sechzig Jahre? Vielleicht nur zwei? Im Heute, im Jetzt zu leben heißt auch, zu wissen, daß es niemals für irgend etwas zu spät ist. Das schönste Alter ist schließlich immer das, in dem man gerade lebt. Die einzige Wirklichkeit in unserem Leben außer dem Leben selbst besteht darin, Zukunft und Vergangenheit in der Gegenwart zu erleben, die Freude des Augenblicks zu genießen. Morgen, übermorgen: Warum sollen wir allzuviel Energie vertun, indem wir uns dauernd im voraus mit Dingen belasten, die vielleicht niemals eintreffen werden, und dabei unser Denken mit allen möglichen Befürchtungen und Überlegungen befrachten, die sich am Ende als völlig überflüssig erweisen? Wer ständig etwas erwartet, dem entgleitet die Zeit. Wer sich ständig um die Zukunft Sorgen macht und sich in düsteren Prophezeiungen ergeht, dem freilich kann es passieren, daß sich sein negatives Wunschdenken nach dem Prinzip der sich selbst erfüllenden Prophezeiung tatsächlich und allzuschnell erfüllt.

Zerplatzte Zukunftsträume sind vermutlich der häufigste Grund für sinnlosen Ärger und Kummer. Nicht, daß man überhaupt nicht träumen soll; schlechte Träume aber sind immer jene, von denen man glaubt, sie müßten irgendwann Wirklichkeit werden. Den Augenblick umarmen, bevor wir ihn verlieren: Wer das Leben im Jetzt genießt, braucht kein böses Erwachen zu fürchten; den Augenblick genießen bedeutet nicht, die Welt zu vergessen, sondern nur ihre Dürftigkeit zu überwinden. Es sind die so fürchterlich ernsthaften Träume, die wir in unseren Gehirnen auftürmen als Bollwerke gegen die Realität des Alltags und die unser Unbehagen ebenso steigern wie unsere nicht erfüllbaren Ansprüche. Die Erde aber ist mittlerweile unser einziger Himmel und jeder Augenblick unseres Lebens für sich unser inzwischen einziger verfügbarer Anteil an der Ewigkeit.

»Ein gut gefüllter Magen«, sagt ein chinesisches Sprichwort, »ist eine feine Sache.« So führt uns die unbeschwerte Lebensauffassung zu der rein praktischen Frage, was der Zweck des Daseins sein soll, und nicht, was der Zweck des Lebens ist. Es ist eine Frage der

Qualität. Jeder Tag ist neu, jeder Augenblick ist frisch und unverbraucht. Das Leben zu genießen hat nichts mit Blindheit gegenüber seinen Schattenseiten zu tun. Der Lebenskünstler ist sich dessen bewußt, daß jedes Ding zwei Seiten hat. Es kommt nur darauf an, auf welcher Seite man steht und auf welchem Auge man sieht. Der Unterschied zwischen dem bewußtlosen Träumer und dem träumenden Realisten ist wohl der, daß letzterer einen empfindlicheren Wahrnehmungsapparat in sich trägt, daß das Herz dem Kopf zu Hilfe kommt. Die Nichtachtung menschlichen Leids und des Lebensleids überhaupt ist doch vielmehr das Vorrecht jener, die unter Jubelgebrüll auf dem Wagen irgendeines absoluten, zum Götzen erhobenen Ideals einherfahren. Wer die Kostbarkeit der Zeit zu schätzen weiß, kommt zu einer geradezu poetisch-zarten Einstellung dem Leben gegenüber, die sich mit einem ironischen Gefühl auch für das Tragische mischt, was ihn dazu bringt, beim Anblick einer verwelkten Blume nicht nur an ihre vergangene Schönheit zu denken und um sie zu trauern, sondern zu entdecken, daß sich daneben eine neue Blume zu vollster Schönheit entfaltet. Der Genießer wird am Ende seiner Zeit nicht über die Schlechtigkeit des Lebens zu klagen haben, auch nicht über seine möglichen Sünden, sondern wird sich eher jene Augenblicke nicht verzeihen können, in denen er, anstatt ein wenig über die Stränge zu schlagen, schlicht und einfach dumm war. Und ist es nicht so: Die Welt wird jeden Tag und jeden Augenblick neu geschaffen, den man sich bewußt zu erleben bemüht, anstatt ihn zu ver-leben. Es ist alles eine Frage der Intensität. Man kann so schauen und so, man kann so trinken und anders, man kann lieben und lieben, essen und essen.

So ist der Genuß des Augenblicks kein stumpfsinniger Hedonismus, keine hemmungs- und grenzenlose Genußsucht und Lust um der Lust willen, sondern Lust und Freude am Leben und an allem, was es zu bieten hat, verbunden mit größtem Respekt vor dem Leben und der Zeit. Die Intensität solch »irdischen« Lebens läßt uns das Lebendige, das Abgetötete in uns selbst wieder entdecken, und das ist durchaus eine spirituelle Erfahrung jener Art, die heute viele vergeblich in griesgrämiger Weltflucht suchen. Die müßige und behagliche Distanz zu den Dingen, die sich aus unbeschwerter und nüchterner Lebensfreude ergibt, ist genau jene vielfach mißverstandene Art von Handeln durch Nichttun, wie sie die Beatles in Anlehnung an taoistische Texte besungen haben: fließendes Zuschauen, sich in die Bewegungen des Lebens einschwingen, ohne nach Zwekken zu grübeln. Das ist Meditation und Aktivität, ist Bewegung in der Stille, ist Leichtfüßigkeit und Konzentration, die etwa in Japan die Zen-Kultur beim Bogenschießen hervorgebracht hat. Der Schütze wird Pfeil und Bogen und Ziel zugleich; er, der sich im Jetzt, im Augenblick bedingungslos am Leben freut, realisiert nicht nur das Zugleich von Vergangenheit, Gegenwart und Zukunft, sondern auch von Ursache und Wirkung, ist selber Ausdruck dieses Moments. Dieser Zusammenhang zwischen Handeln und Nichttun und dem Jetzt ist es, der auch in den Büchern von Carlos Castaneda zum Ausdruck kommt, wenn er seinen Lehrer Don Juan sagen läßt: »Halte die Welt an!« Das ist es auch, was Aldous Huxley schon im Titel eines seiner Romane fordert: »Zeit muß enden!« Das ist es, was Salvador Dali in seinen weichen Uhren zum Ausdruck bringt und was schon Hugo von Hofmannsthal meinte, als er von der »Überwindung der Zeit« schrieb. Von Rilke stammt der Satz, unsere Wünsche seien die Erinnerungen, die aus der Zukunft kommen, und T.S. Eliot sagte: »Die Dinge, die geschehen werden, sind schon geschehen.«

Das, was künstlerisch begabte Menschen stets intuitiv gefühlt haben, ist längst nicht nur bloße metaphysische Spekulation. Auch der Atomphysiker Werner Heisenberg kam im Zuge seiner Forschungen zu der Erkenntnis, daß etwa in Bereichen der Elementarteilchen Raum und Zeit in eigentümlicher Weise verwischt sind, daß es dort kein Früher oder Später gibt, ja daß gewisse Prozesse zeitlich umgekehrt ablaufen, so daß Ursache und Wirkung ausgetauscht werden können. Zeit, Raum, Ursache, Wirkung, Abfolge von

Ereignissen, das alles ist tatsächlich relativ. Pascual Jordan, einer der Begründer der Quantenbiologie, schrieb dazu: »... als ein Ergebnis der Quantentheorie und der Mesonenforschung haben wir beispielsweise etwas Neues über Zeit und Kausalität gelernt. Gelegentlich wird unter dem Beschuß mit sehr schnellen Elementarteilchen bei oder in einer Atomkernexplosion der übliche Ablauf der Ereignisse umgekehrt: Die Explosion ereignet sich zuerst, dann folgt die Ursache. Dies ist von außerordentlicher Bedeutung für die Psychologie und die Parapsychologie, weil derartige Umkehrungen der Aufeinanderfolge von Ursache und Wirkung als logisch möglich und als philosophisch gültig nachgewiesen wurden.«

Was kann das für das praktische Leben bedeuten? Wie kann dies in das ganz alltägliche, normale Leben, wie kann dies in unsere Bewußtheit integriert werden? Wie können wir, die wir an die Zeit und an die Abläufe in der Zeit gebunden sind, die Welt anhalten, die Zeit zum Stillstand bringen, das Zugleich wahrnehmen etwa im Sinne des Schweizer Kulturphilosophen Jean Gebser: »Dieses Wahrnehmen ist die Realisationsweise des integralen Bewußtseins, während das magische an das Erleben, das mythische an die Erfahrung und das Schauen, das mental-rationale an das Folgern und Vorstellen gebunden sind.«

Wahrnehmen des Zeitfreien, Wahrnehmen des Augenblicks, dessen, was ist, Leben im Jetzt: All diese Schlagworte sind nicht neu, und es gibt eine Menge Literatur darüber, was das wohl zu bedeuten hat; es ist eine moderne Forderung, ein wünschenswertes Ziel, dem anzunähern man sich im Sinne einer neuen Bewußtheit anstrengen sollte. Doch was ist das Wesen des Augenblicks im praktischen Leben wirklich, wenn wir uns nicht zurückziehen können und wollen, um in der Stille einsamer Meditation den Fußangeln der Zeit zu entkommen? Oder bedeutet es etwa, sich achtlos dem Jetzt auszuliefern, im Jetzt die Flucht vor der Verantwortung zu kaschieren, weil eben das Jetzt das einzige ist, worauf es ankommt? Weder das eine noch das andere Verständnis von dem, was das Jetzt ist, kann dem

Wesen des Augenblicks und seinem »Wahrnehmen« nahekommen. Wo immer man sich anstrengt, um die Zeit zum Stillstand zu bringen, verlieren wir den Augenblick, auf den es ankommt, aus den Augen: Wir sind ebenso Opfer der Zeit wie jener, der sich dem Jetzt einfach ausliefert. Sich im Schmutz zu wälzen und das damit zu rechtfertigen, das sei eben gerade das, was sich im Augenblick abspiele, hat mit dem Genuß des Augenblicks offenkundig wenig zu tun.

Die Frage stellt sich nicht, ob wir in der Zeit sind oder außerhalb von ihr, sondern ob wir von ihr frei oder an sie gebunden sind. Es stimmt schon: Alles, was passiert, passiert im Jetzt, alles, was geschieht, geschieht nur in jenem Augenblick, in dem es geschieht. In diesem Sinne ist einzig der Augenblick zeitfrei. Vergangenheit ist Zeit, Zukunft ist Zeit, das Jetzt allein ist zeitfrei. Selbst für die Zukunft handelnd, handle ich in der Gegenwart. Die Vergangenheit indessen ist ein Teil der Zukunft, wie die Zukunft ein Teil der Vergangenheit ist, nicht nur, weil jede Zukunft an sich auch schon ihre eigene Vergangenheit in sich birgt, sondern weil wir, wenn wir an die Zukunft denken, stets nur unsere Erfahrungen aus der Vergangenheit in Form von Vorstellungen in die Zukunft hineinprojizieren: Unsere Wünsche sind tatsächlich Erinnerungen an die Zukunft.

Wenn wir in der Vergangenheit herumdenken oder sie in die Zukunft projizieren, entfernen wir uns von der Wirklichkeit dessen, was gerade vorgeht. Durch den Gedanken, der stets vergangenheits- oder zukunftsorientiert ist, bringen wir ablaufende Zeit hervor: jenen Raum zwischen dem, was geschieht, und uns, die wir an diesem Geschehen vorbeigehen. Zeit, das ist der Abstand zwischen uns und dem lebendigen Augenblick, das ist der Abstand, den unsere Absichten und Bedingungen schaffen, indem wir jetzt etwas tun oder betrachten und dieses Tun oder Betrachten gedanklich an eine Voraussetzung oder Erfahrung aus der Vergangenheit oder an eine zukünftige Bedingung knüpfen. Es ist der Abstand, den wir zwischen uns selbst und unserem Leben herstellen. Im Augenblick zu sein bedeutet, den Abstand zwischen uns und dem, was ist, zu verringern, eine Identität zwischen uns und dem, was im Augenblick geschieht, herzustellen durch jenes von Folgerungen und Vorstellungen freie Wahrnehmen, von dem Jean Gebser spricht.

Das ist, um bei der Physik zu bleiben, auch eine Frage der Geschwindigkeit. Die Befreiung von den üblichen Ordnungen der Zeit, die absolute Relativierung der Zeit, die Umkehrung der üblichen Abläufe von Ursache und Wirkung, die Gleichzeitigkeit der Ereignisse im Teilchenbeschleuniger. Dies alles hängt mit der Schnelligkeit der Abläufe zusammen. In einem der Bücher von Carlos Castaneda rät Don Juan, man müsse, um mehr Bewußtheit zu erlangen, einfach die Geschwindigkeit erhöhen. Das ist keineswegs so sehr an den Haaren herbeigezogen. Da sind zunächst einmal unsere Sinne, die auf weitaus niedrigere Geschwindigkeiten und Frequenzen eingestellt sind, als es den tatsächlichen Gegebenheiten entspricht. Unsere Ohren hören nur Töne innerhalb eines relativ begrenzten Frequenzbereiches, unsere Augen nehmen Farben nur innerhalb einer relativ begrenzten Breite des Spektrums wahr, und wir sehen nur Bewegungen ab einer gewissen Langsamkeit. In Wirklichkeit nehmen wir auch von dem begrenzten Teil dessen, was wir mit unseren Sinnen bewußt aufnehmen können, wiederum nur einen geringen Teil wahr, der wiederum davon abhängt, wieviel wir denken, folgern, uns vorstellen. Es ist keine Frage, daß unsere Denkfunktion von allen Funktionen unseres Organismus die allerlangsamste ist. Wir können niemals so schnell denken, wie wir sehen, hören, riechen, ertasten, niemals können unsere Gedanken der blitzartigen Schnelligkeit folgen, mit der die inneren Abläufe unseres Gesamtorganismus geregelt werden, unsere Gedanken sind um vieles langsamer als unsere Reflexbewegungen. Denkend können wir nur einen ganz winzigen Bruchteil dessen wahrnehmen, was geschieht, und wir können offenbar auch die Geschwindigkeit des Denkens nicht erhöhen, weil es von den Möglichkeiten eines entwicklungsgeschichtlich noch relativ jungen Teiles unseres Gehirns abhängig ist. Denkend schaffen wir also nicht nur zeitlich-räumlichen Abstand zwischen uns und dem, was geschieht, sondern bremsen mit unseren »zeitlichen« Gedanken auch unsere Wahrnehmungsgeschwindigkeit erheblich, das, was man als Bewußtheit bezeichnen könnte: nämlich Bewußtsein und Wahrnehmung dessen, was im Bewußtsein oder was in uns vor sich geht, während wir bei Bewußtsein sind.

Wie sich das Denken bremsend auf unsere Wahrnehmungsgeschwindigkeit auswirkt und wie es auf paradoxe Weise die Zeit verzerrt, können wir bei einiger Selbstbesinnung leicht an uns selbst verdeutlichen. Als Kinder kannten wir vermutlich alle kaum jenen Zustand, den wir als Langeweile bezeichnen. Die Tage waren lang und ausgefüllt, die Wochen endlos, ein Sommer dauerte eine ganze Ewigkeit. Je älter man wird, je mehr Vorstellungsmuster uns konditionieren, je mehr wir denken, je mehr wir automatisch und gewohnheitsmäßig kategorisieren, folgern, schließen, analysieren, planen, desto schneller scheint die Zeit zu verfliegen, sogar und vor allem dann, wenn wir uns langweilen. Blickt man zurück, so scheint von der Lebenszeit kaum etwas übriggeblieben zu sein.

Frei zu sein von der Zeit, im Augenblick zu sein, bedeutet also auch tatsächlich, daß wir im von Folgerungen und Vorstellungen freien Wahrnehmen unsere Geschwindigkeit erhöhen und dem zumindest annähern, was im Augenblick geschieht. Für die Praxis des alltäglichen Lebens heißt das ganz gewiß nicht, daß die Zeit und daher unser Denken überhaupt keinen Stellenwert hätten. Wir leben nun einmal in der Zeit, die angesichts der Begrenztheit unserer physischen Existenz wahrhaftig eine realistische Größe ist; wir können sie auch nicht abschaffen, indem wir zu denken aufhören, weil wir nicht für immer aufhören können zu denken, es sei denn, wir sterben oder verfallen in völligen Stumpfsinn.

Wenn wir morgen irgendwohin in Urlaub fahren wollen, dann müssen wir heute daran denken, daß wir morgen auf Urlaub fahren werden, weil wir uns heute eine Fahrkarte dafür kaufen müssen. Hier hat das Denken die praktische Aufgabe, uns daran zu erinnern, daß wir ohne Fahrkarte nicht in Urlaub fahren können. Es kommt also auf den Stellenwert an, den wir dem Denken und der Zeit beimessen, nämlich ob das Denken (und die mit ihm verbundene Zeit) ein Werkzeug des praktischen Lebens ist oder ob das Denken (und mit ihm die Zeit) uns so unterjocht, daß es (und mit ihm die Zeit) an unsere Stelle tritt. Zwar muß ich ein Flugticket kaufen, weil ich morgen auf die Bahamas fliegen will, aber der Ticketkauf selbst hat mit dem Flug auf die Bahamas nichts zu tun und der Flug wiederum nichts mit dem Urlaub selbst. Wenn ich mir während des Fluges ständig Gedanken über den Urlaub mache, entferne ich mich von dem, was im Augenblick des Fliegens ist; dann entziehe ich meiner Wahrnehmungsfähigkeit (oder Bewußtheit) die Energie, um annähernd etwas von dem wahrzunehmen, was während des Fliegens um mich herum und in mir wirklich passiert – ganz abgesehen davon, daß wir uns dadurch den Urlaub vermiesen können, weil er nicht jenen Vorstellungen entspricht, die wir uns überflüssigerweise während des Fluges davon gemacht haben.

Die Freiheit von den Ordnungen der Zeit, die der bewußt erlebte Augenblick mit sich bringt, ist gewiß kein Dauerzustand, das ist sie vielleicht nur im Tod. Im Leben aber ist sie eine uns ständig gebotene Möglichkeit, deren wir uns ohne irgendwelche esoterischen Verrenkungen bedienen können, eine Möglichkeit, die nicht nur metaphysische Spekulation oder physikalische Theorie, sondern praktisch nachvollziehbar ist. Die Frage, ob und wann wir uns dieser Möglichkeit bedienen, ist eine Frage der vielleicht ganz banalen Entscheidung darüber, ob wir tatsächlich fliegen, wenn wir fliegen, oder ob wir uns schon während des Fluges in den Urlaub Gedanken über die Beschaffenheit des Sandes am Urlaubsort machen wollen. Entscheiden wir uns für das Fliegen, dann haben wir im Augenblick des Fliegens alles. Wir sind schon da, wo wir hinwollen, Weg und Ziel sind ein und dasselbe; wir haben, was wir uns wünschen, weder

Vergangenheit noch Zukunft zählen, im Augenblick sind wir Ursache und Wirkung unseres Glücks.

Die Freiheit von den Ordnungen und Zwängen der Zeit im »Leben im Augenblick« ist in diesem Sinne keine Verneinung der Zeit an sich und damit nur eine Flucht in die Zeitlosigkeit, in die Selbstaufgabe eines bloßen Vor-sich-Hinlebens im Jetzt, sondern eine spontane und bewußte Antwort auf eine gegebene augenblickliche Situation: Wir sind unser Glück oder unser Unglück. Wenn wir die Welt anhalten, die Ordnungen der Zeit überwinden, dann »findet sich«, so schreibt Marcel Proust in seinem berühmten Werk *Auf der Suche nach der verlorenen Zeit*, »alsbald das dauernde und gewöhnlich den Dingen verborgene Wesen befreit, und unser wahres, zuweilen schon lange tot scheinendes Ich wacht auf. [...] Eine Minute, frei von der Ordnung der Zeit, hat in uns, um sie zu fühlen, den Menschen wiedergeschaffen, frei von den Ordnungen der Zeit.«

Genuß des Augenblicks ist Individuation außerhalb vom Gestern und Morgen. Es sind jene Augenblicke, die der amerikanische Philosoph Walt Withman einmal in einem wunderschönen Essay beschrieben hat: »Es gibt in den Stunden der klarsten Vernunft ein Bewußtsein, ein Denken, das sich aufschwingt, unabhängig, allem anderen enthoben, ruhig wie die Sterne, in ewigem Glanz. Es ist der Gedanke der Identität – deiner Identität mit dir selbst, wer du auch immer seiest, und meiner mit mir. Wunder der Wunder, größer, als Worte sagen können, geistigster und flüchtigster der Erdenträume, und dabei doch nüchternste Grundtatsache und einziger Zugang zu aller Tatsächlichkeit. In solchen Stunden, mitten zwischen den bedeutungsschweren Wundern von Himmel und Erde (bedeutungsschwer nur, weil das Ich in der Mitte steht), fallen Glaubenssätze und Sittenregeln ab und verlieren alles Gewicht vor diesem einen, einfachen Gedanken. Unter dem klaren Licht der wirklichen Schau gewinnt er allein Inhalt, er allein Wert. Wie der Schattenzwerg in der Fabel dehnt er sich, einmal freigelassen und ins Auge gefaßt, über die ganze Erde hin und reckt sich bis zum Himmel hoch.«

Im Augenblick stehen wir nicht still, im Wahrnehmen seiner Möglichkeiten sind wir offen für Dynamik, für Bewegung, für alles eben, was jetzt und was im nächsten Augenblick ist, während uns das Herumirren im Gestern und Morgen fesselt und fixiert und steif und unbeweglich macht dafür, auf das Jetzt zu antworten.

Die Freuden, die ein von falschen Ängsten befreites intensives Leben mit sich bringt, lassen Lebensenergien frei werden, die, wenn auch nur körperlich und sinnlich genossen, stets auch von seelisch-geistiger Art sind. Denn im Genuß des Augenblicks konzentrieren wir nicht nur theoretisch, sondern auch ganz praktisch Lebensenergien, die wir an Dinge zu verschwenden gewohnt sind, die in unserer Einbildung oder vielleicht auch tatsächlich erst übermorgen von Bedeutung sind. Dann kann in einem Schluck Wein tatsächlich mehr Wahrheit liegen als in tausend Seiten hochgeistiger Philosophie, wenn wir uns mit ihr plagen müssen, statt Spaß daran haben zu können. Lebendig sein heißt: teilhaben und teilnehmen am Leben, ist die elementare Berührung mit der Welt und mit ihrer Wirklichkeit. Es ergeben sich dabei neue, intensivere Arten der Wahrnehmung, des Sehens, Tastens, Schmeckens, alles bekommt einen anderen Duft. Es liegt in dieser Daseinsweise ein Element von Vitalität und weicher Kraft, von Intensität, von Feierlichkeit, eine geradezu sinnliche Art sakralen Empfindens: Das Sich-einig-Fühlen mit sich selbst und mit dem Leben, das Sich-wohl-Fühlen in seiner Haut, das ist selbsttranszendierende Kraft.

Das Offensein für die Freuden des Alltags, das Offensein für den Genuß des Augenblicks erweitert die Grenzen, schärft die Sinne für neue, subtilere Eindrücke und Gefühle. Es ist ein Gefühl der Grenzenlosigkeit, grenzenlos wie der Augenblick selbst: Das unmittelbare Jetzt, der erlebte Augenblick, hat jeden Geschmack von Ewigkeit und Beständigkeit, den der französische Schriftsteller Roger Garaudy im Auge gehabt hat, als er schrieb: »Die Zukunft gehört nicht in die Ewigkeit, sondern in die Gegenwart.«

Nachlese

»Zu denken, daß Wahrheit sein kann, ist genug.
Kommt, laßt euch nieder, wo die Rose blüht,
denn nichts vom Wissen weiß, wer nicht auch
nicht zu wissen weiß ...«

Sir Richard Burton

Mögliche Wahrheit
Mögliches Wissen
Nichtwissen
Wissen.

Wo ist das Staunen geblieben?

»Was ist der Himmel, was ist die Welt
als das, wofür eben einer sie hält?
Was hilft uns alle Herrlichkeit
ohne Seelenbehaglichkeit?«

Johann Wolfgang von Goethe

Mein Himmel, meine Welt
Dein Himmel, deine Welt
Unser Himmel, unsere Welt

Wo ist der Himmel,
Wo ist die Welt?

»Laß die tote Zeit,
geh lebendige Zeit suchen!«

Zigeunerratschlag

Lebendige Zeit
Lebenszeit
Tote Zeit
?

3. Teil

Die Kultur des Genießens

Das Leben genießen! Wie einfach klingt diese Forderung. Aus Zaire ist jene Sitte überliefert: Dort läutete man Glocken, wenn man Wein trank, um die Geister zu vertreiben. Für Menschen, die von den Dämonen des Alkohols geplagt worden sind, mag dies einerseits schon eine durchaus vernünftige Handlungsweise gewesen sein, die sich eigentümlicherweise bis heute auch in den sogenannten zivilisierten Ländern erhalten hat: das Anstoßen mit den Weingläsern als verkümmerter Rest jener Sitte, die Dämonen mit Lärm zu verscheuchen. Das Beispiel mag aber auch dafür stehen, wie groß das Talent des Menschen ist, sich die einfachsten Dinge der Welt zu verkomplizieren: Er denkt zuviel.

Das Leben genießen: Die Tafel steht gedeckt vor uns, und nun stellt sich die Frage, ob es uns schmecken wird. Der beste Koch sei der Hunger, heißt es, und tatsächlich: In erster Linie kommt es auf den Appetit, auf unser Denken an und nicht so sehr auf den gedeckten Tisch.

Der Genuß des Lebens erweist sich aber zuallererst als eine Frage des rechten Blickwinkels, der Distanz, des stets ein wenig über den Dingen Stehens. Wenn man den Duft einer Blume genußvoll in sich aufnehmen will, muß man sie nicht unbedingt an sich reißen, muß sie nicht unbedingt kauen; man riecht am intensivsten an ihr, wenn man ganz leicht an ihr schnuppert. So betrachtet auch der Lebenskünstler das Leben, wie eben ein Künstler eine Landschaft betrachtet: durch einen Schleier, durch einen feinen Nebel. Er blinzelt, statt die Augen angestrengt zusammenzukneifen. So lösen sich die Details der Wirklichkeit ein wenig auf, und wir können eher deren eigentliche Bedeutung erkennen. Unsere Sinne gewinnen dadurch die sicherste Beziehung zu einem Gegenstand, indem wir locker an ihm vorbeischauen, ähnlich einem Trancezustand, in dem man sich an Dinge erinnert, ja der Dinge eigentlich erst so richtig gewahr wird, die man durch einen absichtlichen und angestrengten Erinnerungsversuch nie finden würde. Es sind die unpräzisen Methoden des Tastens, Schnupperns, des Oszillierens, die uns eher ein Gefühl für den Zusammenhang, für das Wesen eines Dinges vermitteln. Präzision ist Zielen auf einen Punkt, Vorbeigehen an der Vielfältigkeit des Lebens.

Ein chinesisches Sprichwort sagt: »Der beste Weg ist der Umweg.« Uns hat man gesagt, man müßte kompromißlos den steilen, steinigen und unbequemen Weg gehen, der geradezu ins Ziel führt: in den Himmel. Auf diesem Weg klettern wir nun herum, keuchend und fluchend, nichts als Steine vor den Augen, die blind sind gegenüber all dem, was neben dem Weg liegt. Wir denken uns, nur die Steine seien wirklich, die Blumen im Tal daneben Illusion. Nur: So ist es eben auch mit dem, der glaubt, das, was er sieht, seine Verluste und Gewinne, seine Erfolge und Mißerfolge seien absolut und wirklich; so ist es auch mit dem, der das Panorama der Wirklichkeit nur nach seiner oberflächlichen Bedeutung versteht: in jenem kleinen, beschränkten Blickfeld, das die Scheuklappen der ernsthaften Angestrengtheit offen lassen.

Auf diese Weise durch das Leben hetzend, haben wir uns so sehr daran gewöhnt, stets mit dem Schlimmsten zu rechnen, daß wir gegenüber den überall verstreuten Freuden und Genüssen mißtrauisch geworden sind. Ein paar Schritte vom Weg abzuweichen, den man uns vorgezeichnet hat, läßt uns schon nach dem Bestand von Gesellschaft, Ruhe und Ordnung, Recht und Wahrheit fragen. Unser Leben ist so verkrampft, daß wir seine guten Seiten nicht mehr sehen können, und es ist daher auch gar nicht so einfach, sich etwas anderes vorzustellen. Die Regeln und Gewohnheiten des täglichen Lebens, die Zwänge des Berufs und der Umwelt überdecken mit ihren scheinbaren Fixpunkten die naheliegendsten Alternativen. Wir haben Angst davor, abseits von den ausgetretenen, angeblich einzig richtigen Wegen herumzustreunen und uns ein wenig durch die Tage treiben zu lassen, ohne sie auf irgendeine Weise zu verwerten. Wie Seiltänzer ohne Netz fühlen wir uns, wenn wir aus den engen Maschen unserer eingebildeten Sicherheiten herauszukriechen versuchen. Wie Flaggen tragen wir sie vor uns her in die Schlacht des Lebens, und ohne sie scheinen wir nichts zu sein: ohne die Dogmen, Ideologien, Glaubenssysteme, die moralischen Werte, Nationalitäten, Pflichten und Verantwortungen.

Ach ja, du unerforschliche Zivilisation, die du die Leute schuften und arbeiten machst, daß sie vor Sorgen um ihr täglich Brot graue Haare bekommen! Man sehe nur hin über die Hochhausgiebel, hinweg über die Asphaltdächer, die umweltverschmutzten Betonwände unserer Städte, den Wald von Antennen: hinter den kleinen Löchern von Fenstern die schwer arbeitende Menschheit, in Käfige eingesperrt und (nicht genug damit, daß es das einzig wirkliche Arbeitstier auf der Welt ist) zum Haustier gemacht, im Gegensatz zu allen anderen Tieren ständig dazu gezwungen, zur Lösung der Futterfrage zu arbeiten. Abend für Abend kriechen sie in das Bett, um am nächsten Morgen irgendwo unterzutauchen in der Masse, um am Abend wieder hineinzukriechen in den Taubenschlag, um am nächsten Morgen wieder unterzutauchen ... Und dies Jahr für Jahr, bis von den durchschnittlich siebzig bis achtzig Lebensjahren nur mehr ein, zwei Jahrzehnte übrig sind, um auf den Tod zu warten.

Wie soll man dieses Lebens froh werden, wo verstecken sie sich, die Momente des Glücks? Wie genießt man das Brot, das man im Schweiße seines Angesichts oder in der zu Tode langweiligen Routine eines Beamtenalltags zum Beispiel verdient? Wir wissen es schon: Der moderne Mensch nimmt das Leben viel zu ernst, und um seines Ernstes willen ist die Welt voller Unruhe. Weil wir es zu ernst nehmen, ist unser Leben alles in allem zu kompliziert, die Wissenschaften sind zu ernst, die Philosophien zu düster und unser Denken zu verwickelt. Das sind im wesentlichen die Gründe, die aus unserer Welt einen für uns so armseligen Aufenthaltsort machen.

Freilich: Jemanden, der über der anstrengenden Tätigkeit der Nahrungsbeschaffung den richtigen Appetit auf das Essen verloren hat, wird man nur schwer mit der bloßen Aufforderung über seinen verlorenen Geschmack und über seine verlorene Lust am Essen hinwegtrösten können: Es ist doch gut, laß es dir doch ganz einfach schmecken. So sieht man sich merkwürdigerweise gezwungen, wie einst in Zaire mit allerlei Glocken zu bimmeln, um jene Dämonen zu verscheuchen, die einen am an sich recht einfachen Vorgang des Genusses hindern. Da uns das Denken die einfachen Dinge ziemlich schwer verständlich gemacht hat, muß man sich zuerst durch ein wildes Dickicht an ideenreich vorgeprägten Urteilen und Vorurteilen, Vorstellungen und Verstellungen, Erwartungen, Bedürfnissen und Ängsten durchschlagen, um das Komplizierte wieder auf das Einfache zurückzuführen und der Aufforderung zum Genuß des Lebens den scheinbar zynischen Unterton zu nehmen.

Es gibt unter normalen Umständen keinen, absolut keinen Grund, vor allem keinen äußeren Grund, der uns daran hindern könnte, dem Leben die besten Seiten abzugewinnen. Es sind vielmehr die eigenen, ganz persönlichen Bindungen und Verstrickungen in unsere selbstgebastelten Vorstellungen vom Leben, die wie Schranken vor dem klaren, eindeutigen Denken stehen und uns die tägliche Suppe unsinnigerweise versalzen.

Wie sich von diesen Bindungen und Fesseln befreien?

Manchmal bedarf es der Initialzündung eines persönlichen und unverwechselbaren Erlebnisses, damit einem die Augen geöffnet werden. Wir wurden eben nicht als unbefleckte Genießer geboren, schon gar nicht dazu erzogen, sondern wie die meisten Menschen dazu, das Leben im ständigen Vergleich mit den konkurrierenden

Mitmenschen lächerlich ernst und die künstliche Kulisse aus unnützen Standardsymbolen über Gebühr wichtig zu nehmen. Die ernsthafte Frage, wie es denn überhaupt möglich sei, in dieser Gesellschaft auf die rechte Art zu leben, stellte sich zunächst gar nicht, und wenn, dann stellte sie sich so: Die Gesellschaft muß geändert werden; da aber diesbezüglich nur geringe Aussichten bestehen, hat man es sich, so gut es eben geht, einzurichten: die versiegelten Gärten des frustrierten Wohlbehagens und der lieblosen Gewohnheit, der Kult des sogenannten normalen Lebens, das man sich mit stilisiertem Individualismus erträglich macht.

Vor etlichen Jahren campierten wir irgendwo an der spanischen Atlantikküste. Es war eine felsen- und klippenreiche Gegend, das Meer war ziemlich unruhig, Woge auf Woge brandete gegen die Felsen und gegen die Pflanzen, die darauf wuchsen, eine Art von Seegras, das aussah wie kleine Palmen: kleine Blattbüschel auf einem schlanken Stamm. Immer wieder wurden diese Pflanzen von der Wucht des heranbrandenden Wassers gegen das Gestein gepreßt, und immer wieder richteten sie sich anschließend zu ihrer vollen Größe auf. Man stelle sich vor: Tag für Tag, Woche für Woche, Jahr für Jahr haben die Pflanzen diese Schläge hinzunehmen, und doch wachsen sie, reproduzieren sie sich, breiten sich aus, ernähren sich. Ein Beispiel nicht nur für die Zähigkeit des Lebens an sich und seine Fähigkeit, selbst eine unglaublich feindselige Umwelt zu erobern und sich dort zu entwickeln und zu verwirklichen. Es ist auch ein Beispiel dafür, daß das Verhalten eines Organismus auf natürliche Weise stets darauf gerichtet ist, sich unabhängig von seiner Umwelt zu entfalten und zu entwickeln. Ferner ein Beispiel dafür, daß der Organismus normalerweise selbstbestimmt ist, stets nach seiner eigenen Entfaltung und nach Unabhängigkeit von jedweder Art äußerer Kontrolle strebt, also etwas durchaus Vertrauenswürdiges ist. Es ist wohl auch beim Menschen so, daß der Organismus nicht von Natur aus dahin tendiert, sich schlecht zu fühlen oder sein Selbstzerstörungspotential zu verwirklichen, sondern daß er über eine Energie verfügt, die ihn von sich aus zur Selbstverwirklichung und zur Entfaltung drängt.

Vor diesen Felsen, angesichts der dem Wasser trotzenden, mehr noch: das Wasser ignorierenden Pflanzen war klar: Wenn es sich nicht um eine extreme Ansammlung katastrophaler äußerer Umstände handelt, liegt es ausschließlich an uns selbst, die Qualität des Lebens zu bestimmen. Die meisten unserer Probleme und die meisten Widerwärtigkeiten, mit denen wir uns herumschlagen, sind nur deshalb Probleme und Widerwärtigkeiten, weil wir sie als solche betrachten, uns mit ihnen identifizieren, ja sie in einer geradezu abartigen masochistischen Lust noch hegen und pflegen, statt uns von ihnen zu lösen. Wir nehmen das Wasser wichtig, obwohl es weder im positiven noch im negativen Sinne wichtig ist. Mehr noch: Im direkten Bezug auf unser Leben existiert es gar nicht; es beginnt erst in dem Augenblick zu existieren und uns zu belästigen, in dem wir denken, daß es uns belästigt, daß es existiert.

Nehmen wir in diesem Zusammenhang das Spiel eines von der maschinellen Kinderbeglückungsindustrie noch unverdorbenen Kindes als Beispiel: Hier, wenn es ganz in sein Spiel versunken ist, spüren wir umfassende Lebensmacht, das Kind ist ganz es selbst und frei von dem, was wir als das eigentliche Leben zu bezeichnen pflegen. Im Spiel bringt es die äußeren wie inneren Gegensätze zum Schweigen; es ist gewillt, sich treiben zu lassen, und läßt sich treiben, ohne dabei aber zu vergessen, daß es ein Spiel ist. Das Wesen des Spieles ist, daß es keinen anderen Zweck hat, als Spiel zu sein, und eben dies erlaubt dem Kind, wahrhaftig Subjekt zu sein: ein Selbstvertrauen zu seiner im Spiel freigesetzten eigenen Wirklichkeit zu haben.

Es spielt sich, wenn ihm die Erwachsenen nicht den Mut dazu nehmen, ein in das Leben. Und daß es sich dabei ganz auf sich selbst verläßt, daß es dabei ganz sich selbst vertraut, kommt nicht von ungefähr. Denn die Weisheit des Körpers, die Weisheit des gesamten Organismus, wie wir sie beim Anblick des Seegrases unvermittelt empfinden konnten, ist tatsächlich keine Einbildung, sondern eine Erfahrungstatsache. Daß ein menschliches Kleinkind etwa von sich aus lernt, eine ausgewogene Diät zu sich zu nehmen, beweist, daß es diese selbstregulierende Kraft auch in uns gibt, die es selbst einem so hilflos scheinenden Kleinkind gestattet, sich selbst zu erhalten und zu entwickeln. Beispielsweise mag ein Kleinkind eine Zeitlang wahren Heißhunger auf Eiweiß haben oder zuviel Fett zu sich nehmen, aber bald korrigiert es diese Fehler und verweigert die Aufnahme der falschen Nahrung. Wir bezeichnen es vielfach als Wunder, wenn Kleinkinder Situationen überleben, die nach allen oberflächlichen Erfahrungen ihren Tod bedeuten müßten. Noch mehrere Tage, in Einzelfällen sogar mehr als eine Woche nach der Erdbebenkatastrophe in Mexiko 1985 wurden Neugeborene lebend aus den Trümmern zusammengestürzter Hochhäuser geborgen: Die Stoffwechselvorgänge hatten sich offenbar automatisch verlangsamt und so das Überleben ohne Nahrung ermöglicht. Derselbe Ordnungsprozeß, der das Seegras sich entwickeln läßt, steuert zweifellos auch die Entwicklung des Menschen – und auch die Entwicklung seines Verstandes.

Seegras und Mensch: Der Mensch ist wie Gras, steht es im Hohelied geschrieben, er blüht wie eine Blume und wird vom Wind davongetragen, so daß keiner mehr weiß, wo er gewesen ist (Psalm 103, Vers 15/16). Freilich, wie sollte man verstehen, da man alles über Gebühr verstehen will und daher nicht zugeben kann, daß dem Menschen nur für sehr weniges auf dieser Erde Sinn über seinen Verstand gegeben ist.

Warum sollten wir wie Kinder sein, wie könnten wir? »Der ist ein großer Mensch, der das Herz eines Kindes nicht verloren hat«, sagte Mencius, ein Schüler des chinesischen Philosophen Konfuzius. Und in der Bibel hören wir es ebenso: Wenn ihr nicht werdet wie die Kinder. Ist damit nicht die kindliche Unschuld gemeint, die nicht lange nach Zwecken und Werten fragt, wenn sie spielerisch das Leben erfährt? Darin zeichnet sich auch die Fähigkeit zum Genuß des Lebens aus: im spielerischen Umgang mit dem Leben und im kindlichen Vertrauen, wo spontane Vitalität sich spielerisch entfalten kann und – wie im Wechsel von Essen, Trinken, Gehen, Lieben, Arbeiten, Denken und Träumen – kein ständiges differenziertes Gewahrwerden hervorruft. Das Kind denkt nicht über das Spielen nach, wenn es spielt, es »vergißt« das Denken über dem Spiel. So denkt auch der, der den schönen Anblick des Sonnenuntergangs genießt, nicht über das Genießen des Sonnenuntergangs nach. Er wird, während er der untergehenden Sonne zusieht, diesen Vorgang nicht analysieren wollen, sondern vielmehr seinen Verstand dazu benutzen, den Sonnenuntergang zu erfühlen. Er fühlt sich gut dabei und vergißt selbst dies darüber: über dem grundlos scheinenden, übermütigen Gefühl in Ordnung zu sein.

Auch hier könnte man sagen: Eben dies läßt die Hektik des Alltags, eben dies lassen die Sorgen des täglichen Lebens, all dies lassen die großen und kleinen Probleme des ganz normalen Lebens nicht zu. Gewiß, sofern dies gedacht wird, stimmt es auch für den, der solches denkt, denn das Denken ist unsere Wirklichkeit. Da es offensichtlich unser Denken ist, das uns weitgehend an einem weniger komplizierten und genußreicheren Leben hindert, müssen wir uns die Zeit nehmen, uns näher damit zu befassen, vor allem mit jenem selbstsüchtigen Teil des Denkens, welcher ständig denkt, daß es schier unmöglich ist, nicht oder anders zu denken: daß nämlich Denken die wahre und einzige Funktion des Verstandes sei, zumindest die »menschliche«.

Wenn wir im allgemeinen vom Denken reden, dann verweisen wir stolz auf die intelligente Fähigkeit der Logik. Beweise dafür, daß das logische Denken uns weit von der menschlichen Natur wegzuführen imstande ist, braucht man nicht noch anzuführen. Es gäbe genug Beweise dafür, daß das sogenannte logische Denken nicht nur alles andere als »menschlich«, sondern auch alles andere als »vernünftig« ist, und wenn wir damit noch hundertmal die Mathematik erfinden. Es ist der Ursprung allen Fanatismus und Dogmatismus und aller Rechthaberei. Sein Gegenstück könnte man als Geist der Vernünftigkeit bezeichnen, jenes Denkens, das uns gleichwohl mit einer guten Portion »animalischen Selbstvertrauens« und einer ebenso großen Portion animalischer Skepsis ausstattet und uns daher weniger starr an die Richtigkeit unserer Auffassungen denken und glauben läßt. Gewiß: Logisch können wir uns jede x-beliebige Wirklichkeit erdenken, Wahrheit können wir nur erfühlen. Logisch denkend kann man auch schlecht irgend etwas genießen, weil Genuß nichts Abstraktes ist. Obwohl eher schon selten, so sagt man im allgemeinen doch auch heute noch: Ich fühle, daß der und der die Wahrheit sagt, und nicht: Ich denke, daß ... Instinktiv fühlt man es: Sowie sich das Gehirn der Mitwirkung unseres Innenlebens und des Sinnesapparates entzieht und logisch und abstrakt zu denken beginnt, entfernt es sich von der Realität und entrinnt in eine Welt der konzipierten Wirklichkeit, was einer Preisgabe des Vitalen, Humanen und Gesunden gleichkommt. Das Unglück, das hier geschieht, liegt schon in dem Wort, mit dem wir dieses Denken bezeichnen: abstraktes Denken; das ist, was es besagt, abstrahieren, lostrennen, so lange und so weit, bis die solcherart konzipierte Realität mit uns nur mehr wenig zu tun hat, ja sich sogar zerstörerisch gegen uns richtet.

Wir mögen nicht bestreiten, daß Abstraktionsfähigkeit unter anderem ein Zeichen von Intelligenz ist. Zweifel daran sind aber begründet, wenn man meint, eben dieses Denken habe uns zur Kultur gebracht. Schon wahr: Es ermöglicht uns, unerhört perfekt zu sein und effizient. Perfektionisten sind wir in der Tat auf diese Weise geworden. Die Präzision, mit der das logische und abstrakte Denken atomare Mehrfachsprengköpfe von einer einzigen Rakete aus mehrere Ziele treffen läßt, ist schon ein Wunderwerk. Ob das hingegen etwas mit menschlicher Kultur zu tun hat, darf bezweifelt werden.

Also doch ein Fehlschlag der Natur? Eine Mißbildung der Evolution, die, wie wir wissen, sich stets zu korrigieren pflegt: Der denkende Mensch nur ihr Werkzeug, um die Irrtümer der Evolution ein für allemal zu korrigieren? Nun, wenn es so wäre, dann könnten wir ohnedies nichts dagegen tun. Wir können ja nicht von heute auf morgen die Denkgewohnheiten der Menschen ändern. Wir können aber unsere eigenen Ansichten und Auffassungen vom Begriff Denken revidieren.

Mit gewisser Berechtigung können wir annehmen, daß die ersten Anzeichen menschlicher Intelligenz und die ersten Versprechungen einer Art von Kultur nichts mit dem Denken an sich zu tun hatten. Sie finden sich in jenem Augenblick, da ein Teil unserer bis dahin auf allen Vieren herumhüpfenden Urahnen sich dazu entschlossen hatte, aufrecht zu gehen, und damit die Hände freibekam, um seine spielerische Neugier um der Neugier willen zu befriedigen: in seinen ersten Versuchen, überall das Innerste nach außen zu kehren und in unbeschäftigten Augenblicken seine Gefährten zu kraulen, die Ohren umzustülpen, um dort nach Läusen zu suchen oder um der reinen Lust am Umstülpen willen. An solchem Zeitvertreib hat sich der Geist des Forschens nach Erkenntnis emporgeläutert: das Interesse an den Dingen als solchen und das lässige und spielerische Bedürfnis, ihnen um ihrer selbst willen auf den Grund zu kommen. Ernsthafte Wissenschaftler werden dem sogleich einiges entgegenhalten und uns damit kommen, daß dies alles eine Frage des Überlebens gewesen sei, der Notwendigkeit, statt sich mit den noch relativ kräftigen Kinnladen irgendwo die Nahrung abzubeißen, sie mit gestrecktem Arm von einem Baum zu pflücken. Doch was hat das Kneifen, Kraulen, Kitzeln, Nasenbohren oder Ohrläppchenumstülpen, wie man es etwa bei Schimpansen beobachten kann, mit der Überlebensfrage und der Nahrungssuche zu tun?

Begegnen wir dem menschlichen Geist wieder mit dem ihm gebührenden Ernst und Respekt. Wir können zunächst einmal tatsächlich davon ausgehen, daß sich unsere Urahnen in einheitlicher und effektiver Weise durch das Leben schlugen oder die meiste Zeit wohl spielten, ohne sich große Gedanken darüber zu machen. Wir können auch annehmen, daß die Natur es so angelegt hat, daß (Bewußtsein hin oder her) der Mensch im wesentlichen weiser als sein Intellekt ist und im Normalzustand auch im Vertrauen zu den Richtungen handeln kann, die er unbewußt einschlägt, mehr vielleicht, als er seinen Erfahrungen vertrauen kann, von denen ohnedies höchstens Ausschnitte in sein Bewußtsein dringen, oder vielmehr in das, was wir uns als Bewußt-Sein zu bezeichnen angewöhnt haben.

Es gibt zweifellos verschiedene Arten von Bewußt-Sein. Dem unter vollem Einsatz seiner selbst spielenden Kind können wir nicht bestreiten, daß es wissentlich spielt. Es weiß es, und wenn wir es auf sein Tun hin befragen, wird es uns sein Tun erklären, auch wenn es sich während des Spielens ganz und gar vergessen hat. Dem peniblen Wissenschaftler, der sich mit übersäuertem Magen hinsetzt und sich dazu zwingt, seine Geisteskräfte unter Ausschaltung seiner sich im sauren Magen konzentrierenden Gefühlswelt auf die nächste komplizierte Formel zu stürzen – auch ihm kann man nicht absprechen, daß er bewußt handelt.

Und doch sind es zwei verschiedene Formen von Bewußt-Sein. Die Fähigkeit, die bewußte Aufmerksamkeit zu konzentrieren, ist eine der jüngsten Errungenschaften unserer Gattung, mit der wir womöglich noch nicht so recht zu Rande kommen. Auch die Affen haben sicherlich einige Zeit gebraucht, bis sie mit ihren ungelenken Fingern die erste Laus im Pelz des anderen erwischt hatten. Und womöglich waren sie über ihre frei gewordenen Hände zunächst höchst verwirrt und konnten damit nichts anfangen.

Wenn wir uns aus den verschiedensten Theorien über die Entwicklung des menschlichen Bewußtseins eine aussuchen dürfen, so neigen wir zu jener, die folgendes besagt: daß ursprünglich das ausgesprochene »selbst-bewußte« Gewahrwerden nichts anderes war als eine Störung der Funktionstüchtigkeit eines einheitlichen Organismus. Stellen wir uns also das Funktionieren des Bewußtseins unter normalen Umständen als ein gewissermaßen selbstzufriedenes Reflektieren und Zusammenspiel der Innen- und der Außenwelt vor, wie wir es nur allzu selten verspüren in Momenten, da wir uns gerade nicht über etwas ärgern, gegen irgendein Hindernis stoßen oder uns selbstquälerisch den Kopf über irgendeinen unsinnigen Gedanken zerbrechen. Vermutlich kennt jeder diese so seltenen Augenblicke, Momente, in denen wir ganz »da« sind, die zu kostbar sind, um sie zu deutlichem Bewußtsein zu abstrahieren, Momente, die uns sprachlos machen, die als reiner Ansturm des Gefühls erlebt werden in irgendeinem gleichgültigen Augenblick, grundlos und zufällig. Sprachlos vor Glück, stumm vor Staunen: Wir kennen die hilflosen Umschreibungen dessen, was nicht zerdacht und zerredet werden will. In solchen Momenten sind wir einig mit uns selbst und mit der Umwelt – wie das spielende Kind, das voll sich selbst, also der Weisheit seines Organismus, vertraut und sich auf diesen stützt, mit einem einzigen und gewiß wesentlichen Unterschied zum Tier: daß es dies alles, wenn es will, auch wissentlich, das heißt mit Bewußtsein, tun kann.

Wir müssen uns, von einer anderen Perspektive aus, noch einmal mit der Geschichte des Bewußtwerdens befassen. Zu irgendeinem Zeitpunkt unserer Evolution muß es zu einer Art Störung gekommen sein: zur Schärfung des Selbstbewußtseins durch einen Zusammenstoß zwischen dem Organismus und seiner Umwelt. Im Augenblick dieses Zusammenstoßes sah sich der Mensch plötzlich von Mitmenschen und Natur getrennt und isoliert. Für manche ist dies der Augenblick der Vertreibung aus dem Paradies, das Ende des Goldenen Zeitalters der Mythen. Der Zweck dieses Selbstgewahrwerdens war und ist es sicherlich noch heute, den dadurch entstandenen Konflikt entweder durch Veränderung der Umwelt oder durch Veränderung des eigenen Verhaltens aus der Welt zu schaffen. Ursprünglich nur eine Schutzfunktion in Augenblicken der Gefahr, hat sich der Mensch dieses Lostrennen zur lieben Gewohnheit werden lassen. Seither ist er ständig damit beschäftigt, etwas zu verändern, meistens die anderen und die Umwelt, hin und wieder auch sich selbst durch Anpassung.

Der Hauptzweck des bewußten Denkens besteht also zunächst darin, die Umstände, die es hervorrufen, zu identifizieren, also zu bedenken und zu zerdenken, später zu eliminieren und auszulöschen. Wenn wir diese Funktionsweise unseres Denkapparates erst einmal richtig durchschaut haben, sind wir einen großen Schritt weiter in dem Bestreben, die Überschätzung unserer Denkfähigkeit wenigstens einigermaßen zu mildern. Der Ursprung dieser einteilenden Intelligenz war offensichtlich ein Unglück, ihr Sinn eine Schutzfunktion: Als Dauerzustand war sie von der Natur wohl nicht vorgesehen, denn als solcher scheint die Fähigkeit der Abstraktion zur Selbstgefährdung geworden zu sein.

Wie immer und überall läßt aber die Natur sich selbst dort eine Chance zur Korrektur offen, wo sie Irrtümer hervorgebracht hat. Der intelligente Mensch hat die freie Wahl, seine selbstbewußte Intelligenz im Sinne ihrer ursprünglichen Funktion gegen sie selbst zu wenden, wenn sie ihm zur Gefahr wird: den Fehler zu erkennen, ihn aus dem Weg zu räumen und den gesunden und natürlichen Zustand des ganzheitlichen Bewußtseins denkenderweise wiederherzustellen. Die Mittel dazu sind ebenso einfach wie schwierig: Ein wenig Bescheidenheit in Sachen Denken und etwas mehr Anstrengungen in Sachen Herz wären bereits ein großer Schritt hin zu der unübersehbar notwendigen Selbstkorrektur unseres Denkens.

Warum wir es so weit kommen ließen, daß uns die Gedanken buchstäblich davon liefen und sich selbständig machten, daß wir sie zu unseren Konkurrenten und Gegenspielern werden ließen, das weiß der Himmel. Unübersehbar ist, daß dieser Umstand zu zwei immer weiter auseinanderdriftenden Welten geführt hat, daß wir in unserem sogenannten bewußten Leben häufig in eine andere Richtung streben als in unserem sogenannten inneren Leben, zu dessen Richtpfeilern wir jedes Vertrauen verloren haben.

In diesem Sinne werden die Gefühle der Kinder schon im Säuglingsalter verunstaltet und auseinandergerissen. Die Zuneigung und die Liebe der Eltern wird nur unter der Bedingung gewährt, daß das Kind bestimmte Werte verinnerlicht, die nicht seine eigenen sind. Gefühle werden an konstruierte Bedingungen geknüpft, die damit das Kind von seinem eigenen Erfahrungsprozeß abschneiden. Wenn die Liebe zur Mutter etwa zur Bedingung der Liebe der Mutter zum Kind gemacht wird, bleiben dessen gelegentlich völlig anders geartete Gefühle der Mutter gegenüber aus seinem Bewußtsein ausgeschlossen, als seien sie gar nicht vorhanden. Wenn es das Spielzeug in einem Wutanfall von sich wirft, ist es sich gar nicht mehr bewußt, was eigentlich der Grund dafür ist: der Zorn auf die Mutter. Auch dies ist eine Folge des Denkens: daß wir Gefühle an Bedingungen knüpfen, an bestimmte Gedankenkonstruktionen, die der Wirklichkeit nicht entsprechen. Wir können hier die Entwicklung des menschlichen Denkens nachvollziehen, und es ist nicht verwunderlich, wenn bewußtes Denken sich späterhin völlig vom inneren Entwicklungsprozeß abspaltet. Und wie das Seelenleben des Menschen schon beschaffen ist: Wenn ihn das Denken daran hindert, sich auszudrücken, dann hört er bald auf, überhaupt etwas zu empfinden, dann folgen Magengeschwüre, Melancholie, Neurasthenie, Psychosen und all die Nerven- und Geistesschäden, die heutzutage dem Leben vieler Erwachsener eigen sind. Das ist nämlich die Ironie daran, daß das sogenannt bewußte, vom bloßen Denken geleitete Leben eben nur ein teilbewußtes Leben, ein halbes und zudem vielfach künstliches Leben ist, das sich nun im Würgegriff der vergewaltigten Natur windet. Das, was das Denken, das nur über sich selbst nachdenkt, beherrschen will, beherrscht nun in Wirklichkeit uns. Die Lust am Leben ist uns zwangsläufig ein für allemal verleidet, das Leben wird zum Feind. Ein solcher Mensch muß zwangsläufig zum Metaphysiker werden, der behauptet, Zähne seien des Teufels, oder zu einem Platoniker, der das individuelle Vorhandensein von Zähnen selbst dann leugnet, wenn ihm die Weisheitszähne weh tun.

So ergibt sich für eine Kultur des Genießens zuallererst die Einsicht, daß von Natur aus die menschliche Spezies aus durchaus vertrauenswürdigen Individuen besteht und daß das vertrauenswürdigste Element in unserer unsicheren Welt ein Individuum ist, das den Anweisungen seiner inneren organischen Prozesse so vertraut, als wäre es das Seegras an der spanischen Atlantikküste. Für einen solchen Menschen sind Bewußtsein und bewußtes Denken integrale Bestandteile des Lebens und nicht dessen Beherrscher oder Überwinder. Kurz und gut: Dieses vertrauenswürdige Individuum repräsentiert die ganzheitliche und vereinigende Erfahrung, die für die Natur charakteristisch ist. Eine Kultur des Genießens gesteht dem Menschen daher genügend Kraft zu, selbst in fortgeschrittenerem zivilisatorischem Erkrankungsstadium alle angesammelten Komplexe hinter sich zu lassen und lächelnd ad acta zu legen. Eine Kultur des Genießens setzt einen Menschen voraus, der mit seinen eigenen Gedanken herumzuspielen versteht wie mit Golfbällen; er repräsentiert auf praktische Weise einen ständigen Prozeß der Überprüfung von Hypothesen in Denken und Handeln, weil er als vernünftiger Mensch stets in dem Argwohn lebt, er könne vielleicht unrecht haben.

Man könnte diese Art zu denken ein wahrhaftig humanes Denken nennen im Gegensatz zum Denken des logischen Menschen, der selbstgerecht und damit unmenschlich ist und stets unrecht hat. Das Wesen des Genießenkönnens besteht in der Aufgabe der falschen Sicherheiten der Gedanken und im Gewinn an Sicherheit in der Einsicht, daß es keinerlei statische Wahrheit gibt, sondern nur eine Reihe sich wandelnder Annäherungen an die Wahrheit. Freilich, Menschen, die in den scheinbaren Sicherheiten ausgedachter fixer Vorstellungen (zumeist fremder Vorstellungen) leben, nennen das eben beschriebene Individuum vorwurfsvoll ein Individuum ohne rechte Weltanschauung. Nun fragen wir, wer mehr Charakter hat: dieser oder jener Parteifreund oder einer, der sich die Freiheit nimmt, sich selbständig ein Bild von der Welt zu machen, auch wenn er diesen Versuch nicht allzu ernst nimmt im Bewußtsein der Relativität aller Dinge. Und wiederum ist es verlockend, sich auf Shakespeare zu berufen, der in *Macbeth* die Zaubergöttin Hekate zu den Hexen sagen läßt: »Denn wie ihr wißt, war Sicherheit des Menschen Erbfeind jederzeit ...«

Die Entfremdung haben wir gelernt, wir können sie auch wieder verlernen

Die Einsicht, daß alles seine zwei Seiten hat und eben höchst relativ ist und daß die Wirklichkeit, wie wir sie denken, nicht sonderlich ernst zu nehmen ist, wirkt in der Tat ungemein erleichternd und befreiend. Es ist wie ein Aufatmen in frischer Luft. Denn der Genuß des Lebens setzt voraus, daß wir erkennen, daß wir stets in Illusionen Sicherheit suchen und daß es diese Sicherheit nicht gibt. Die einzige Gewißheit sind wir selbst insofern, als wir es in der Hand haben, ob wir ständig unsere Enttäuschungen hegen und als Gefangene unserer Bindungen und Verstrickungen uns weiter fesseln oder ob wir den Mut aufbringen, so zu sein, wie wir sind, auch wenn das, was wir sind, nicht dem entspricht, was wir gelernt haben; als wir uns für uns selbst entscheiden, auch wenn dieses Selbst anders ist, als andere Menschen es haben wollen; als wir so empfinden, wie wir es tun, auch wenn andere unsere Gefühle und Empfindungen mißbilligen.

Wir können uns dabei durchaus der ursprünglichen Funktion des bewußten Denkens bedienen: identifizieren und eliminieren, was uns an unserer Entfaltung hindert. Die Entfremdung des Menschen von seiner Natur und seinen richtungweisenden organischen Prozessen ist ja kein unvermeidlicher Teil der menschlichen Natur, sondern etwas Erlerntes. Wir können daher auch lernen, das Leben zu genießen und uns dabei auf uns selbst zu verlassen. Nicht daß menschliches Glück als solches geübt werden könnte: Geübt und gelernt werden kann die Öffnung für die Lebensfreude.

Es ist auch eine Frage des Bezugssystems, in dem wir uns, unser Leben und unsere Umwelt sehen. Wir haben es uns angewöhnt, uns ständig auf andere zu beziehen, uns mit anderen zu vergleichen. Wir sind dazu gekommen, unsere Gefühle nach ganz bestimmten Mustern zu kategorisieren, nach Bedingungen, wie wir bereits sahen. Deshalb wirbt man ja auch in der Konsumwerbung nicht mit Sachargumenten, sondern mit Gefühls- und Glückswerten: Die Tugenden sind käuflich. Mit diesem oder jenem Anzug oder Deodorant kaufen wir uns die Attribute Kontaktfähigkeit, Souveränität, Attraktivität. Mit dieser oder jener Zigarettenmarke erwerben wir Mut. Sogar Höflichkeit, Gastfreundschaft, Opferbereitschaft sind mit Ware verknüpft und haben doch nichts damit zu tun. Es kostet etwas, Geschmack zu haben: Das sind Illusionen.

Eine Geschichte mag verdeutlichen, was mit Relativität gemeint ist: Ein alter Mann lebte mit seinem Sohn in einer einsamen Hütte auf einem Berg. Eines Tages geschah es, daß ihm eines seiner Pferde entlief. Da kamen die Nachbarn zu ihm und bemitleideten ihn wegen des Verlustes. Der Alte hingegen fragte sie: »Woher wißt ihr eigentlich, daß es ein Unglück ist?« Einige Tage später kam das Pferd zurück und brachte ein ganzes Rudel anderer Pferde mit. Worauf die Nachbarn kamen, um diesen Glücksfall zu feiern. Der Alte aber zeigte sich davon ungerührt und meinte nur: »Seid ihr denn so sicher, daß es ein Glücksfall ist?« Da nun so viele Pferde zur Verfügung standen, begann der Sohn des Alten eine Vorliebe für das Reiten zu entwickeln. Eines Tages stürzte er und brach sich dabei die Beine. »Welch ein Unglück!« jammerten nun die Nachbarn. Der Alte aber zuckte mit den Schultern und antwortete lächelnd: »Was jammert ihr denn? Vielleicht ist es gar kein Unglück. Wißt ihr, ich denke mir immer: Es gibt nichts Schlechtes, das nicht auch sein Gutes hat, und umgekehrt gibt es auch nichts Gutes, das nicht auch seine Schattenseite hat.« Im Jahr darauf brach ein Krieg aus. Eines der beiden Beine des Sohnes war nicht richtig zusammengewachsen, so daß der Junge hinkte. Und so mußte er nicht in den Krieg ziehen.

Was diese Geschichte besagen will: Wir sind immer zu sehr auf das Äußere fixiert, auf unsere fixen Vorstellungen vom Wert oder Unwert der Dinge. Es ist nicht nur ein schlauer Kniff, um sich über einen eventuellen beruflichen Mißerfolg hinwegzutrösten, wenn man sagt: Das Verlangen nach Erfolg und Karriere ist im Grunde genommen nichts anderes als die Angst vor dem Mißerfolg. Und das ist es auch: Je erfolgreicher einer ist, desto größer wird seine Furcht, er könnte vor einem Abstieg stehen. Je mehr Geld einer hat, desto größer ist seine Angst (meistens zumindest), das Geld zu verlieren. Wobei der lebensfreudige Mensch gegen Erfolg und Geld an sich nichts einzuwenden hat, solange er nicht zum Sklaven seines Erfolgs wird. Es hat eben alles zwei Seiten: Geld und Erfolg können entfremden, Geld und Erfolg können ebensogut befreien, Besitz kann einen zum Sklaven machen oder auch Verfügung über sich selbst und die Möglichkeit zur Selbstentfaltung bedeuten.

Es besteht insofern kein Widerspruch zur Kultur des Genusses und auch kein Grund, ein schlechtes Gewissen zu haben, wenn man sich jene Distanz zum Verdienen und Besitzen erhält, die einen davor bewahrt, zum Sklaven des Habens zu werden. Das Gegenteil von Geldbesessenheit ist ebenso schlecht wie Geldbesessenheit in seiner negativen Form und der eigentlichen Lebensfreude ebenso abträglich: etwa, wenn manche Leute im Namen irgendwelcher Gerechtigkeitsideen durch masochistischen Verzicht auf Entfaltungen, die unter Umständen Besitz ermöglichen, zu einer Verkümmerung und Borniertheit gelangen, die durchaus der des Besitzfetischismus vergleichbar sind. Der Dienst am eigenen Ich in Gestalt des Dienstes am anderen muß nicht unbedingt verschieden sein von der ausschließlichen Sorge um das eigene Ich. Wie schon gesagt: Dem Leidenden nützt es wenig, wenn der Tröster leidet. Die Grenze der Wertschätzung des Habens ist eine Frage der Ansprüche an das Sein. Der lebensfrohe Mensch wird die trügerischen Genugtuungen des materiellen Erfolges ohnedies stets an den gewaltigen Vorteilen eines unbeschwerten, behaglichen Lebens ohne Magengeschwüre messen.

Aber er wird realistisch genug sein, das Leben in einem verlassenen Dorf ohne fließendes Wasser nicht mit Selbstbefreiung oder allgemeiner Befreiung gleichzusetzen, weil er sich auch der Möglichkeit der Entfremdung durch ewiges Wasserholen am Brunnen bewußt ist.

Jedenfalls wird ein Mensch, der sich der Freude am Leben verschrieben hat, ohnedies nur durch absonderliche Zufälle in die Verlegenheit kommen, allzuviel Geld zu besitzen oder einen allzu hoch dotierten Posten zu bekommen. Und sollte es der Zufall wollen, dann wird er nicht vergessen, daß es ein Zufall war und schon morgen wieder alles anders sein kann: »Fette Schweine«, sagen die klugen Chinesen, »pflegen geschlachtet zu werden«. Da er weiß, daß das Leben von äußeren Umständen und Bedingungen relativ unabhängig ist, wird er sich vom Gefühl des Erfolgs ebensowenig durchdringen lassen wie im Falle eines Mißlingens vom Gefühl des Mißerfolgs. Jedenfalls wird er sich nicht dazu zwingen lassen, sich in ganz äußerlicher Weise mit einer äußerlichen Leistung in ein System einzusetzen, um etwas zu sein, wie Karl Marx dies in seiner Kritik der Hegelschen Rechtsphilosophie als zwangsläufiges »wirkliches Elend« des kapitalistischen Konkurrenzsystems bezeichnet hat. Abgesehen davon, daß dies nicht unbedingt ein exklusives Elend des reinen Kapitalismus, sondern eines jeden Systems ist, das dazu verführt, Sachwerte mit Werten und Kaufkraft mit Glücksfähigkeit zu verwechseln, liegt es in der Tat in der Eigenverantwortung des einzelnen Menschen, ob er die vorgegaukelten Illusionen für bare Münze nimmt und einer selbst zugefügten Enttäuschung die nächste folgen läßt.

Was im Äußeren vor sich geht, das haben wir Menschen erschaffen. Es kann sich nur dann ändern, wenn wir unsere Ideen ändern, aus denen sich unsere äußere Wirklichkeit zusammensetzt: Etwa die Wirklichkeit, zu meinen, das System sei nun einmal so, da könne man nichts machen, da könne man nicht raus. Na klar, irgend etwas hat immer schuld. Das ist der Grund, warum wir uns zuweilen grün und blau ärgern. Auch dies ist eine Frage des selbständig gewordenen, abgespaltenen Denkens, das der österreichisch-britische Philosoph Karl Popper nicht von ungefähr als Welt für sich bezeichnet hat. Es ist eine höchst relative Welt mit mindestens zwei Gesichtern.

Was ist denn wirklich? Man muß es immer wieder fragen, weil nur die Einsicht in das Wesen dessen, was man für wirklich und wichtig hält, frei genug macht, sich wie das Seegras auch in mehr oder weniger unwirtschaftlicher Umgebung zu genuß- und freudvollem Sein zu entfalten.

Was ist wirklich von dem, was wir denken, daß es wirklich sei? Was ist Gedanke? Im Grunde genommen nichts anderes als eine Reaktion. Wir beobachten etwas, etwas in unserem Gehirn erinnert sich und setzt im Gedächtnis vorhandene Informationen zu einem Bild zusammen. Gedanke ist Erinnerung. Jeder Gedanke nährt sich aus einer begrenzten Substanz, die wir Gedächtnis nennen. Zuweilen ist die Reaktion relativ unbeholfen, auch wenn es immer ein Wunder bleibt, daß es funktioniert. Der Gedanke an sich ist stets etwas Ungenaues, auch wenn wir uns einbilden, er sei präzise. Wie das Gedächtnis ist auch jeder sich aus dem Gedächtnis ergebende Gedanke mit Gefühlen verbunden. Das alles ist eine vorgeprägte Substanz: Da waren Eltern, Lehrer, Freunde, und jeder versuchte uns »nach seinem Bilde« von uns zu prägen. Die biblische Aufforderung »Du sollst dir kein Bild machen!« scheint eine sehr tiefe und sehr realitätsbezogene Bedeutung zu haben. Aber wir machen uns Bilder, daran läßt sich nichts ändern. Jeder von uns ist von den Bildern, die sich andere von uns machen, mitgeprägt. Man hat uns auf diese oder jene Weise gelehrt, Gefühle und damit verbundene Gedanken mit ganz bestimmten Bedingungen und Vorbehalten zu identifizieren: Liebe ist, wenn das und das geschieht; Erfolg ist, wenn uns das und das passiert; Anerkennung finden wir nur unter diesen und jenen Bedingungen. Das alles wiederum prägt die Bilder, die wir uns von der Welt oder von anderen Menschen machen. Denkenderweise können wir niemandem objektiv gerecht werden. Zu alldem kommt, wie bereits gesagt, daß sich das Denken von unserer Persönlichkeit, von unserem Wesen losgetrennt hat. Wir wurden dazu erzogen, unsere Gefühlswelt als etwas von unserem Denken Getrenntes zu betrachten, das man beherrschen, unterdrücken muß.

Nun ist das eigentlich gar nicht so schlimm. Es gibt eben wirklich nichts Schlechtes, das nicht auch seine guten Seiten hat. Wir können davon ausgehen, daß tatsächlich das meiste, das wir uns als Tatsache vorstellen, in irgendeiner Weise anders ist. Damit haben wir eine ausgezeichnete Basis, uns nie mehr zu ärgern, irgendwelche schädlichen und negativen Gefühle und Gedanken zu haben, uns sonderlich über irgend etwas aufzuregen, weil wir uns damit nur selbst schaden und dies auch wissen. Wenn wir uns über etwas ärgern, ärgern wir uns erstens über etwas, das im Augenblick des Ärgers bereits vergangen ist; wir ärgern uns zweitens über etwas, das womöglich ganz anders ist, als wir denken und daraus folgern, daß es ein Anlaß zum Ärgernis sei. Das Ärgern nützt niemandem und dem verärgerten Menschen am allerwenigsten. Wenn wir uns also einbilden können, daß uns jemand ärgert, dann können wir uns ebensogut einbilden, daß jedesmal, wenn wir denken, jemand oder etwas ärgere uns, wir uns selbst ärgern. Der Ärger, die Wut, sie kochen in uns und lassen in der Regel den Anlaß des Ärgers unberührt und ungerührt. Vielmehr läuft man Gefahr, sich lächerlich zu machen. Wir, und nicht der scheinbare Anlaß des Ärgers, bekommen davon Atembeschwerden, feuchte Hände, einen roten Kopf und zittrige Knie.

Indem wir alles, was um uns herum vorgeht, als tatsächlich betrachten und mit Hilfe unserer Gedanken zu einer absoluten Wirklichkeit machen, schaffen und konstruieren wir erst die meisten Probleme. Wir zielen, wir kneifen angestrengt die Augen zusammen, wir beschränken uns dabei im Sinne des Wortes, anstatt zu blinzeln und mit einigem Abstand die komischen oder auch guten Seiten des Problems zu erfassen. Probleme gibt es nur, wenn wir beginnen, uns damit gedanklich zu beschäftigen und zu identifizieren. Jedes Problem ist irgendwo außerhalb entstanden durch ein Zusammenkommen verschiedener Faktoren, deren Wahrheitsgehalt wir nie und nimmer eruieren können. Wir selbst sind nicht das Problem, das uns zu schaffen macht, sondern es ist eine gedankliche Konstruktion, die erst dann zum Problem wird, wenn wir uns darin verbeißen. Und je mehr wir uns darin verbeißen, desto schwerwiegender scheint das Problem zu werden. Es ist eine alte Erfahrungstatsache, daß in der Regel alle Widerwärtigkeiten zunehmen, je ernster sie genommen werden. Die Energie, die man darauf verwendet, etwas zu bekämpfen, ist verschwendete Energie.

Stets sind es gedankliche Fußangeln, über die wir stolpern. Es gibt nichts Sinnloseres, als sich zum Beispiel an irgendeinen Schmerz oder Kummer zu klammern und ihn ein Leben lang mit sich herumzuschleppen. Das, was vorbei ist, das ist tot. Welchen Sinn hat es daher, sich damit zu beschäftigen? Dies gilt für das persönliche Leben ebenso wie für die Gesellschaft. Wenn man sagt, man müsse aus der Vergangenheit Lehren ziehen, damit sich dieses oder jenes in Zukunft nicht mehr ereignen könne, so ist das letztlich nichts anderes als eine elegante Rechtfertigung dafür, in der Gegenwart das zu tun, was man schon immer getan hat. Es ist entweder eine Flucht in die Vergangenheit oder in die Zukunft: Das eine ist tot, das andere ist noch nicht. So bleibt die Gegenwart stets unbewältigt, und die Zukunft erweist sich bestenfalls als verlängerte Vergangenheit. Wir beschäftigen uns die allermeiste Zeit mit Dingen, die nicht sind. Die einzige Möglichkeit indessen, Konflikte zu lösen beziehungsweise Konflikte gar nicht erst aufkommen zu lassen, ist, sich ausschließlich mit dem zu beschäftigen, was gegenwärtig *ist*.

Weil wir uns stets mit Dingen beschäftigen, die nicht sind, bringen wir auch unsere Gefühlswelt, unsere unverfälschte Empfindungsfähigkeit durcheinander. Wie echt sind denn unsere Gefühle? Sind unsere Gefühle wirklich unsere Gefühle oder am Ende eben auch nur Reaktionen auf Äußerlichkeiten, mit denen wir uns zunächst gedanklich und dann emotional identifizieren? Wenn es eine

Verfremdung von Persönlichkeit gibt, dann findet sie hier statt, wo nicht wir selbst, sondern die Außenwelt über unsere Gefühlswelt verfügt und unsere Gefühle dabei kategorisiert. Daß dies möglich ist, ist ebenfalls eine Folge jener leidigen Tatsache, daß uns die Gedanken nahezu immer mehr oder weniger böse Streiche spielen. Der Mensch kann seine Gefühle subjektiv erleben, ohne sie zu differenzieren. Er kann Liebe, Angst, Schmerz erfahren, indem er das jeweilige Gefühl erlebt. Dann sind die Gefühle gänzlich unverfälscht, und der Mensch ist Liebe, ist Angst, ist Schmerz. Im Gegensatz zum Tier aber kann sich der Mensch von seiner Subjektivität abstrahieren und bewußt erkennen: Ich liebe, ich habe Angst, ich habe Schmerzen, ich freue mich. Auch hier wären die Gefühle noch weitgehend echt, sie sind nur bewußtgemacht.

Da wir aber unvollkommene Geschöpfe sind und mit unserem Bewußtsein, mit unserer sehr jungen Denkfähigkeit noch nicht recht zu Rande kommen, entwickeln wir zuweilen recht künstliche emotionale Energien, indem wir sie an Äußerlichkeiten binden. Haß ist zum Beispiel kein echtes Gefühl, das in uns entsteht, sondern die Folge einer gedanklichen Reaktion auf ein Ereignis, das mit unserem wirklichen Gefühlspotential eigentlich nichts zu tun hat. Das zum Haß weiterentwickelte Gefühl der Angst entsteht, wenn wir uns gedanklich mit dem Gegenstand des Hasses verbinden.

Ähnliches geschieht auch bei der Liebe: Wir lieben nicht, wir lieben nur etwas. Und dieses Etwas lieben wir lediglich aus einem bestimmten Grund. Erst eine gedankliche Reaktion auf eine Äußerlichkeit mobilisiert in uns das Gefühl Liebe. Wir »bilden« uns ein, ein Mensch sei schön, nett oder gescheit. Und deshalb lieben wir ihn. Gäbe es diesen eingebildeten Grund nicht, würden wir nicht lieben. Wir haben das Gefühl an eine ganz bestimmte Bedingung geknüpft. Da wir den betreffenden Menschen nur unter dieser und jener Bedingung lieben: Was lieben wir dann eigentlich? Den Menschen oder die Bedingung, von der wir uns einbilden, daß sie erfüllt ist? Lieben wir in diesem Fall überhaupt?

In Illusionen verliebt, von Illusionen geängstigt und an Illusionen gebunden, sind eigentlich auch unsere Gefühle nicht recht ernst zu nehmen. Es sind in der Regel nicht unsere wirklichen Gefühle, sondern nur Spiegelungen von Äußerlichkeiten, Staubteilchen auf dem Spiegel unserer Innenwelt, die mit echten Empfindungen wenig zu tun haben. Natürlich können wir uns nicht ununterbrochen unter Kontrolle halten, wir sind ja keine Übermenschen. Aber das Wissen um die Relativität selbst unserer Gefühle mag uns zu einem humorvolleren Umgang mit uns veranlassen und zu einer gewissen Distanz unseren eigenen Gefühlen gegenüber führen, da, wo sie uns womöglich nur Schaden zufügen: wenn sie mit Urteilen, Beurteilungen und vorgeprägten Wahrnehmungsmustern verbunden sind, wenn wir auf emotionale Handlungen anderer reagieren, vor allem wenn sich negative Gefühle auf andere beziehen und uns jener emotionalen Energien berauben, die in die Lust am Leben weitaus produktiver investiert wären.

Es gibt keine allgemeingültigen Kategorien des Gefühls – der Lebensfreude oder des Glücksempfindens ebensowenig wie der Trauer oder des Schmerzes. Die Lust am Leben, der eigentliche Sinn des Daseins, liegt brach, während wir uns oft in allerlei künstlichen Emotionalitäten verschleißen. Woher kommt eigentlich die Freude an irgend etwas? Wir kennen die Momente, da man uns das schönste Geschenk machen kann und wir uns dennoch nicht darüber freuen können, weil wir damit beschäftigt sind, irgendeinem trübsinnigen Gedanken nachzuhängen oder irgendein sinnloses, künstliches Gefühl zu hätscheln. Der Grund dafür ist nicht das Geschenk. Vielmehr ist alles relativ, und das liegt daran, daß wir Menschen sämtlich grundverschieden sind. Was dem einen Spaß bereitet, ist dem anderen gleichgültig. In unserer Gesellschaft aber lernt man schon im Kindesalter, daß es gewisse Dinge gibt, die jeden gleichermaßen beglücken müssen. Das tun sie aber nicht. Wenn die Freude tatsächlich an bestimmte Dinge geknüpft wäre, gäbe es keine Unterschiede des Geschmacks.

Man könnte den Vorgang des Sich-Freuens an einer Flöte demonstrieren: Wir spielen auf ihr; die Freude und der Spaß dabei ist die Luft, die den Ton erzeugt. Tatsächlich aber wird die Luft vom Spieler in die Flöte geblasen und kann nicht von ihr selbst ausgehen. Ohne den Atem des Spielers ist das Instrument ein nutzloses Stück Holz. Wir können also hineinblasen oder auch nicht, wir können von der falschen Seite hineinblasen und dabei nichts als schrille Mißtöne hervorbringen. Letztlich ist es aber ausschließlich unsere Art des Spielens, die darüber entscheidet, ob Freude vorhanden ist oder nicht. Außerhalb von uns gibt es keine Freude. Kein Ding außerhalb von uns, sondern ausschließlich wir allein können sie – wie jedes andere Gefühl – erzeugen.

Kummer und Ärger sind nur Abwesenheit von Freude und Fröhlichkeit, Neid ist die Abwesenheit von Zufriedenheit. Wenn weder das eine noch das andere etwas mit den äußeren Umständen zu tun haben, in unserem Bild also mit der Flöte, auf der wir spielen, was ist dann das Wesen des Kummers, des Neides, des Zorns oder der Eifersucht?

Natürlich wäre es viel zu anstrengend, sich bei jeder Art gefühlsmäßiger Erregung nach dem Ursprung und dem Wert der Emotion zu fragen, doch man kann sich in Gelassenheit üben, indem man hin und wieder versucht, inmitten eines Gefühlsausbruchs innezuhalten und sich dabei ein wenig zu beobachten, sich selbst, seinen eigenen Organismus, die innere Erregung und die damit verbundene Bilderwelt, indem man versucht, die Projektion auf den Gegenstand der Erregung gewissermaßen umzukehren und auf sich selbst zu lenken.

Man kann eben wirklich alles so oder anders sehen, so oder so empfinden. Indem wir beispielsweise ständig nach den anderen schielen, die es nach irgendwelchen allgemeinen Kriterien auf diese oder jene Weise zu mehr gebracht haben als wir, entwickeln wir unseren Selbstwert nach einem Schema von Kennzeichen statt nach unseren individuellen Eignungen und Neigungen. Wir glauben, Neid fühlen zu müssen, weil wir es gewohnt sind, uns an äußeren

Dingen zu orientieren. Das ist wie in einem Restaurant, wo jeder sich einbildet, das Essen, das der Tischnachbar bestellt, sehe weitaus delikater und appetitlicher aus als das eigene. Da neiden wir, ohne an die Möglichkeit zu denken, daß das Essen auf dem Nachbartisch, selbst wenn es uns schmecken würde, dem Besteller vielleicht überhaupt nicht mundet und dieser uns seinerseits um unser Essen beneidet. Darüber hinaus könnte es gut sein, daß der Schein trügt und daß uns des Nachbars Essen den Magen verderben würde.

Über all diesen anstrengenden Tätigkeiten des Vergleichens und des Neidens und des Investierens von Emotionen in derlei Einbildungen vergessen wir ganz uns selbst, obgleich wir uns einbilden, wir täten alles zu unserem Besten. Die Distanz zu den Dingen besteht nicht mehr, die Grenze zwischen den Dingen und uns ist aufgehoben, unversehens werden wir zu Knechten der Sachen dieser Welt, und zwar so sehr, daß wir nicht nur an keine Alternative glauben, sondern uns auch gegen jede Alternative entscheiden. Wir kommen nicht mehr damit aus, uns mit uns selbst zufriedenzugeben und zu glauben, wir könnten unsere eigene Substanz kaufen und wie ein Paar Handschuhe überziehen. Die Verpackung, der Schein, wird vielmehr zum Maß allen Selbstwertgefühls. Die unverfälschte Freude am Dasein aber ist unabhängig von den drückenden Sachwerten, mehr noch: Sie kann nur in der Freiheit von illusionären Vergleichen, in der Freiheit von Neid und Rivalität, in der Freiheit von den Relationen von Mehr oder Weniger gedeihen. Die Fähigkeit zur Lebensfreude läßt sich nicht kaufen oder erwirtschaften; aber sie ist erlernbar, so viel ist sicher. Es ist eine Frage der Vorzeichen, unter denen wir unser Leben sehen: zu lernen, in einer Welt der ständigen Steigerungen den Steigerungslügen im lustvollen Genuß des Einfachen ein Schnippchen zu schlagen. Dazu bedarf es nicht allzuviel.

Das Ruhen in der eigenen Mitte

Haben wir uns erst zu der Erkenntnis durchgerungen, daß es nichts gibt, was es wert ist, ernstgenommen zu werden, außer unserem Leben, so stellt sich die einfache Frage: Liebe ich dieses Leben oder nicht? Wie will ich es leben? Da wir nur eine bemessene Frist auf Erden zur Verfügung haben, müssen wir unser Leben so einrichten, daß wir unter den gegebenen Umständen möglichst glücklich sein können. Und da es realistischerweise das einzige und erste wie letzte Dasein sein dürfte, müssen wir uns um so mehr um seinen Genuß bemühen, solange es währt. Diese Entschlossenheit zum Glück kann auch auf den kleinsten Quadraten unseres Lebens eingeübt werden. Niemand kann uns dabei helfen, vor allem keine Organisation oder irgendeine jener Selbsthilfegruppen oder Selbstfindungsvereine, die uns erst recht wieder dazu bringen, die Erfahrungen anderer zu schlucken in dem vergeblichen Versuch, festzustellen, welche Wege oder gar Techniken uns als Mittel zum Genuß taugen. Ganz auf uns allein gestellt, sind wir fähig, uns jenseits der Vergleichszwänge unterzubringen, und nur so kann es gelingen, unsere Auffassungen von Glück, Liebe, Genuß und Freude von allen Relationen und Rivalitäten freizumachen, uns emotional zu entschlacken.

Eine Kultur des Genusses stellt von ihrer Natur her das vom öffentlichen Gewissen nicht allzusehr bedrängte Leben in den Mittelpunkt. Der betreffende Mensch lebt in der Gesellschaft und gehört zu ihr, ist aber nicht ihr Gefangener. Er ist gewiß nicht unbedingt ein

Rebell der gesellschaftlichen Normen im Sinne des Rebellierens um der bloßen Rebellion wegen, vorausgesetzt, er lebt in einer halbwegs erträglichen Gesellschaft; er wird aber auch niemals das sein können, was man im üblichen Sinne als »gut angepaßt« bezeichnet, jene vielfach erwartete vollständige Konformität mit den Zielen einer Gesellschaft, von der nicht wenige denken, es sei die Endstufe der geistigen und der politischen Gesundheit. Der Genießer wird daher keineswegs in einer nach Geld verrückten Gesellschaft angepaßterweise auch nach Geld verrückt sein, und er würde im Sinne von Angepaßtheit in einer Nazigesellschaft nicht nur nicht ein guter Nazi sein wollen, sondern es gar nicht sein können.

Der hypothetische Hauptdarsteller dieses Buches könnte durchaus jener Persönlichkeit entsprechen, die Abraham Maslow in seinen Studien über sich selbst verwirklichende Menschen folgendermaßen beschreibt: »Ihr Verhalten zeichnet sich durch Einfachheit und Natürlichkeit aus, und sie wirken weder künstlich noch verkrampft. Das bedeutet nicht notwendigerweise ein durchweg unkonventionelles Verhalten. Tatsächlich ist die ›sich selbst verwirklichende Persönlichkeit‹ nicht extrem unkonventionell. Ihre Zwanglosigkeit liegt nicht an der Oberfläche, sondern ist in ihrem inneren Wesen begründet. Ihre Impulse, Gedanken und ihr Bewußtsein sind unkonventionell, spontan und natürlich. Da dieser Mensch offensichtlich erkennt, daß die Umwelt, in der er lebt, dies nicht verstehen oder hinnehmen würde, und weil er nicht den Wunsch hat, andere Menschen zu verletzen oder über nichtige Dinge zu streiten, bewegt er sich in den üblichen oberflächlichen Konventionen mit humorvollem Achselzucken und macht, so gut es geht, gute Miene dazu. [...] Dieses unkonventionelle Verhalten ist jedoch nur ein Mantel, der leicht auf den Schultern liegt und mühelos abgelegt werden kann. Daß dies so ist, sieht man daran, daß der sich selbst verwirklichende Mensch im Ernst sich niemals von der Konvention behindern oder von irgend etwas abhalten läßt, was er für wichtig und grundlegend hält.«

Der betreffende Mensch ist also, um es mit anderen Worten

auszudrücken, nicht notwendigerweise an seine kulturelle Umwelt angepaßt, er ist kein Konformist. Zu jeder Zeit aber und in jeder Kultur würde er schöpferisch leben und insoweit mit der Kultur harmonisieren, als dies nach seinen inneren Interessen notwendig ist. Er wird seine kulturelle Umwelt annehmen oder sich ihr entziehen, wie es von seinem tiefsten inneren Drang diktiert wird. Er wird sich ganz gewiß nicht grün und blau ärgern, weil er beispielsweise im Gegensatz zu einem Bekannten niemals aufgefordert wurde, einem fashionablen Club beizutreten, und es wird ihn trotzdem nicht umbringen, wenn ihn sein Bekannter einlädt, im Club-Restaurant mit ihm zu essen: Er wird es genießen.

Der betreffende Mensch wird darauf aus sein, sich in jeder Beziehung vor allzu anstrengender Tätigkeit zu bewahren. Es gibt nichts, was man erreichen muß. Man erreicht ohnedies immer nur das, was man erreichen kann, und meistens kommt man eher an ein Ziel, wenn man nicht bis an die Grenzen seiner Möglichkeiten geht. Einem Läufer nützt der schönste Pokal nichts, wenn er hinter der Ziellinie einen Herzinfarkt erleidet. Weil der betreffende Mensch unabhängig ist von Äußerlichkeiten, hat er auch keine sonderlichen Akrobatenstücke notwendig, um ein Gefühl innerer Zufriedenheit, Gelassenheit, der Sorglosigkeit und einer nahezu innigen, tiefempfundenen Freude am Leben zu entwickeln. Er wird stets die Mitte halten, auch was den Umgang mit anderen Menschen betrifft, und dabei stets Nietzsche im Ohr haben, der seinen Zarathustra sagen läßt: »Also spricht der Narr: Der Umgang mit den Menschen verdirbt den Charakter, sonderlich wenn man keinen hat. – Wer sucht, geht leicht verloren. Alle Vereinsamung ist schuld. Also spricht die Herde ...«

Er nimmt sich ein Beispiel an der Natur, in der selbst die kraftvollsten Bewegungen ohne Anstrengung erfolgen. Die Zen-Kultur des Ostens hat diesem Ideal in der Kunst des Bogenschießens oder im Tai-Chi-Chuan nachgeeifert: Es ist das Ruhen in der Mitte, in der eigenen Mitte. Das ist die Kunst, die das Leben selbst vollbringt, wo es nicht gestört wird: die Ruhe auch inmitten der Bewegung, inmitten der Hektik der Umwelt nicht zu verlieren. Es ist jene Mitte, jenes Zentrum des Selbstvertrauens, von dem wir zu Beginn des Kapitels als biologische Tatsache gesprochen haben: daß es, wie der amerikanische Forscher Abraham Maslow es ausdrückt, im innersten Wesen des Menschen den natürlichen Drang gibt, das Dasein immer intensiver auszufüllen, das Menschliche in jedem einzelnen immer deutlicher zum Ausdruck zu bringen. Und zwar in jenem gleichen naturwissenschaftlichen Sinne, in dem die in einer Eichel schlummernde Lebenskraft danach drängt, zur Eiche zu werden, oder wie man einen Tiger beobachten kann, wie er alle Kräfte dazu einsetzt, die spezifischen Eigenschaften eines Tigers zu entwickeln, und wie ein Pferd das gleiche tut, um zum Inbegriff des Pferdes zu werden. Kreativität, Spontaneität, Authentizität, die Fähigkeit zu lieben, das Streben nach Wahrheit, das alles sind embryonal angelegte Potentiale unserer Gattung, und zwar ebenso, wie es unsere Arme, Beine, wie es unser Gehirn und unsere Augen sind.

Daß wir nicht vollkommen sind, daß wir zuweilen irren können und im wesentlichen noch immer recht unbeholfen auf unseren menschlichen Beinen stehen, empfindet jedoch nur jener als Bedrohung, der keinen Mut hat, das Gehen auf eigenen Beinen wenigstens zu versuchen. Die ständig vorwärts hetzende Weltauffassung hat uns nicht vollkommen gemacht, sondern bestimmt eher Schaden zugefügt, indem sie uns in Tausende unnütze, unsere Kraft vergeudende Tätigkeiten verstrickt hat, die mit dem Leben gar nichts mehr zu tun haben. Das geradezu obszöne Verlangen nach Perfektion hat ebenfalls nicht dazu geführt, daß wir alles perfekt machen, im Gegenteil, die Fehlerquellen sind, wenn man es recht bedenkt, mit zunehmender Perfektion nicht nur häufiger, sondern in ihrer so hochgerühmten Effizienz noch bedrohlicher geworden. Außerdem: Wer würde schon einen Roman lesen wollen, bei dem man im voraus schon alles weiß, weil vor lauter Logik und perfekter Planung kein Raum für Überraschungen vorhanden ist? Jener Mensch, der sich eingesteht, daß die Kenntnis über einen Vorgang niemals der Vorgang selbst ist, daß die Landkarte eben nicht das Gelände ist und niemals sein wird, dieser Mensch wird auch niemals von der Tatsache beunruhigt werden, daß er nicht alle Antworten kennt. Er kann das Ungewisse ertragen, er verachtet es nicht, noch leugnet er es und versucht sich selbst und anderen weiszumachen, daß eigentlich bekannt sei, was unbekannt ist. Er braucht nicht zu pfeifen oder mit den Glocken zu bimmeln, um Dämonen zu vertreiben, und benötigt daher auch keine verhängnisvolle »Wahrheitssuche« nach Gewißheit, nach Sicherheit, nach Endgültigkeit und trügerischer Ordnung.

Nicht wenige freudvolle Seiten des Lebens tun sich erst dann auf, wenn wir ruhigen Mutes Raum lassen für das Unerwartete, wenn wir ohne Furcht das Ungesicherte so vieler Lebensaugenblicke auf uns zukommen lassen. Jenem, der es für möglich, ja sogar für wünschenswert hält, daß ihm zuweilen Unberechenbares zustößt, wird das Leben fraglos weniger langweilig vorkommen als denjenigen, die Tag für Tag und womöglich auch Nacht für Nacht damit beschäftigt sind, ihre Existenz berechenbar zu machen und diese Berechenbarkeit für ihr höchstes Lebensziel erachten. Das sind am Ende jene armen Teufel mit Kreislaufschwächen, Herzinfarkten und all den anderen modernen Leiden der Vollkommenheitsmanie, die unsere Nerven zerrüttet. Das Leben zu genießen, das bedarf eben eines durchaus gerechtfertigten Vertrauens darauf, daß es zu keiner besonderen Katastrophe kommt, wenn einmal etwas nicht perfekt erledigt wird. Die Kultur des Genießens besteht ferner darin, daß sie neben der Kunst des Erledigens auch die noch edlere Kunst kennt, zuweilen Dinge unerledigt zu lassen. Uns wird im allgemeinen zuviel Zeit gestohlen, um ein genußvolles und müßiges Leben führen zu können; daß Müßiggang aller Laster Anfang sei, ist eine ebenso bösartige Erfindung wie die Hölle, mit der man die Menschen verängstigt hat. Um es mit Abraham Maslow zu sagen: »Wir dürfen getrost mit innerem Behagen unordentlich, anarchisch, vieldeutig, zweifelnd, ungewiß, unbestimmt, verschwommen, ungenau und fehlerhaft sein, wenn es die subjektive Situation verlangt. Dann haben wir auch die nötige Energie, außerordentlich, eindeutig, sicher, gewiß, bestimmt, klar, genau und möglichst fehlerlos zu sein, wenn es die objektive Situation verlangt.«

Woraus besteht denn das Leben? Es besteht aus Wachen und Schlafen, aus Essen und Trinken, aus Weinen und Lachen, aus freundlichen Begegnungen und aus Abschied, aus der Liebe zu einem anderen Menschen, aus einer Reihe von kleineren Ereignissen etwa derart, daß man alle paar Wochen zum Friseur geht oder zusieht, wie der Nachbar den Rasen mäht und dergleichen mehr. Dazu kommt noch eine Reihe individueller Genüsse, die je nach Geschmack verschieden sind: der Genuß von Kunst, von Literatur, von Musik, schlicht das, was man unter geistigen Genüssen zu verstehen pflegt. Im Grunde genommen wäre darin ganz und gar nichts Kompliziertes, und die aus solch relativ einfachen Lebenserscheinungen geborenen Begriffe mit einem Fachjargon herauszuputzen ist ein Kunststückchen, nichts weiter. Es ändert nichts daran, daß das Leben natürlicherweise aus recht einfachen Dingen besteht.

Gehen wir nun davon aus, daß wir alle essen müssen, daß wir für die verschiedensten Jahreszeiten und Anlässe Kleider brauchen etc.: Dafür müssen wir arbeiten. Daran läßt sich gewiß nichts ändern, sofern man nicht das seltene, aber dummerweise nur selten verstandene Glück gehabt hat, mit reichlich Geld geboren worden zu sein. Geld brauchen wir nun einmal, um uns das Essen kaufen zu können, ein Dach über dem Kopf, einen Raum, in dem wir uns wohl fühlen, und nicht deswegen, weil wir irgend jemandem beweisen müssen, daß es uns gutgeht. Gut geht es uns nur dann, wenn wir uns in unserer Haut wohl fühlen, egal, auf welchem Sessel wir sitzen. Wenn er einem Besucher zu hart oder zu weich ist, ist das im Grunde genommen nicht unsere Sache, obgleich wir uns aus Mitgefühl dazu entschließen werden, dem Besucher eine ihm angenehmere Sitzmöglichkeit zu verschaffen. Er soll sich schließlich ebenso wohl fühlen. Das Leben wäre demnach so einfach? Wirklich so einfach?

Daß es nicht so einfach zu sein scheint, liegt daran, daß wir uns darauf konzentriert haben, das Verdienen des Unterhalts wichtiger zu nehmen als all dies, wofür es sich zu verdienen lohnt. Es ist doch wohl so: Neben einem gesunden Schlaf und einer guten Verdauung ist zweifellos das Essen eine der wenigen wirklich soliden Freuden des Menschenlebens, dies schon aus dem einen Grund, weil der Vorgang der Ernährung etwa im Gegensatz zum Geschlechtstrieb keinen besonderen Sittenregeln unterliegt und wir ihm ungehemmt und ohne schamhaftes Erröten frönen könnten. Könnten – selbst dieser einfache Lebensgenuß, der ohne besonderen Aufwand zu bewerkstelligen wäre, ist uns in der Regel abhanden gekommen. Unter dem idiotischen Leitsatz »Wer sich beim Essen Zeit läßt, der ist auch ein fauler Arbeiter« haben wir das Essen verlernt, und anstatt zu essen, schlingen und würgen wir und beleidigen die empfindsamen Nerven des Geschmacks und unseren Magen und die Eingeweide dazu. Davon aber soll später noch die Rede sein. Das Beispiel der Nahrungsaufnahme soll hier nur die folgende Frage illustrieren: Wie groß ist der Aufwand des Verdienens, um, sofern man nicht krankhafter Freßsucht erliegt, den Ernährungstrieb sinnvoll befriedigen zu können?

Wer sich die Freude am Dasein und am Genuß des Lebens zum Lebensziel gewählt hat, wird sich stets nach der Verhältnismäßigkeit des Aufwandes an Anstrengung und Hetze fragen und seinen Tätigkeitsdrang, sei er nun auf den Erwerb von Geld oder auch von Wissen gerichtet, stets an seiner Dienlichkeit für Lebenszweck und Lebensziel messen: Er wird nicht zuviel und nicht zuwenig arbeiten, gerade so viel, daß er sich ein gutes Essen leisten kann und die Miete nicht schuldig bleiben muß; er wird sich nicht zu sehr in den Vordergrund schieben wollen, weil das stets mit lästigen und unliebsamen Nebenerscheinungen verbunden ist und Abhängigkeiten mit sich bringt, die einen nervösen Schlaf oder einen schlechten Magen einfach nicht wert sind. Sein Glücksrezept ist die einfache Erkenntnis aus der sich ins Unendliche und Sinnlose drehenden Bedürfnisspirale, daß das allgemeine Bezugssystem, nach dem wir Glück und Unglück im Leben zu bestimmen pflegen, untauglich bleibt, solange es mit Ökonomie verbunden ist.

Gewiß, die Einwände liegen auf der Hand: Wo kämen wir hin, wenn jeder so denken und vor allem so handeln würde? Da bemüht man sich ständig, das wirtschaftliche Wachstum höher und höher zu treiben (die Arbeitslosenzahlen in der Regel auch), da feiert man alljährlich einen Tag der Arbeit, da ist man stolz auf die gehobene Arbeitsmoral, und dann kommen einfach Leute und predigen wenn schon nicht einen Tag der Faulheit, so zumindest eine höchst zersetzende Lebenseinstellung. Und schließlich: es gibt wohl doch Menschen, die (Gott sei Dank) ihre Arbeit lieben.

In erster Linie und naturgemäß kommen solche Einwände von Politikern und Vertretern der Profitindustrie, die beide von der Befriedigung der von ihnen erzeugten Bedürfnisse leben; in zweiter Linie kommen sie ebenso naturgemäß von Leuten, die bedauernswerterweise mit sich nichts anzufangen wissen.

Zum Glück sind wir alle verschieden! Es ist schön, seine Arbeit zu lieben, und es ist sicherlich so, daß es ein überaus großes Glück ist, seine Lebensarbeit zu finden, die Arbeit eben, die man liebt: das Erlebnis des auch in der Arbeit selbstgestalteten Daseins, des unmittelbaren Zusammenhangs von Mühe und Genuß. Wer träumte nicht davon, doch wer hat schon dieses Glück? In der Regel aber liebt man die Arbeit nicht, und wenn dies dennoch jemand von sich behauptet, so belügt er sich in neunzig Prozent aller Fälle wohl nur selbst. Bei den meisten arbeitenden Menschen erinnert die Lust an der Arbeit an die jener »Delta-Minus« genannten Menschen in dem Roman *Schöne Neue Welt* von Huxley, die dazu erzogen wurden, den Gipfel allen Lustgefühls in einer unentwegt wiederholten mechanischen Geste zu finden, womit sie den »Alpha-Plus«-Menschen überaus dienlich sind. Es gibt wohl auch genügend Leute, die mit leicht durchschaubarer Wichtigkeits- oder auch Leidensmiene vor lauter vorgegebener Lust und Freude an der Arbeit dauernd ganze

Stöße von Akten und Arbeitsmaterialien übers Wochenende mit nach Hause nehmen. Ob dahinter Liebe zur Arbeit steht, darf bezweifelt werden. In der Regel ist es allenfalls noch Lust an der Zerstreuung der wochenendlichen Langeweile, und dies vermutlich nicht im Sinne eines selbst ausgewählten Vergnügens anstelle einer aufgezwungenen Beschäftigung, sondern eher im Sinne einer mangelnden Aufmerksamkeit für das Wichtige zugunsten des Nebensächlichen: die Akten müssen dafür herhalten, die mangelnde Teilnahme am Leben der Familie zu rechtfertigen, oder es ist ganz schlicht die eigene Unfähigkeit, seinem Leben einen über die Beschäftigung mit den Akten hinausreichenden Sinn zu geben. Üblicherweise und nicht ohne Grund machen diese bedauernswerten Geschöpfe stets einen Eindruck, der dem verstaubten Aktendeckel nicht ganz unähnlich ist.

Wie gesagt: Nichts gegen Arbeitslust, wenn sie echt ist. Wenn jemand darüber wirklich glücklich ist und sein Leben damit wirklich ausgefüllt hat, wenn jemand gar tiefinnerliche Lustgefühle im Wettlauf mit Stunden und Terminen erlebt, dann soll's auch dem müßigen Genießer eine Freude sein. Die Befunde aber liegen auf dem Tisch und sind unübersehbar, daß die Mehrzahl der Menschen nicht gerade Lustschreie des Glücks ausstößt und sich in wohliger Zufriedenheit aalt, wenn sie sich nach dem unlustigen Aufbruch am Morgen den tristen Heimkehrszenen am Abend entgegenarbeitet, um dann im sozialisierten Kleinglück für jedermann dem Schlaf entgegenzudämmern: nicht weil es an Möglichkeiten mangelte, sondern weil am Übermaß der Reize unsere eigentlichen Glücksorgane impotent geworden sind. Nicht die Arbeit als solche ist das Mißgeschick, die naturnotwendige Entfremdung, sondern ihr Stellenwert im Leben und in der Bedürfnisbefriedigung. Es stellt sich nicht die Frage, ob wir arbeiten, um zu leben, oder ob wir leben, um zu arbeiten, sondern: Wofür arbeiten wir? Sofern nicht die Arbeit selbst persönliche Befriedigungen schafft etwa im Dienst am Menschen in einem Krankenhaus oder in Erfolgserlebnissen verschiedenster Art, wird die Antwort darauf offenbleiben: Ja, wofür? Wenn die Arbeit selbst nicht der Sinn des Lebens ist, erhält sie nur Sinn und Stellenwert in bezug auf den gesamten Lebenszusammenhang. Wenn uns aber die Umklammerung durch verfehlte Güter- und Positionsmerkmale die Zugänge zur Lebensfreude verschüttet, ist auch die Arbeit nichts als sinnloser Bestandteil eines tristen Lebensablaufs. Im Zwang zum Mehr-Haben als einzigem Glückszugang erhält die Arbeit einen negativen Überwert. Die Frage nach dem Wofür löst sich dann in einem Achselzucken: Na, wofür denn schon?

Es sei hier noch einmal auf den möglichen Einwand eingegangen, ein Überhandnehmen des müßigen Genießertums würde alles zusammenbrechen lassen. Noch ist diese Gefahr nicht allzu groß, denn die Degeneration der Bedürfnisse scheint in unserer Gesellschaft ein Ausmaß erreicht zu haben, das den Willen zum Sein kaum flüchtig erahnen läßt. Es kommt einem da zum Beispiel eine große verstaatlichte österreichische Fabrik in den Sinn, in der sich während der Energiekrise Mitte der siebziger Jahre die Arbeiter geweigert hatten, einer befristeten Kurzarbeit unter geringfügigem Lohnverlust zuzustimmen, um so die Kündigungen von tausend Arbeitskollegen rückgängig zu machen. Man könnte das, im Gegensatz zum Egoismus des Müßiggängers, solidarischen Egoismus nennen, oder?

Und was würde schlimmstenfalls passieren, wenn sich wider Erwarten bei einer Mehrheit der Menschen doch das Mehr-Sein gegenüber dem Mehr-Haben durchsetzte? Was würde geschehen, wenn eine Mehrzahl von Menschen den industriellen Ersatzbefriedigungen adieu sagte? Dann könnten womöglich jene Visionen wahr werden, die am Beginn des industriellen und technischen Zeitalters standen, daß es nicht nur mehr Freizeit, sondern auch und vor allem mehr materielle Gerechtigkeit geben werde. Es könnte sich ein Konsummodell entwickeln, welches bei weitem nicht mehr den heute üblichen Verschleiß an Gütern, Rohstoffen, Umwelt, Energie und vor allem menschlicher Lebensfreude benötigte: ein Konsummodell wahrhaft menschlicher Selbstverwirklichung.

Das freilich können wir nicht von den Politikern verlangen, solange sie von unserem Glauben an ihre fadenscheinigen Glücksversprechen leben, solange wir sie wählen, weil sie uns mehr Haben versprechen, neuerdings verbunden mit reinerer Luft. Doch erst wenn das in den staatlichen Verteilungsplänen domestizierte Allgemeinglück keine Gültigkeit mehr für uns hat, erst wenn wir Wähler selbst die materiellen und sozialen Randbedingungen nicht mehr als ausschlaggebende Eckpfeiler unseres Wohlergehens betrachten, erst wenn wir selbst erfahren haben, daß Lebensfreude überall dort zu finden ist, wo wir selbst sein können, ohne uns zu messen, wo wir ankommen ohne Wettlauf, wo wir Freude erleben, ohne etwas zu schulden: dann können wir an die Politiker berechtigterweise und erfolgversprechend unsere Forderungen stellen.

Daß es möglich ist, menschliches Wohlergehen anders zu bedenken, formulierte der Staatschef von Zaire, General Mobutu: »Wir glauben nicht, daß der Frieden und das Glück abhängen von der Zahl der Autos in der Garage, den Fernsehantennen auf dem Dach! Was nützt es, wenn die Schornsteine Tag und Nacht Gift über uns ausschütten? So wären wir vielleicht reich, liefen aber mit einer Gasmaske herum und würden von der Last unseres Reichtums erdrückt. Deshalb müssen wir unser Gesellschaftsmodell, das nur unseren Bestrebungen gerecht wird, selbst schaffen. Vielleicht wird morgen der Reichtum eines Volkes an seinen Bestrebungen für die Erhaltung der Natur, seiner Umwelt gemessen. Mit einem Wort: daran, ob es ihm gelingt, seine eigene Seele zu retten.«

Die Seele retten: Auf den Wegen nach alternativen Daseinsformen, die neue Lebensfreude versprechen, wandern heute viele. In den Fluchtburgen in frischer Luft und im Grünen, in einsamen Tälern und auf einsamen Höhen wird neues Lebensgefühl in unmittelbarem Zusammenhang mit Natur und Arbeit geübt: Lebensfreude in der Einfachheit, Arbeit als Teil erlebten Lebens und nicht als fremdbestimmte Zerstückelung, biologisches Gemüse als Versprechen einer geheilten Welt. Eine Alternative? Ja und nein. Denn auch dieser Weg ist am Ende nur die Flucht aus einer Kunstwelt in eine andere, die immer nur das Privileg einiger weniger sein kann und daher keine Vorbildfunktion hat. Zudem: In dieser wie in jener Kunstwelt wird das Leben viel zu ernst genommen, als daß es einem Leben des Genießens bekömmlich wäre. Wer das Glück in der Stadt nicht fühlen kann, wer das Leben nicht in einer Dachwohnung genießen kann, wird es am Ende auch in frischer Luft nur bedingt tun. Wenn jemand die Stadt nicht bewältigt und zum Sklaven der Umgebung wird, wird er es auch sein, wenn er flüchtet. »Der große Einsiedler ist der Einsiedler in der Stadt, weil er seine Umgebung nicht fürchtet«, sagt ein taoistisches Sprichwort. Und das stimmt schon: Es kommt auf den Menschen an, was er mit sich selbst und mit seiner Umwelt anstellt.

Das einfache und naturnahe Leben mag für den einen oder anderen die rechte Art sein, ein zufriedenes Leben zu führen, für den einen oder anderen mag es aber eine enttäuschende Illusion neben anderen Illusionen sein, in die er sich in trotziger Abwehr und in verbittertem Protest verbeißt. Es ist nicht jedermanns Sache, Bauer zu sein, und auch die Freuden des Landlebens sind nicht jedermanns Geschmack. Wir sind eben verschieden. Auch in der geistigen Transzendenz des Materiellen liegt eine Freude der Freiheit, denn man lebt nicht nur von Brot und Gemüse allein. Worauf es ankommt, ist, in der Welt der verkehrten Maßstäbe die brachliegenden Möglichkeiten eines lust- und freudvollen Lebens zu finden, das richtige Gleichgewicht zu halten zwischen Leistungsdenken, Ansprüchen und Bedürfnissen. Der Mensch, der sich entschließt, dem Leben die besten Seiten abzugewinnen (und es ist eine Sache des Entschlusses), ist zwar nicht im Vollbesitz aller Tugenden, aber im wesentlichen frei von den Strategien der Warenwelt. Wenn man aufhört, allzuviel Zweckhaftigkeit und Planmäßigkeit im Leben vorauszusetzen, und sich das Leben insgesamt so einrichtet wie ein gemütliches Wochenende, dann tritt das Materielle von selbst zurück in die Rolle des gerade Notwendigen, das Ausreichende erhält einen neuen, besonderen

Wert und eine neue Würde, und es wird einem keine Mühe machen, das Wesen unserer echten Freuden zu entdecken.

Leben auf eigene Faust, Freiheit zur Selbstbestimmung, das kann auch in einer Welt fremdbestimmter und vom Lebenszusammenhang getrennter Arbeit gelernt werden, wenn wir damit beginnen, uns in unserer Freizeit nicht mehr fremdbestimmen zu lassen: Hier sind wir tatsächlich frei, in einer schiefgelagerten Welt gerade zu gehen, unserem Dasein zu Vernunft und Gesundheit zu verhelfen und uns aus dem Fieber, aus dem Delirium allzu angestrengter Betriebsamkeit herauszulösen.

Die Rohstoffe des freudvollen Lebens liegen im Übermaß überall, wir brauchen uns nur zu bücken. Wenn wir ehrlich sind, müssen wir zugeben, daß wir heute nicht nur verschmutzte Gewässer, sauren Regen und vergiftete Böden haben, sondern auch alle nur erdenklichen Mittel zur Entfaltung unserer Freuden, Möglichkeiten in einem Ausmaß, wie sie in früheren Jahrhunderten nur in utopischen Träumen kultiviert werden konnten. Wir haben genügend Zeit zum Umgang miteinander und mit uns selbst, wir haben, wir hätten Raum und Zeit auch zu geistig-seelischer Entfaltung. Wir müssen nur wieder hinhorchen auf das Grundthema der Symphonie des Lebens, deren Melodie wir selbst hergeben. Ja, mit einer Symphonie ist das Leben vergleichbar: Die Sätze sind immer dieselben, und es liegt nur an dem einzelnen, ob die Dissonanzen das Übergewicht bekommen, ob aus der Melodie bloßer Lärm wird, der sie schließlich erstickt. Weil das Tempo nicht stimmt, wirkt die ganze Musik schließlich ungefällig.

Man könnte die Verschwendung unserer freien Zeit auch mit einem schlecht genutzten Zimmer vergleichen. Da gibt es diese mit allerlei unnützem Zeug vollgestopften Wohnungen, in denen jeder Fußbreit Raum verstellt ist mit den Überflüssigkeiten des Habens. Bei jeder Gehaltszulage, bei jedem Karrieresprung wird ein neues unnützes Möbelstück angeschafft, bis man es vor lauter Beengtheit nicht mehr aushält. Dann zieht man um und beginnt die größere

Wohnung von neuem vollzustopfen. So ist es auch mit unserer Zeit. Der unausgenützte Raum ist es, der ein Zimmer erst wohnlich und ansehnlich macht, der freie Raum, in dem wir uns wieder bewegen können, ohne da und dort anzustoßen oder etwas zu Boden zu werfen. Wir müssen ausräumen, um die einfache Schönheit des Raumes wieder erkennen zu können. So muß auch die Zeit vom Gerümpel befreit werden, damit wir wieder ihren Wert erkennen, und wir müssen uns selbst entrümpeln, um den Wert der reinen Existenz und der kostenlosen Genüsse wieder richtig einzuschätzen. Das ermöglicht dann, Wohlstand genießen zu können, ohne sein Sklave zu sein, weil nicht Besitz, sondern Genuß das Wesentliche, weil nicht erdrückende Nähe, sondern zum Schauen befreiende Distanz wichtig ist.

Ob man nun reich oder nur mittelmäßig begütert ist: Der Genuß eines müßigen und sinnesfreudigen Lebens kostet kein Geld oder nur wenig. Den reichen wie den armen Genießer stimmt das Geschäft des Geldverdienens ungeduldig, weil ihm seine freien Stunden heilig sind und jede Betätigung darin so wertvoll ist, als wäre sie eine religiöse Übung. Glück wie Genuß sind nur dort möglich, wo wir unsere Sinne voll einsetzen, wo wir gewissermaßen Genußbereitschaft zeigen und offen sind für das nur scheinbar Unerhebliche.

Kultur des Genießens: Das ist zunächst die Pflege unserer angegriffenen Sinne, unserer Ohren, die taub geworden sind für neue Geräusche, unserer Augen, die zuviel sehen, um noch sehen zu können, unserer Nase, die nichts riecht, unserer Hände, die nur zupacken und nicht mehr fähig sind, als Sinnesorgane der Zärtlichkeit über eine Baumrinde zu streifen, um so eine sinnliche Beziehung zur Natur herzustellen, die Frische und Natürlichkeit des echten kindlichen Scharfblicks wiederzufinden. Ungeachtet aller Miesmacherei und allem Lebenspessimismus zum Trotz wird sich der Lebensfreudige wie jener Patient benehmen, der aller Logik und aller Präzedenzfälle nach sterben müßte, sich dem Tod verweigert und so den Krankmachern ein Schnippchen schlägt, indem er gesund wird.

Kultur des Genießens: Das ist zunächst die Schonung unserer Sinne, um unsere Erfahrungsfähigkeit wiederherzustellen. Das ist der sparsame Umgang mit dem Übermaß an Reizen, die selbstbewußte und selbstbestimmte Auswahl zwischen verschiedenen Möglichkeiten, zwischen Wesentlichem und Unbedeutendem. Schon darin liegt Lust, die sich in dem Maße steigert, wie wir das wirkliche Ausmaß unserer Entscheidungsfähigkeit erkennen. Unsere Sinne zu schonen, das bedeutet, sie freizuhalten von Fremdbesetzungen, von Massenware.

Uns einzuüben in die Sinnlichkeit, dazu haben wir Zeit und Möglichkeit in Hülle und Fülle: die Aufmerksamkeit für einen ersten Blick und für ein erstes Lächeln am Morgen statt der Konzentration auf wiedergekäute Weltnachrichten; der Ausbruch aus der abendlichen Fremdbestimmung und Berieselung durch das gegenseitige Ausbreiten von Träumen; ein müßiges Schlendern durch eine nächtliche Straße; das kindhaft versunkene Berühren einer Mauer; das Altgewohnte auf neuen Wegen tun; im täglichen Spiel um des Spieles willen sich im wahrsten Sinne des Wortes freispielen von den Belastungen des Berufes; sich einfach zuweilen hinsetzen, schweigen und das Schweigen genießen, die Geräusche des eigenen Atmens verfolgen oder dem Trommeln des Regens lauschen. »Das wenigste gerade, das leiseste, leichteste ... ein Hauch, ein Husch, ein Augenblick – macht die Art des besten Glücks!« wie Friedrich Nietzsche sagte.

Im Unscheinbaren, nicht in den Sensationen, in der Stille, nicht im Lärm können wir unsere Sinne wiederbeleben für uns selbst und füreinander. Wir können nicht mehr schweigen, weil wir in Wirklichkeit wortlos und stumm geworden sind, weil unsere Gefühle nicht mehr sprechen. Deshalb gehen wir in Therapiegruppen, um aufs neue das Stammeln zu lernen, nachdem wir im Lärm die Lust an der Stille und am Unausgesprochenen verloren haben. Warnt nicht schon dic Bibel vor dem störenden Lärm überflüssigen Geredes? »Ich aber sage euch, daß die Menschen Rechenschaft geben müssen von einem jeglichen unnützen Wort, das sie geredet haben«, heißt es bei Matthäus (12,36-37). »Nur Eheleute reden, Liebende schweigen«, behauptet ein boshafter Witz, und doch: Wieviel Erlebnisqualität liegt im schweigenden Genießen, wieviel innere Erfahrung?

Sich schweigend und träumend im Reich des anderen zu befinden, ohne den kostbaren Augenblick zu zerreden: Auch darin liegen Qualitäten zwischenmenschlicher Beziehungen, die wiederentdeckt werden können. Ist es denn nicht so, daß, nach all dem Lärm um die verlorengegangene Spontaneität, die eigentlichen Energien, Wahrnehmungen und Schöpfungen aus der Zone des Schweigens kommen? Daß im Schweigen die Chiffren dieser Welt heller und durchsichtiger werden, daß in der Stille sich die Sinne schärfen, weil uns etwas mit Ahnung, Erwartung, Erstaunen und Dankbarkeit erfüllt?

Alle menschliche Erfahrung stammt aus sinnlicher Erfahrung. Daß wir unsere sinnlichen Erkenntnisorgane vernachlässigt haben, hat uns vielfach auch geistig müde und intellektuell schlaff gemacht. Wie infolge neuer Erfahrungen das Leben selbst anfängt, zu einem Erkenntnisprozeß zu werden, so öffnen sich dem »Sinnesfreudigen« wieder die Wahrnehmungsorgane für die Erstaunlichkeiten und Schönheiten der Welt. Damit eröffnen sich Lebensqualitäten, die kein erkaufter Luxus bieten kann. Bei all diesen Einübungen in das Erfühlen beginnen allmählich wieder alle unsere Sinne zusammenzuarbeiten, und durch diese Zusammenarbeit der Sinne erreichen wir schließlich auch das, was man intellektuelle Wärme nennen könnte. Denn das ist es, was so viele junge Menschen heute in der kalten Welt des sich gegenseitig Übertrumpfens, der Bewertung nach Teilfunktionen und Benotungen, der Rivalitäten und der schnöden Erwerbsgier veranlaßt, sich »cool« zu geben und diese »coolness« als Protesthaltung zu pflegen: weil sie in der Welt der Erwachsenen keine Wärme entdecken können. Auf solche Verstandeswärme aber kommt es letzten Endes an, denn sie erst deutet auf Leben, ist Zeichen von Lebenslust wie die grüne Farbe bei den Pflanzen.

An jedem unserer Gedanken können wir den Grad unserer Lebendigkeit abmessen, je nachdem, ob er Wärme hat oder nicht, ebenso wie wir in einem halbvertrockneten, nach einer Naturkatastrophe wieder ins Licht strebenden Baum Leben finden, wenn seine Blätter noch grün und seine Fasern noch saftig und straff sind. An den Kindern können wir Vorarbeit leisten und unseren Nachholbedarf an eigener Freude und Lebenslust erspielen, an den nichtigen Anlässen ihres eigenen Glücks unsere verlorengegangene Freude am Gewohnten, an den alltäglichen Dingen wiederentdecken; an ihrer Aufmerksamkeit für das scheinbar Unbedeutende den Grad unserer eigenen Zerstreutheit und Unaufmerksamkeit messen; an ihren Spielen unsere eigene Lust am Spiel wieder anfachen, das Band wieder knüpfen zwischen unserer Vernunft und unserer Menschennatur und so die in Trümmern liegenden Einzelteile eines atomisierten Lebens wieder zu einem Ganzen verbinden.

Lebensgenuß vereint vieles in sich: die Freude am Dasein, an der Sahne im Kaffee, an Bäumen, an Wolken, an Blumen, an Musik, am Essen, am Sex, am ersten Blick am Morgen, am letzten Blick am Abend, an einem schönen Frühlingstag, an einem freien Nachmittag. Was immer es auch ist: Nur auf dem Hintergrund einer umfassenden Zustimmung zum Sinn unserer eigenen Lebendigkeit jetzt und hier stellt sich Genuß ein, erblickt man das von der Welt der Hektik belächelte Belanglose in seinem eigentlichen Wert. Genuß stellt sich ein mit der Einsicht, daß Zeit nur dann von Wert ist, wenn man sie nicht ver-wertet. Lebenslust ist Ernsthaftigkeit: nichts ernst zu nehmen mit Ausnahme der Dinge, von denen man wirklich weiß und fühlt, daß sie wichtig sind.

Unbezahlbar ist schon deshalb die eigentliche Lebensfreude, weil sie nicht ausschließlich ans Materielle gebunden ist, und selbst wenn, ist es ein Erkennen, ein Erfühlen, ein Schauen im Sinne der »schauenden Urteilskraft« von Goethe oder von Platons »Idea«: In Übereinstimmung mit den Bedingungen des Augenblicks, die Fülle des Augenblicks genießend, sind wir unseren wie auch immer beschaffenen Verhältnissen überlegen. Lebensgenuß ist Hingabe an die Dinge des Augenblicks, ist Aufmerksamkeit für jeden Moment unseres Lebens. Genuß ist Intensität und Aufmerksamkeit: das, was wir genießen, ganz genießen, das, was wir tun, ganz tun, eifersüchtig sein auf jeden Augenblick der Muße, über den wir verfügen.

Die Tafel des Lebens ist reichlich gedeckt. Wir müssen lernen zuzugreifen, uns ins Leben zu verlieren, ohne uns zu vergessen, uns in jedem Augenblick bewußt zu sein, daß er unwiederbringlich verloren ist, genutzt oder ungenutzt. Aufmerksamkeit, das ist die zu Beginn des Kapitels beschriebene Aufmerksamkeit des Kindes beim Spiel: »Den Hauch des Windes auch mit dem Bauch fühlen«, wie die Chinesen sagen, am Fest des Lebens tanzen, als wäre jeder Tanz die einzige und letzte ekstatische Manifestation der Existenz.

Nachlese

»›Es gibt eine Faustregel‹, sagte er. ›Angesichts des Unbekannten ist der Mensch wagemutig. Es ist ein Merkmal des Unbekannten, daß es uns Hoffnung und Freude einflößt. Der Mensch fühlt sich stark und unbeschwert. Sogar die ängstliche Spannung, die es weckt, ist befriedigend.‹«

Don Juan in Carlos Castanedas: Feuer von innen

Unbekanntes
Unbeschwertes
Mut/Angst
Erinnerungsangst
Gebundene Angst
Bekanntes
Beschwertes ...

»Nicht die Dinge beunruhigen die Menschen,
sondern ihre Meinung darüber.«

Epiktet

Dinge
Menschen
Meinungen
Meinungsdinge
Meinungsmenschen

»Welche Hindernisse auch im Wege stehen, Wasser erreicht sein Ziel, ob es sich nun mit Luft verbindet und umsonst befördert wird oder ob es um die Dinge herumfließt ...«

Tao-Te-ching

Ausweichen
anstatt
zusammenstoßen?
Herumfließen
anstatt
anstoßen?

Sich treiben lassen ...

4. Teil

Das Fest des Lebens

»Nur wenige Leute wissen, daß es diesen Garten gibt; den Zugang finden nur auserwählte Helden. Frühling, Sommer und Herbst herrschen hier gleichzeitig: Die Bäume tragen Früchte und Blüten, je zur Hälfte. Köstlicher Vogelsang bezaubert den Fremden. Der Boden ist mit Blumen dicht überwachsen, die betörend duften. Jedes Leid wird in diesem Garten augenblicklich vergessen. Der Fremdling kann von den herrlichen Früchten essen, soviel er mag: Aber er darf nichts mitnehmen. Ein Zauber, Nebel oder Wolke umgibt den Garten; ohne Mauer, ohne Graben, bleibt er auf unerklärliche Weise unauffindbar für die meisten.« Wo mag dieser Garten liegen? Ist dieses schöne Land, das der Dichter Hartmann von Aue in seinem Versroman *Erec* auf so romantische Art beschrieb, nur das Land ewiger Sehnsucht, nie erreicht, nie gefunden, nur dazu da, es zu suchen, gestern wie heute? Ist es wirklich nur ein Traum der Dichter, jenes Paradies, in das zuweilen hineinzublinzeln nur Magiern und Mystikern von Zeit zu Zeit gestattet ist?

Weniger romantisch, aber nicht weniger eindringlich erklang diese Sehnsucht im Versammlungslied von Woodstock: »We are stardust, we are golden, we are billion-year-old carbon, and we've got to get ourselves back to the garden.« (Wir sind Sternenstaub, wir sind golden, wir sind Milliarden Jahre alter Kohlenstoff und müssen sehen, daß wir zurückkommen zum Garten.)

Am Ende gibt es ihn doch. In nahezu allen Kulturen wird durch

Jahrhunderte und Jahrtausende hindurch jenes Land beschrieben, das sich hinter einem Zauber versteckt, jener Paradiesgarten, in dem die Bäume voll köstlicher Früchte sind, in dem keine Not ist. Ist das ein Zufall?

Wir ahnen es: Wir stehen mitten in diesem Garten, eingeladen, an dem Fest teilzunehmen, welches das Leben ist. Wir haben bereits zahlreiche Gründe genannt, warum es so viele Menschen gibt, die dieses Fest nicht feiern können. Sie haben vielleicht einen tollen Job, besitzen womöglich viel Geld, aber beim Fest des Lebens stehen sie vor der vollen Tafel und sehen die Leckerbissen nicht, unter denen sich die Tische geradezu biegen. Gleich Fröschen hüpfen wir herum, ohne auch nur zu ahnen, was die Schmetterlinge wissen, die den Tau aus den Blüten trinken, ohne zu ahnen, was die Bienen wissen, die den Honig schlürfen. Dabei läge es in unserer Macht, nicht wie Frösche durch das Leben zu hüpfen und alles nur aus der Froschperspektive zu betrachten; wir sind mit allem ausgestattet, um uns in Schmetterlinge oder Bienen zu verwandeln, je nach Geschmack.

Denn in Wirklichkeit sind wir Bienen und denken nur wie Frösche. Wir haben die Trauben und die Äpfel für sauer und ungenießbar erklärt, nur weil sie zuweilen zu hoch hingen; wir haben uns dazu entschlossen, das Süße zu hassen, wenn es einige Anstrengungen erfordert, es zu erreichen. Die Lust, die wir in uns verspüren, haben wir geächtet, weil wir nicht immer verstanden, sie auszukosten; aus der Impotenz haben wir die Tugend des Verzichts gemacht und aus der Feigheit die Moral. Zum festen Bestandteil all dessen geworden, was uns als Bildung, Humanität, Menschenwürde und Tradition überliefert wurde, ist diese Entzauberung zur Struktur geworden. Wir sehen nicht mehr hindurch, erkennen die Trauben nicht, selbst wenn sie uns in den Mund hängen.

»Nur ganz wenige Menschen gelangen dahin, ihre Identität, ihr Selbst, den ganzen Menschen in sich voll zum Ausdruck zu bringen, und das sogar in einer Gesellschaft wie der unseren, die eine der relativ am meisten begünstigten auf diesem Planeten ist«, beklagt

Abraham Maslow, den wir an anderer Stelle bereits zitiert haben. Und er fragt: »In uns leben der Drang und die Kraft, unsere Menschlichkeit voll zu entfalten. Warum geschieht das dann nicht häufiger?« Auch dies haben wir und wohl viele andere oft gefragt auf der Suche nach unserem Selbst, nach unserer Identität, haben uns an dieser modernen Schatzsuche beteiligt und nur wenig gefunden, solange wir suchten. Ständig scheint es woanders zu sein, nur nicht dort, wo man schürft und gräbt und sich unsinnigerweise plagt.

Auch mit der Suche nach der Identität in ihren verschiedenen Auslegungsarten bauen wir weiter an den Mauern um den allgegenwärtigen Garten. Die Suche nach dem Selbst wird mit so viel Glanz und Glorie, Heiligenschein und Scheinheiligkeit und mystischem Verputz umgeben, daß es einen zusätzlich noch blendet und der Sucher am Ende nicht einmal mehr sieht, wie sein Selbst als Luftballon in die Sphäre aller zerplatzten Träume entschwebt. Suchen verursacht stets Verkrampfung und feuchte Hände. Indem wir in diesem und in allen anderen Fällen ständig auf der krampfhaften Suche sind nach einem Endzustand, nach einem festumrissenen Ziel, nach dem Selbst, nach dem Ich, nach dem Himmel, nach Erfüllung, nach Freiheit und dergleichen mehr, verschleißen wir unsere Energie, engen wir unser Bewußtsein ein, verhindern wir unsere objektive Selbsteinschätzung. Wir zielen und sehen dabei nur einen Punkt. Pablo Picasso sagte einmal: »Man nennt mich einen Sucher. Ich suche nicht. Ich finde.« Oder an anderer Stelle: »Ich entwickle mich nicht. Ich bin!«

Genau das ist es: Wer sucht, findet nicht. Wer nicht sucht und sich nicht krampfhaft an irgendeine Zielvorstellung klammert, findet in jedem Augenblick eine kostbare Frucht. Nichts suchen, nichts mitnehmen, das ist die magische Formel, die uns Hartmann von Aue verrät. Die große Liebe findet man nicht, wenn man nach ihr Ausschau hält. Die sexuelle Befriedigung wird zur Enttäuschung, wenn man sie in Trophäenjagden zu finden glaubt. Glück läßt sich nicht einfangen; wenn man hinter ihm herläuft, flattert es davon wie ein

Schmetterling. Es ist der Bote mit dem Namen »Absichtslos«, der in einer Geschichte von Dschuang Dsi die verlorene Zauberperle findet; die Boten »Wissen«, »Klarsicht« und »Redegewalt« hatten vergeblich gesucht. Nie wird man glücklich sein, wenn man glücklich sein will. Nie wird man Spaß am Leben haben, wenn man Spaß haben will. Worum es geht, ist, aufzuhören, etwas werden zu wollen, weil man nicht ist, solange man werden will. Worum es geht, ist: nicht zu wünschen und zu begehren und genießen zu wollen, weil man eben nicht genießt, solange man genießen will. Worum es geht, ist: zu sein, anstatt werden zu sollen, zu genießen, anstatt zu begehren. Nicht dem Glück nachlaufen, sondern das an Glück annehmen, das der Augenblick bietet. Also gar nichts tun? Nichttun, wie es Lao-tse in seinem *Tao-Te-ching* lehrt?

»Wer dem Lernen ergeben, gewinnt täglich.
Wer dem Tao ergeben, verliert täglich.
Verlierend, verlernend gelangt er
Mählich dahin, nicht mehr tätig zu sein.
Nichts bleibt ungetan,
Wo nichts Überflüssiges getan wird.
Zu wahrer Herrschaft im Reich gelangen
Immer nur Tatenlose,
Jene, die Taten vollbringen,
Sind nicht fähig, das Reich zu erlangen.«

Gewiß, man kann das auf verschiedenste Weise interpretieren: es wurde vermutlich ebensoviel in diese Sätze hineininterpretiert, wie es Menschen gibt, die diese Sätze gelesen haben. So können wir ohne schlechtes Gewissen dem ehrwürdigen Lao-tse gegenüber unsere eigene Auslegung dazufügen. Nichtstun in diesem Sinne ist durchaus Aktivität, Nichtstun ist einfach tun, was man tut, wenn man es tut, und dies aus keinem anderen Grund und zu keinem anderen Ziel und Zweck, als daß man eben tut, was man tut: beispielsweise »sein«, fröhlich sein, genießen; lieben, wenn man liebt, lachen, wenn man lacht, staunen, wenn man staunt, gehen, wenn man geht.

Den Augenblick genießen ist daher keineswegs ein fatalistisches und bewegungsloses Abwarten, bis einen das Glück, die Erleuchtung oder sonst etwas ereilt, sondern es ist höchste Aktivität aller Sinne und Organe und des wachen Verstandes, ist Aufmerksamkeit. Annehmen, was im Augenblick ist: das ist Erfahren, das ist Erkennen, ist vorbildloses und daher enttäuschungsfreies Erfühlen dessen, was geschieht, und dessen, was ist.

Genießen, das ist freilich eine Kunst, die schwer zu beschreiben ist, weil eben alles von der Sicht und der Persönlichkeit des jeweiligen Menschen abhängt. Es kann, wie bei jeder Kunst, keine Gebrauchsanweisung einer dafür geeigneten Technik mitgeliefert werden. Wie erlebt man, wie fühlt man, wie genießt man? Wie man sein Selbst erfährt oder sein Ich – das ist eine überaus abstrakte Angelegenheit. Man kann versuchen, es biophysikalisch, chemisch, medizinisch, philosophisch, theologisch oder sonstwie zu erklären, am Ende läßt sich nur sagen: Entweder erlebt man, oder man erlebt nicht. Entweder fühlt man, oder man fühlt nicht. Die Glühbirne ist entweder aus, oder sie ist an. Es ist unmittelbare Erfahrung, so wie der banale Vorgang des Gehens. Man versuche, das Gehen als Erfahrung zu erklären: Man wird sagen, da bewegen sich verschiedene Muskeln als Folge verschiedener chemischer oder elektrophysikalischer Vorgänge im Gehirn. Das ist einleuchtend. Doch wie geht man wirklich? Wie schluckt man einen Schluck Wasser? Man schluckt. Man hebt ein Bein. Aber wie? Wenn wir lange genug darüber nachdenken, werden wir gar nichts mehr erleben und vor lauter Denken vermutlich das Gehen nicht nur nicht erleben, sondern das Gehen ganz vergessen.

Nichtstun, den Augenblick genießen: Wir dürfen in unserem Garten jede Frucht genießen, aber mitnehmen, das dürfen wir nicht. Das leuchtet auch ein: Sich die Taschen vollzustopfen birgt die Gefahr in sich, daß die Früchte den Geschmack verlieren und zu faulen beginnen, bevor man dazu kommt, sie zu essen. Es ist die alte Geschichte vom Gold des Teufels, das sich nach einiger Zeit in Bockmist verwandelt. Sich nicht an das zu Genießende klammern, an das Schöne, das bedeutet auch, daß sich die Sinne für den Genuß und die Augen für das Schöne nur dann öffnen, wenn man annimmt, was ist. Wir können uns an der Buntheit und der Schönheit eines Schmetterlings erfreuen, wir können diese Buntheit genießen, seinen Tanz von Blume zu Blume bestaunen, und wenn er davonfliegt, ist dies nichts Trauriges. Schon kommt der nächste geflogen. Wir wissen, daß es den Schmetterling gibt. Wir können von ihm träumen. Morgen sehen wir ihn vielleicht wieder. Wenn wir ihn aber einfangen, ist es mit aller Schönheit und Buntheit vorbei, er verliert seinen Glanz, verliert seine Farben und fliegt, farblos und grau geworden, davon. Und an unseren Fingern haftet die Spur gefangener Schönheit: ein dunkler Fleck, sonst nichts. Gefangen, erweist sich der schöne Schmetterling als das, was er ist: eine Illusion.

Es kommt eben darauf an, wie wir ihn erleben, welche Rolle wir spielen vor dem Hintergrund unserer Vorstellung vom Garten. Wir sind darin keine Dauermieter, allenthalben Gäste. Wir haben die Freiheit, jede Rolle zu spielen; wichtig ist nur, daß wir sie zu unserem Vergnügen spielen und daß wir wissen, daß wir mimen, wenn wir mimen. Die schönste Bühnenausstattung nützt nichts und ist vergebene Mühe, wenn die Aufführung nicht gut ist, die beste Komödie wird zum lächerlichen Trauerspiel, wenn den Schauspielern der Humor fehlt. Darin liegt die Poesie des Lebens: zu fühlen, daß es wie eine Seereise ist, daß wir Reisende sind, die den Strom der Zeit hinabfahren, die an einer Stelle einsteigen und an anderer Stelle wieder aussteigen, ein Stück weiter unten, wo die anderen Reisenden schon warten, um an Bord zu kommen. Eine Seereise mit wechselnden Fahrgästen, eine Bühne mit wechselnden Akteuren, das Leben ein Spiel, ein Kunstwerk.

Es ist Schauspiel, das freilich langweilig genug wäre, würden wir in dieser oder jener Hinsicht die Rolle zu ernst nehmen. Nichts beweist so schlüssig einen kleinkrämerischen Geist als die Tatsache, sich über andere erhaben zu fühlen, nur weil man eine bessere Rolle zugewiesen bekommen hat und diese auch noch ernst nimmt. Kleinkrämerisch wäre es auch, sich der geringeren Rolle wegen die Haare zu raufen. Darüber hinaus würde das Schauspiel auch seine Lebendigkeit verlieren, wenn wir alle perfekt wären, wenn es nicht hin und wieder kleine Versprecher gäbe, kleine Fehler: Ein schlechter Schauspieler wird darüber sprachlos und gerät ins Stottern, ein guter Schauspieler wird die Versprecher elegant überspielen, ja erst dadurch dem Spiel seine Lebendigkeit geben. Auch das Selbstfinden ist eine Angelegenheit, die zu ernst ist, um sie ernst zu nehmen, die zu langweilig wird, wenn wir uns darin verbeißen. In unserem Garten darf man auch zuweilen Fehler machen. Die ganze Buntheit des Schauspiels, Menschenleben genannt, liegt darin, daß wir an jedem Silvesterabend über unsere Bilanz auch lachen können: darüber, daß wir von den letzten Neujahrsvorsätzen ein Drittel erfüllt, ein zweites Drittel nicht ausgeführt und ein Drittel schlicht vergessen haben.

Das Leben ein Kunstwerk und wie jedes wirkliche Kunstwerk ein Spiel: Im Spontanen und nirgendwo sonst liegt das Wesen der Kunst wie des Spiels. Weder das eine noch das andere wird aus irgendeinem Grund betrieben, wenn es echt und ehrlich sein soll. Nicht umsonst ist das Schöne etwas, das sich aus dem Kampf um das Dasein nicht erklären läßt. Selbst Darwin mußte das einsehen, mußte sich zugestehen, daß man das Schöne in der Natur mit der natürlichen Zuchtwahl nicht erklären kann, und mußte deswegen die Theorie der Geschlechtswahl erfinden. Auch die Kunst kann man nicht begreifen, wenn man in ihr nicht eine Art Überströmen physischer und geistiger Energien sieht, das sich völlig frei und ungezwungen um seiner selbst willen vollzieht.

Jeder Mensch weiß, wie man sich fühlt, wenn in den ersten Urlaubstagen die Panzerungen um Leib und Seele abgelegt werden, wenn die einengenden Kleider ebenso abgelegt werden wie die Fesseln des betriebsamen Alltags: Wie bärenstark ist auf einmal der

Körper, wenn die innere Willensrichtung nicht mehr gegen seine Energien ausgespielt wird, sondern sich mit ihnen verbündet. Was für eine Erotik, was für eine Kommunikation wird da auf einmal möglich; man ahnt dieses Gefühl von Freiheit und Losgelassenheit zumindest, bis der Urlaubsstreß seine abstumpfende Wirkung zeitigt. Darin besteht das Geheimnis des Lebendigen, wenn man es lebendig sein läßt: daß es von innen her wirkt mit einer strömenden Kraft, die all unsere Wehleidigkeiten und Sorgen über den Haufen wirft. Man fühlt sich in Form, und weil man sich in guter Form fühlt, fühlt man sich auch frei. In guter Form zu sein ist auch das Wesen der Schönheit. Wenn das Wesen der Kunst im Spiel ruht, wenn das Wesen des Kunstwerks Leben im Spiel ruht, dann wirft das auch gleich ein helleres Licht auf die Beziehung zwischen dem Kunstwerk und dem, was man allgemein Moral nennt. Gute Form gibt es im menschlichen Verhalten ebenso wie in der Kunst, wenn beides den Antrieb aus dem Spielerischen und Spontanen erfährt. Dort, wo das Spielerische und Spontane einer zweckhaften und gekünstelten Form unterworfen wird, verliert es seinen eigentlichen Wert, verliert es seinen Gehalt an Schönheit. In jenen Augenblicken, da der Mensch in guter Form ist, sich also durch und durch wohl fühlt, hat Moral keine Existenzgrundlage. Glück und Lebensfreude haben mit den scheinbaren und scheinheiligen Gegensätzlichkeiten von Gut und Schlecht, Gut und Böse nichts zu tun.

Albert Schweitzer muß diesen unvergleichlichen Geschmack von der Überwindung der scheinheiligen Wertordnungen auf der Zunge gehabt haben, als er schrieb: »Ich hatte das Glück, in meiner Jugend einigen Menschen zu begegnen, die sich, bei aller Achtung der geltenden gesellschaftlichen Formen, ihre Unmittelbarkeit bewahrt hatten. Als ich sah, was die Menschen damit gaben, bekam ich Mut, selber zu versuchen, so natürlich und herzlich zu sein, wie ich es empfand. Die Erfahrungen, die ich dabei gemacht habe, haben es nicht zugelassen, daß ich mich jemals wieder ganz unter das Gesetz der Zurückhaltung begab. So gut ich kann, suche ich nun, die

Herzenshöflichkeit mit der geltenden Höflichkeit zu vereinen. Ob ich es immer richtig mache, weiß ich nicht. Regeln darüber vermag ich ebensowenig aufzustellen als dafür, wann man sich in der Musik den überlieferten Gesetzen der Harmonie beugen soll und wann man dem Geiste der Musik, der über allen Gesetzen steht, folgen darf. So viel aber habe ich erfahren dürfen, daß das Hinwegsetzen über die geltenden Regeln, das wirklich durch das Herz diktiert wird und aus Überlegung kommt, von den anderen selten für gedankenlose Aufdringlichkeit genommen wird.«

Gute Form: Es gibt kein Gut als allgemeingültiges Ideal. Es ist eine Frucht des Denkens, Gegensätzlichkeiten zu schaffen, die nichts bedeuten und sich wie Nebel vor den Zaubergarten legen. Wenn es nur Gutes gibt, weil es auch Böses gibt, dann hat das Böse seine Wurzeln im Guten. Etwas als gut zu bezeichnen setzt ein Böses als von vornherein Angenommenes voraus. Gut und Böse sind eben nur zwei Seiten ein und derselben Medaille. Die Form hebt die Gegensätze auf. Lebenslust ist die Überwindung der Gegensätzlichkeiten, die Freistellung von den Zweideutigkeiten der Moralisten, weil Lebenslust und Lebensgenuß, weil umfassende Zustimmung zum Sein ausschließlich konstruktive Prinzipien sind. Genuß ist Erhalten des zu Genießenden, ist Lust am Erhalten.

In China kennt man einen besonderen Begriff, der sich auf den Zusammenhang zwischen Persönlichkeit und Tun bezieht. Wenn jemand eine gute Teesorte ausprobiert, so sagt man, er habe eine gute Teepersönlichkeit. Von einem unfairen Spieler sagt man, er habe eine schlechte Spielpersönlichkeit, und wenn jemand betrunken ist und sich schlecht benimmt, so sagt man, er habe eine schlechte Weinpersönlichkeit: Er hat den Wein nicht genossen. So beantwortet sich die Frage ganz von selbst: Kann eine Genußpersönlichkeit demnach jemals schlecht sein? So ist es in diesem Wundergarten: Wir dürfen pflücken und die Früchte genießen. Und solange wir das ehrlich tun, ohne heimlich einen der Äpfel in einer verborgenen Tasche verschwinden zu lassen, bleiben wir auch darin.

Tun, was man tut, genießen, was ist: Lebensfreude ist eine Sache der Ehrlichkeit zu sich selbst und der realistischen Einschätzung auch seiner eigenen Unvollkommenheit. Wenn wir uns selbst ansehen, möchten wir immer vollkommen sein, zumeist nach dem Bilde von irgend jemand anderem. Wenn wir Äpfel pflücken, sehen wir stets nach den anderen, um zu sehen, wie viele Äpfel jeder pflückt. Und dabei verlieren wir das Paradies aus den Augen ...

Die meiste Zeit unseres Lebens verbringen wir mit Selbstvertreibungen aus dem schönen Garten: dem permanenten Verzicht auf eigene Entscheidungen. Häufig, ohne uns dessen recht bewußt zu sein, ordnen wir uns dem Willen anderer unter, die ihrerseits wieder nur Unterworfene sind. Wir nehmen die erfundenen und künstlichen Strukturen und Spielregeln passiv von anderen auf und halten das für Wirklichkeit. Wir entscheiden uns scheinbar für etwas und haben im Hinterkopf ungezählte flüsternde Empfehlungen. Absurderweise vertrauen wir anderen Menschen immer mehr als uns selbst, was möglicherweise daran liegt, daß die Gabe des Nachäffens einer der hervorstechendsten Züge unseres Affenerbes ist. Wir hören eine bestimmte Musik, weil sie die anderen auch hören und weil es die Mode gebietet, wir wollen dies und jenes, weil jemand dies und jenes auch hat, wir tun dies und jenes, weil schon vor soundso vielen Jahren jemand gesagt hat, das und das gehört sich und das gehört sich nicht, wir handeln so, weil andere auch so handeln, ja wir leben mit Folgerungen aus dem, was vor fünfzig, vor hundert, vor zweitausend Jahren geschehen ist, damals vielleicht eine gültige Folgerung, was aber mit unserer Gegenwart nichts zu tun hat. Wir blicken durch den Nebel nicht in den Garten, wir versäumen so ziemlich alle Freuden des Lebens, weil wir stets Ausreden erfinden, etwas nicht für uns zu tun, nicht für unser eigenes Glück verantwortlich zu sein. Wenn etwas nicht hundertprozentig klappt, nicht ganz unseren Vorstellungen entspricht, dann machen wir ein trübsinniges Gesicht und suchen nach Sündenböcken. So leiden wir an einer Sündenbockneurose, die Sündenböcke verfolgen uns bis in den Schlaf. Denn immer, wenn wir den fremden Empfehlungen folgen, bleiben wir unzufrieden. Wir sind eben nicht die anderen, und unser innerstes Gefühl kann das nicht leugnen.

Vorstellungen, Vor-Stellungen, das Wort spricht für sich. Sie sind es, die den Blick in den Garten ver-stellen. Es ist an sich unsinnig, sich etwas vorzustellen, weil die Dinge immer anders sind, als wir sie uns vor-stellen; unsinnig auch, dann der Wirklichkeit die Schuld zu geben, weil sie den Vorstellungen nicht entspricht. Etwas Erdachtes unbedingt und enttäuschungsfrei erreichen zu wollen ist pure Verantwortungslosigkeit seinem Seelenfrieden gegenüber. Das Haus, das wir uns vorstellen, wird nie genau das Haus werden, das wir uns vorgestellt haben. Das Landleben ist am Ende nie so, wie wir uns das zuvor so hübsch in unserem Kopf ausgemalt haben. Der Urlaub verläuft stets anders, als man sich das vorher gedacht hat. Jede Überzeugung tötet den Gegenstand der Überzeugung.

Die Folgen dieser enttäuschten Vorstellungen sind gewiß nicht immer katastrophal, zumeist belanglos gar und unwesentlich. Es ist vielmehr die Summe der leisen und schleichenden Enttäuschungen, die den Urgrund unserer latenten Unzufriedenheit bildet. Sich deswegen gar nichts mehr vorzustellen wäre Unfug. Das Leben mehr oder weniger planend ordnen – ohne das kommen wir nicht über die Runden. Jedes Schauspiel braucht einen gewissen Grad an Regie, selbst die Stegreifspieler der Commedia dell'arte, die Pantalones und Pulcinellas. Wir brauchen nicht dazusitzen und nur mehr weiße Wände vor unseren geschlossenen Augen anzustarren, um uns so von den Illusionen des Lebens zu befreien. Die Einsicht in unsere Rolle versorgt uns mit dem notwendigen Humor, unsere Vorstellungen als solche zu begreifen.

Es genügt zu wissen, daß die Dinge sind, wie sie sind, und daß unsere Erfahrungen etwas ganz anderes sind. Die Dinge können wir nicht ändern; verändern können wir den Boden unserer Vorstellungen, indem wir mit dem Putzlappen darüberfahren, um ihn von seiner Ernsthaftigkeit zu befreien. Dann können wir darauf in der lockeren Art des Pantalone und des Harlekins unsere Räder schlagen. Fallen wir dabei einmal auf den Allerwertesten, so gehört auch das zum Schauspiel: Stegreiftheater beinhaltet auch scheinbare Mißgeschicke.

Ob man auf dem Kopf steht oder auf den Beinen, am Ende ist es dasselbe: Wer glaubt, die sogenannten Tatsachen seien äußere Geschehnisse, seien Wirklichkeit, stellt die Welt ebenso auf den Kopf wie jener, der meint, es gebe eine von seinem Erkennen und Erfahren unabhängige Welt. Nur jeder für sich ist für seine Erfahrung und damit für seine Wirklichkeit verantwortlich, kein Ehemann, keine Ehefrau, kein Papi und keine Mama, kein Lehrer, kein Chef, kein Fernsehansager, kein Herrgott und kein Politiker.

Was ist unsere Erfahrung? Wenn uns im Urlaub das Auto gestohlen wird, dann erfahren wir das Verschwinden unseres Autos. Wir erfahren, daß es ein Dieb war, der das Auto gestohlen hat. Wer aber hat den Diebstahl verursacht? Was ist die Wirklichkeit des Diebstahls? Der Dieb? Würden wir nicht Auto fahren, gäbe es kein Auto. Gäbe es kein Auto, wären wir vermutlich nicht an die Riviera gefahren. Was wäre dann mit dem Diebstahl? Wo hätte der Dieb dann die Gelegenheit gehabt, unser Auto zu stehlen? Gewiß, gestohlen hat der Dieb, aber die Ursache des Diebstahls – sind wir am Ende selber. Das mag nach Wortklauberei tönen und ist gewiß ein übertriebenes Beispiel. Doch die Tatsachen, die wir auf der spiegelnden Oberfläche unseres Bewußtseins erkennen, sind immer bloß das Ergebnis unseres Sehens und Erfahrens. Tatsachen haben für uns kein endgültiges, wahres Gesicht.

Jener, der das Leben genießen will, genießt. Und weil er es genießt, steht er mitten im Wundergarten. Damit ist der Genießer bei sich selbst: Auch er braucht für sein Spiel Regeln, gewiß, aber er schafft die Spielregeln selber. Durch seine Grundeinstellung dem Leben gegenüber schafft er sich die Wirklichkeit des Paradiesgartens.

Alles gehört uns. Wir sind die einzige Quelle unserer Erfahrung der Wirklichkeit, niemand sonst und nichts sonst. Wie unsere Welt ist, so sind wir. Wie wir sind, so ist unsere Welt. Wir sind unsere Welt. Jeder ist die Welt, die wir wahrnehmen können nach unserem Erfahren, Erleben und nach unserem Tun. Wir selbst sind die einzige Sicherheit in einer Welt zerbrochener, zerbrechender und ohnedies künstlicher Ordnungssysteme: Gewißheit, die auch das Unverstandene in Frieden aufhebt, weil sie annimmt, was ist.

Kein Übel währt ewig

Es stimmt schon: Manchmal bekommen wir eine Traube in den Mund – und sie ist sauer. Nicht alle Früchte sind eben süß, auch im Paradies nicht. Wären sie alle süß, wüßten wir ihre Süße nicht zu schätzen. Jeder Mensch hat seine Auf- und Untergänge, hat seine Launen, Gott sei Dank; wie könnten wir denn unsere Höhenflüge erleben, fielen wir nicht manchmal auf den Boden? Ein Leben ohne Schmerzen, ohne Trauer, ohne Kummer gibt es nicht. Es ist eine Berg- und Talfahrt, ein ständiger Wechsel wie Tag und Nacht. Alles hat seine Höhen und Tiefen. Im allgemeinen ist das so ganz gut eingerichtet. Die Tiefen sind meistens nicht so tief und abgründig, als daß man nicht wieder in die Höhe gelangen könnte. Wer sich zum Leben bekennt und sich darauf verlegt hat, sich an der Festtafel des Lebens zu bedienen, wird auch realistisch genug sein, ein paar saurer Trauben wegen nicht alles für ungenießbar zu erklären, wegen eines Tiefs nicht das ganze Leben zum irdischen Jammertal zu verallgemeinern. Leid, Trauer und Schmerz gehören zum Leben, aber es kommt auch hier darauf an, welche Vorstellung man davon hat. Schmerz ist nicht gleich Schmerz, Kummer nicht gleich Kummer, die Trauer hat ihre feinen Nuancen von romantischer Melancholie über gepflegten Weltschmerz bis hin zu tiefer Trauer über einen schweren Verlust.

Die Erfahrungen von Glück und Unglück, von Freude und von Leid prägen unsere Fähigkeit zu Glück und Freude. Das ist gewiß:

Wer gefühlsmäßig impotent ist für Schmerz und Trauer, der wird auch keine Freude fühlen können. Wer die Säure nicht auf der Zunge spürt, der wird das Süße nicht genießen können. Leid zu erfahren ist nicht Abwesenheit von Freude. Unglück zu erfahren und zu erleben ist nicht die Abwesenheit von Glück. Manchmal kann das Erleben eines Schmerzes zum Glück werden, die Trauer zur Freude: Man wird gezwungen, die Augen zu öffnen, sieht plötzlich seine Chancen.

Bleiben wir zunächst bei ganz spürbaren Dingen. Es wäre wirklich zu einfach, würde man sagen, aller Schmerz ist pure Illusion. Wenn ich Zahnschmerzen oder Kopfweh habe, brauchte ich den Schmerz nur anzunehmen, hinzusehen, mich darin zu versenken, und schon wäre er verschwunden, gemildert, ertragbar. Das ist Unfug. Der vernünftige Mensch wird körperlichen Schmerz als das akzeptieren, was er ist: eine gesunde Reaktion, ein Warnsignal. Nur eine kuriose Überzeugung könnte einen dazu bringen, sozusagen tapfer den Schmerz zu unterdrücken. Das mag sicherlich manchmal gelingen, der Schmerz mag mit der Zeit tatsächlich von selbst verschwinden. Über kurz oder lang verschwindet aber auch der Zahn, denn am Ende wird er wohl gezogen werden müssen. Vernünftigerweise geht man in diesem Fall eher gleich zum Zahnarzt, läßt den Zahn plombieren und wird mit ihm noch etliche Jahre ordentlich zubeißen können. Was den physischen Schmerz betrifft, ist es heute gewiß nicht mehr notwendig, in jedem schadhaften Zahn ein Symbol für die Hinfälligkeit des Leibes zu sehen und ein Memento, daß es Zeit sei, ans Seelenheil zu denken. Jeder Schmerz ist eine Alarmreaktion, also keine Schwäche. Jeder Schmerz, auch der psychische, zeigt uns, daß etwas gestört ist und etwas unternommen werden muß.

Einem Schwerkranken mag es freilich wenig tröstlich sein, wenn man ihm sagt, daß seine Schmerzen eine positive Kraft in sich bergen, die ihn unter Umständen zu einem bewußteren Leben veranlassen. Dennoch möchte man meinen, daß eine positive Vorstellung allemal noch allem anderen vorzuziehen ist. Da wir uns die besten Grundsätze aussuchen können, darf man sich auch in diesen Fällen an Epikur halten, der uns sagt: Kein Übel währt ewig, ja es kann nicht einmal sehr lange dauern. Es gibt freilich auch Menschen, die ihre Wehwehchen und kleinen Kümmernisse hübsch artig hegen und pflegen wie ihre negativen und trübsinnigen Gefühle, zumeist nicht einmal aus masochistischer Lust, sondern weil sie andere Leute gern für sich hüpfen lassen wollen. Diese Freunde einer ungesunden Lebensart seien aus derlei Betrachtungen ausgeklammert.

Grundsätzlich scheint Gesundheit etwas Relatives zu sein, ja etwas, das es gar nicht gibt, etwas, das wir mit dem Gefühl des Gesundseins zu verwechseln pflegen. Sich wohl zu fühlen ist zweifellos eine Frage der Balance im Spannungsfeld zwischen absoluter Gesundheit und Krankheit. Die Natur ist stets Spannung. Alles ist ambivalent und läßt sich in kein fixes System pressen. Der Druck auf eine empfindliche Hautstelle kann Unlust bereiten, doch wie aus der therapeutischen Körperarbeit bekannt ist, kann schon bei einer kleinen Änderung der inneren Einstellung ein Lustgefühl daraus entstehen.

Ein gesunder Geist in einem gesunden Körper – diesen alten Lateiner- und Turnvereinsspruch kennt vermutlich jeder. Es scheint aber eher umgekehrt zu sein, daß nämlich zunächst ein gesunder Geist oder vielmehr ein gesundes Gefühlsleben dazu führt, daß sich der Körper im Mittelfeld zwischen Gesundheit und Krankheit einpendelt. Schon der römische Philosoph Seneca deutete in diese Richtung, wenn er sagte: »Glückselig ist ein Leben, welches mit seiner Natur in Einklang steht. Dies aber kann nicht anders zuteil werden, als wenn zuerst der Geist gesund und in beständigem Besitz seiner Gesundheit ist; sodann, wenn er kräftig und entschlossen, zudem sittlich rein und geduldig ist, sich den Umständen fügt, für den Körper und für seine Bedürfnisse besorgt ist, jedoch ohne Ängstlichkeit, bereit, die Gaben des Glücks zu benutzen, nicht aber ihnen zu frönen.«

Dies klingt geradezu wie ein Knigge für den Aufenthalt in unserem hübschen Garten. Es gibt in der Tat genügend Leute, die körperlich absolut gesund scheinen – die ihren täglichen Waldlauf absolvieren, womöglich keinen Alkohol trinken, nicht rauchen und womöglich kein Fleisch essen – und die sich dennoch innerlich winden vor seelischen Qualen, vor ungelösten Komplexen, angestauten Gefühlen und Emotionen. Hingegen scheinen lebensfrohe Menschen, die gelassen sind, weil sie sich eben lassen, weil sie der innerlichen wie der äußerlichen Muße verschrieben sind, weil sie sich ihrer Gefühle weder schämen noch Angst vor ihnen haben, auch physisch sich höchsten Wohlergehens zu erfreuen, und das mitsamt Zigarettenrauch und Alkohol und Fleisch: Sie strahlen Gelassenheit aus, und wie alt sie auch sein mögen, sie wirken jung und gesund.

Da für den Genießer die meisten Ärgernisse und Schwierigkeiten des täglichen Lebens klein und bedeutungslos sind (wie einem Erwachsenen die Probleme eines Kindes), weil er ohne künstliche Ängste und konstruierte Sorgen lebt, ist er auch immun gegenüber all den disharmonischen Emotionen, die den Körper aus dem Gleichgewicht bringen und zuweilen im wahrsten Sinn des Wortes verunstalten. Ein Mensch, der das Leben viel zu zärtlich liebt, um Lebenskunst zum bloßen Lebensgeschäft entarten zu lassen, der sein Leben in Einklang mit seinen Sinnen gebracht hat und den weder fremde noch eigene Empörung über die weltlichen Süchte zu irgendwelchen Weltflüchten, Ausflüchten und Komplexen bringt, besitzt gewiß mehr Widerstandskraft als ein seelisch verkümmerter Superathlet.

Daß ein ausgeglichener Mensch, der voll Freude und Leidenschaft im Leben steht, weitaus seltener zu Infektionskrankheiten neigt als ein stets gedrückter, frustrierter und enttäuschter Mensch, ist eine Binsenwahrheit. Der Mensch ist eben eine Einheit aus Körper, Geist, Emotionen, und seine Gesundheit oder Krankheit ist eine Folge der gestörten oder harmonischen Wechselbeziehungen.

Gestört wird die Harmonie dort, wo die Liebe zum Leben fehlt, wo der Kontakt zu einer pulsierenden Welt verlorengeht. Gestört ist sie dort, wo wir einer sauren Traube wegen alle Trauben für sauer erklären. Es gibt keine schlechten Gefühle, keine bösen und dunklen Mächte der Seele, vor denen man Angst haben müßte. Schlecht sind vielmehr die Schilder mit allerlei komplizierten Aufschriften, die man den Gefühlen und Empfindungen umhängt, negativ sind manche Vorstellungen, mit denen wir Empfindungen verbinden. Wenn etwas böse und dunkel ist, dann ist es das nicht zur Entfaltung gebrachte, in sich zurückgestaute und verkümmerte Gefühlsleben.

Sollen wir nun alles ausleben, uns nie zusammenreißen, uns gehenlassen? Bedeutet das, daß wir hassen sollen, wenn wir hassen, daß wir eifersüchtig sein sollen, wenn wir eifersüchtig sind? Es stellt sich die Frage, was Gefühl ist, was Schmerz. Es gibt das Gefühl, daß etwas gut und etwas schlecht für einen ist. Das, so scheint es, hat wie im physischen auch im seelischen Bereich ein und dieselbe Funktion: zu warnen. Man kann das nennen, wie man will: Angst, Furcht, seelisches Alarmzeichen. Angst zu haben vor etwas, das uns bedrohlich scheint, ist eine durchaus gesunde Reaktion. Angst sagt uns, daß wir nicht ins Feuer springen sollen. Angst sagt uns, daß wir nicht aus dem Fenster hüpfen sollen. Es ist blödsinnig, zu sagen, man solle keine Angst haben. Angst ist nicht das Gegenteil von Mut, sondern gehört zum Mut. Angst ist keine Krankheit, nur: verdrängte Angst führt zum Leiden, ist Leiden.

Es gibt das Gefühl, daß man etwas nicht mag. Wir haben bestimmte instinktive Abneigungen. Warum soll man sie nicht haben? Warum soll man seinen Neigungen und Abneigungen nicht folgen? Wenn jemand eine Abneigung gegen kaltes Wasser hat, dann soll er sich auch nicht kalt duschen. Das Gefühl der Abneigung wird zur Krankheit, wenn man seinen Abneigungen nicht folgt.

Was ist Gefühl? Mitempfinden. Gerührt werden von etwas, betroffen sein vom Leid eines anderen. Betroffensein: Das ist auch Freude über die Freude eines anderen. Warum soll man nicht betroffen sein? Mitempfinden: Das ist Schmerz. Das ist Weinen. Warum soll man nicht weinen? Warum soll man nicht lachen? Das Gefühl der Zustimmung, Zuneigung. Das Empfinden der Freude. Das Gefühl, daß alles in Ordnung ist, daß etwas schön und gut ist. Liebe. Warum soll man sich nicht freuen? Soll man nicht lieben? Das Gefühl der Zustimmung: Das ist auch das Empfinden der Sicherheit, des Geborgenseins. All das sind natürliche Gefühle und Empfindungen, und alle diese Gefühle sind gute Gefühle – auch der Schmerz, der aus der Angst und aus dem Mitempfinden kommt.

Man kann natürlich alle möglichen Theorien darüber aufstellen und über die Gefühlslagen eines Menschen bis in alle Ewigkeit philosophieren, wenn man sich den Umgang mit den menschlichen Gefühlen schwer genug macht. Was ist seelischer Schmerz? Was ist seelisches Leiden, was psychische Krankheit? Man kommt nicht darüber hinweg, das Thema des Lebensgenusses auch mit diesen Fragen zu verbinden, will man nicht der Oberflächlichkeit geziehen werden. Da die eine Theorie oder wissenschaftliche Gewißheit oder philosophische Erkenntnis so gut und so schlecht ist wie die andere, wird sich eine Philosophie des Lebensgenusses zu einer Theorie bekennen, die dem Genuß des Lebens augenscheinlich nützlich ist. Da man sich nur schwer ein Argument vorstellen kann, das gegen den Vorzug der Lebensfreude gegenüber allen möglichen Formen lebenslanger Verdrießlichkeit vorgebracht werden könnte, darf man für sich selbst zumindest zuversichtlich genug sein, die bessere Theorie darüber zu haben.

Es ist schon richtig: Die Menschen hassen, neiden, geizen auch; es wäre geradezu unsinnig, zu sagen, es gebe jemanden, der frei von Eifersucht wäre, der nicht einmal jemandem wünschte, ihn möge augenblicklich der Blitz treffen, der nicht hin und wieder vor Wut innerlich kocht. So sind wir eben. – Es kommt allerdings darauf an, wie man sich mit dieser Art von Gefühlen beschäftigt. Man kann sie als integrierten Bestandteil der menschlichen Gefühlswelt betrachten, kann sie aber ebensogut als Perversionen der natürlichen Grundgefühle des Menschen bezeichnen, die ihre Ursache in einem falschen

Denken haben. Haß und Wut könnten der Angst zugeordnet werden, ebenso wie Eifersucht, Neid und Geiz als pervertierte Ausdrucksformen von Angst und Abneigung definiert werden könnten.

Man sagt heute vielfach, der Mensch möge sich zu seinen Gefühlen bekennen, zu seinem Haß, seiner Eifersucht, er möge seine Neid- und Zorngefühle anschauen, Abstand nehmen und all diese schlechten Gefühle als seine eigenen akzeptieren. Dann, so lautet die Hoffnung, würde das Leiden aufhören. Daß Gefühle zu Unglück und Leid führen, liegt daran, daß wir immer mehr die Schwellen abschleifen, die uns Schmerz und Mitgefühl, ja Gefühl überhaupt empfinden lassen. Daß Gefühl zu Unglück wird, liegt daran, daß wir es bekämpfen und wegschieben, daß wir den Schmerz anderen auf die Schulter legen. Für jedes Wehwehchen machen wir sie verantwortlich, wir unterdrücken, sublimieren. Damit ist dafür gesorgt, daß die natürliche Angst, das natürliche Gefühl des Mitempfindens, der Abneigung, daß unsere Gefühle zum Leiden werden, das uns nicht mehr losläßt. Immer wieder tauchen sie in verschiedenen Verkleidungen auf – als Neurosen, Depressionen –, plagen uns, solange noch ein Rest von Leben in uns ist. Mehr noch: Am Ende führt das Leiden an den Gefühlen zum Totsein, indem man alles, was man als seine eigenen Schwächen fürchtet, ausschaltet.

Die negativen Selbstbilder suchen ihre Befreiung in den vielen kleinen Toden des Fühlens und des Mitempfindens: alltägliche Leidensgeschichte, täglicher Kreuzweg der Sinne in heruntergekommenen Visionen von schmerzfreiem Glück, die Selbstmorde eines auf verkehrte Weise ernstgenommenen Lebens. Alkohol nicht um des Genusses willen, sondern um die Geister zu vertreiben. Aspirin aus bloßer Gewohnheit. Schlaftabletten, um Träume zu verscheuchen. Noch mehr Aspirin, noch mehr überanstrengte Mägen, noch mehr hoher Blutdruck, noch mehr Verstopfung, noch mehr vegetative Dystonie, noch mehr Drogen, Vernichtungsangst im Herzen und Lebensüberdruß. Dann dauert es nicht mehr lange, bis der Tod sich in die Zellen frißt und die trostlose Party beendet.

Haß, Neid, Geiz, Eifersucht, Wut – alle Arten von negativen Gefühlen sind Nichtgefühle. Wenn uns einerseits die Abtötung der natürlichen Empfindungen krank macht, so macht uns die Einbildung, die negativen Gefühle seien etwas Tatsächliches, gehörten zu uns, wie die Nacht zum Tag gehört, noch um einiges kränker. Negative Gefühle sind Kränkungen, sind Selbstkränkungen. Negative Gefühle und aus ihnen resultierender Schmerz werden zum Leiden, wenn wir uns selbst nicht ernst genug und die kränkenden Umstände und Personen zu ernst nehmen. Neid, Haß, Eifersucht, Wut sind Produkte unseres Denkens und der damit verbundenen Fehleinschätzung unserer Selbst und unserer Umwelt. Niemand und nichts kann uns unglücklich machen oder seelischen Schmerz zufügen, wenn wir das nicht selbst tun. Niemand kann unseren Zorn verursachen, stets verursachen wir ihn selbst. Niemand kann unsere Wut verursachen, unser Denken macht uns wütend. Niemand kann uns eifersüchtig machen, wenn wir nicht denkend Eifersucht erzeugen. Niemand kann uns Neid verursachen, Neid verursacht unser Denken oder verursachen die Gedanken anderer, die wir für unsere eigenen halten: die Neidsysteme, die Vergleichs- und Leistungsideologien.

Diese Art von Kummer und seelischem Schmerz ist etwas Künstliches. Sie entsteht nicht als Folge von Tätigkeiten anderer Menschen und wird auch nicht durch negative Umstände und unglückliche Ereignisse hervorgerufen, sondern durch die Art und Weise, wie wir die Umstände und Ereignisse und Menschen sehen. Sich mit diesen negativen Empfindungen auseinanderzusetzen, als seien sie ein Naturereignis, zu dem wir gewissermaßen per Erbsünde gekommen sind, heißt, sie zu pflegen, zu hegen, ja sie erst zu züchten, die Angst vor negativen Empfindungen zu fördern, die keine Angst rechtfertigen.

Gewiß: Da wir keine Heiligen sind, sondern Menschen, die nicht im Besitz reinster und makellosester Bewußtheit sind, werden wir immer wieder einmal falsch denken, uns gefühlsmäßig mit dem falschen Denken identifizieren. Wir werden nicht verhindern können, selbst bei besten Vorsätzen nicht, hin und wieder zu hassen, zornig, neidisch, eifersüchtig, deprimiert zu sein, uns schlicht unbehaglich zu fühlen. Worauf es ankommt, ist, daß wir uns unserer eigenen Erfahrung stellen, daß wir unser Bewußtsein zugänglich machen für unsere Ärgernisse, Spannungen, Vorlieben, Abneigungen, Ängste, daß wir sie, statt sie zu unterdrücken, in unser Bewußtsein aufnehmen, daß wir keine Hemmungen haben, keine inneren Verbote, die die volle Wahrnehmung unserer Gefühle verhindern, wie immer sie sein mögen. Solcherart seinen Gefühlen freien Lauf zu lassen und sich seiner Gefühle bewußt zu sein ist etwas ganz anderes als alles aus sich herauszulassen, wie es in manchen modernen Therapien empfohlen wird.

Es ist ein Akt der Ehrlichkeit, der Offenheit sich selbst gegenüber, zu erkennen, daß das Idealbild von uns selbst eben nur ein Idealbild ist, aber nicht wir selbst, unsere ganze Persönlichkeit. Da hält sich jemand für äußerst liebenswert und gutherzig, und unvermutet bekommt er sadistische Anwandlungen. Üblicherweise wird er diese Anwandlungen nicht nur unterdrücken, sondern vor sich selbst verleugnen, wird sie sich gar nicht zu Bewußtsein kommen lassen, weil dies sein starres Bild von sich selbst als personifizierte Gutherzigkeit erschüttern könnte. Davor hat er Angst, und diese Angst vor sich selbst macht ihn am Ende zum Krüppel.

Dieses ist mit Offenheit für die eigene Erfahrung gemeint: daß wir ungehindert und ohne Angst die Erfahrungen unseres ganzen Organismus ausleben, anstatt sie aus dem Bewußtsein auszuschließen. Es ist für einen gutherzigen Menschen keine Sünde, in dieser oder jener Situation das Gefühl zu haben, daß es befriedigend wäre, diesem oder jenem mal einen Tritt in den Hintern zu verpassen. Sünde ist, es abzuleugnen, jemals eine solche Vorstellung haben zu können. Sünde ist es, wenn sich ein Intellektueller einredet, ein Intellektueller habe nicht das Bedürfnis zu verspüren, sich an einem Boxkampf zu vergnügen. Sünde ist es, wenn sich ein kalt berechnender Mann schämt, Gewissensbisse zu haben. Wir können uns sagen, daß diese oder jene Gefühle eigentlich idiotisch und überflüssig sind, daß dieser oder jener Gedanke eigentlich lächerlich ist; aber zu sagen, wir dürften sie nicht haben, ist krankheitserregend. Irgendwann und auf irgendeine Weise bricht das Unterdrückte mit womöglich unkontrollierbarer Wucht aus und führt zur Katastrophe.

Gegen die negativen Gefühle anzukämpfen ist sinnlos. Es ist jene Art von Problemlösung, die immer wieder neue Probleme erzeugt, bis man das eigentliche Problem vor lauter Problemen aus den Augen verliert. Es kommt auf die Einsicht an, die den Hintergrund unseres Denkens und Seins bildet, auf die grundsätzliche Bereitschaft zu einem freudvollen Leben. Der Mensch kann die verbrauchte Luft aus seinen Lungen nur vertreiben, indem er sie mit frischer Luft füllt und nicht durch eine vollständige Entleerung der Lungen: der sicherste Weg zu ersticken. Man kann nichts kontrollieren, indem man etwas bekämpft, weil es durch das Bekämpfen ein Eigenleben erhält, einen Wert; das Bekämpfte wird dadurch überhaupt erst existent. Wer das scheinbar Böse vernichten will, vernichtet auch das Gute. Wir haben im allgemeinen die seltsame Gewohnheit, meist am falschen Ende anzufangen, obwohl wir das richtige Ende in der Hand haben: etwa, anstatt im Kampf gegen Nichtgefühle und damit gegen unsere Gefühlswelt im allgemeinen mit Hilfe einer Korrektur des Denkens unsere natürliche Empfindsamkeit, unsere Sinne für das Liebens- und Lebenswerte zu schärfen und zu beleben.

Man könnte dies beispielhaft an dem modernen Schattenboxen gegen das Ego demonstrieren, das angeblich an allem schuld ist. Leute, die ihr Ego bekämpfen und dabei die aufwendigsten und kompliziertesten Methoden anwenden, haben immer Probleme mit ihrem Ego. Im Grunde genommen wollen sie etwas loswerden, das es gar nicht gibt und das erst dadurch in seiner negativen Gestalt erzeugt wird, daß man es unbedingt loswerden will.

Was ist denn das Ego, was ist schlecht am Ego? Das, was wir erleben und erfahren, ist Ich, das, was wir wahrnehmen, ist Ich, erfahrbar in dem, was wir tun. Ego, das ist die Persönlichkeit, die von Augenblick zu Augenblick entsteht und wächst. Es ist die Form und die Art, in der wir etwas erfahren. Das Ego: ein Kopfschmerz, ein Gedanke, ein Bild, eine Vorstellung? Das Ego loswerden zu wollen bedeutete demnach, aufhören zu erleben, zu erfahren, zu sein, aufhören zu sehen, zu hören, wäre Totsein. Ich ist Sehen, Sehen ist Gegenwärtiges, ist Erleben, ist Sein. »Ich« wäre demnach auch Weintrinken. Während des Weintrinkens ans Ego zu denken oder an dessen Abschaffung kann eigentlich nur folgende Konsequenzen nach sich ziehen: das Weintrinken auf der Stelle abzuschaffen, indem man Selbstmord begeht, oder weiter Wein zu trinken, zu leben und dabei durch die Beschäftigung mit der Abschaffung des Ego das Ego zu züchten. Es gibt natürlich noch eine dritte Möglichkeit: den Wein zu genießen und dabei das Ego ein Ego sein zu lassen, ob es nun eines gibt oder nicht. Das wäre dann weder Egozentrik noch Ich-Losigkeit, sondern Ich-Freiheit in dem Sinne, daß nicht ein Ego mit seinen Süchten und Ängsten über mich verfügt, sondern daß ich frei über mich selbst verfüge, über das, was ich bin, und über das, was ich tue. So ist es auch mit den negativen Gefühlen und allen von ihnen verursachten Leiden, vielmehr: mit allen durch ihre Unterdrückung verursachten Leiden.

Wenn sich jemand seiner eigenen Erfahrung offen und ungehemmt stellt, wird jeder Reiz, ob er nun seinen Ursprung im Organismus oder in seiner Umwelt hat, ungehindert durch das Nervensystem weitergeleitet werden, ohne von Abwehrmechanismen entstellt zu werden. Er lebt oder drückt sich aus, oder er läuft sich tot, je nachdem, ob wir auf diesen Reiz reagieren. Blockieren wir ihn ab, kommt es zu einem Stau, unser Geist-Seele-Körper-System gerät aus dem Gleichgewicht.

Es ist von großer Wichtigkeit, gerade in diesem Zusammenhang zu begreifen, wie vielfältig die Wechselbeziehungen zwischen unserem Denken, unseren Vorstellungen, unserer Art, mit unseren Gefühlen umzugehen, und unserem Körper sind. Ohne daß wir uns dessen bewußt sind (das können wir auch gar nicht sein), wirkt sich jede Erfahrung auf den Körper aus und führt zu elektrischen, chemischen, endokrinen, muskulären und vielen anderen Formen von Veränderungen. Das kann von kurzfristigen Muskelverspannungen bis hin zu Deformationen des Knochenbaus, zu chronischen Magengeschwüren oder Krebs führen. Wie wir durch unsere Vorstellungen unseren Gesamtorganismus beeinflussen, kann man leicht an sich selbst beobachten: Denken Sie daran, die Hand zur Faust zu ballen, und Sie werden bemerken, daß sich Ihre Muskeln anspannen, auch wenn Sie die Hand nicht tatsächlich zur Faust ballen. Denken Sie an ein gutes Essen, und schon läuft Ihnen buchstäblich das Wasser im Mund zusammen. Lebhafte sexuelle Fantasien bleiben wohl unbestritten nicht ohne deutlich spürbare unmittelbare Folgen.

Auf diese Weise befindet sich unser Organismus in einem ständigen Veränderungsprozeß. Wir sind und wir werden, was wir sind. Das Bild von der Seele, die im physischen Körper ihren äußeren Ausdruck findet, kann als Tatsache angenommen werden. Viele Ärzte, vor allem Krebsärzte, machen sich heute diese wiedergewonnene Erkenntnis zunutze, indem sie, statt zum Skalpell zu greifen, den Patienten dazu bringen, durch bestimmte optimistisch-positive geistige und emotionale Einstellungen und bildhafte Vorstellungen sich selbst zu heilen. Diese bildhafte Vorstellung vom Sieg der weißen Blutkörperchen über das Krebsgeschwür wird zur physischen Wirklichkeit. Wesentlich ist dabei die Veränderung der Grundeinstellung der Patienten gegenüber der Krankheit Krebs: ihn nämlich nicht negativ als tödliche Krankheit zu betrachten, sondern vielmehr dem Krebs die potentielle Gesundheit gegenüberzustellen.

Aus alldem können wir ableiten, daß unser körperlicher wie auch unser psychischer Zustand tatsächlich eine Frage unserer Egologie, unserer geistig-seelischen Ökologie, des physisch-psychischen Gleichgewichts ebenso wie unserer Harmonie mit der Umwelt ist. Relative Gesundheit ist zweifellos ein Ausdruck unserer Grundeinstellung dem Leben insgesamt und vor allem uns selbst gegenüber.

Um gesund zu werden oder gesund zu sein, darf man sich nicht hauptsächlich mit der Krankheit beschäftigen, sondern muß sich mit der Gesundheit auseinandersetzen. Sich mit seinen Schwächen zu beschäftigen bringt noch keine Tugend, sondern nur öde Leere, die um fadenscheinige Genüsse trauert. Die Lösung besteht darin, daß man seine Schwächen als solche akzeptiert, sich aber nicht weiter um sie kümmert, sondern sich auf die Gesundheit konzentriert, sich gewissermaßen in der Tugend übt. Schlechten Gewohnheiten mit energischer Willensanstrengung auf den Leib zu rücken bringt nur in den seltensten Fällen Erfolg, und wenn, dann auf Kosten unserer Substanz; schlimmstenfalls handeln wir uns eine Neurose ein. Warum machen wir uns nicht eine uns angenehme Handlungsweise zu eigen, durch die wir schließlich die alte Handlungsweise aufgeben können, ohne uns jemals direkt mit ihr konfrontieren zu müssen?

Negative oder positive Problemlösung: Das hat durchaus auch gesellschaftspolitische und allgemeinpolitische Dimensionen. So wie der Mensch, der sich ständig mit negativen Gefühlen und Gewohnheiten herumschlägt, seine negativen Gefühle und Gewohnheiten erst recht nicht los wird, ja am Ende daran erkrankt, so ist auch unsere Gesellschaft als Ganzes. Wenn eine Gesellschaft mit kranker und unter Schmerzen arbeitender Wirtschaftsordnung stets nur mit krankhaften Wirtschaftsgedanken beschäftigt ist und an den Symptomen herumdoktert, so führt dies dazu, daß die Krankhaftigkeiten der Wirtschaft wachsen, anstatt zu verschwinden. Bestenfalls wechseln bloß die Krankheitsbilder. Wenn sich eine Kultur in »irdischer Askese« übt, wie Max Weber die rigorose Leib- und Sinnesfeindlichkeit der westlichen Kultur bezeichnet hat, dann kompensiert sie das, indem sich die gestaute Energie in einer sinnlosen und destruktiven Ausbeutung der irdischen Welt Bahn bricht.

Seit Menschengedenken ist die Menschheit dabei, sich mit Krieg zu beschäftigen. Man weiß, daß der Krieg etwas Schlimmes ist, seit Kain dem Abel den Schädel eingeschlagen hat. Wir sind dauernd damit beschäftigt, gegen den Krieg zu sein. In der sogenannten

Zwischenkriegszeit war man sogar so sehr dagegen, daß auf einer internationalen Konferenz der Krieg als Verbrechen gegen die Menschheit geächtet wurde, mit dem Erfolg, daß das Krebsgeschwür Krieg aufbrach und seine Metastasen über die ganze Welt verbreitete. Man ist auch heute gegen den Krieg, seit Jahrzehnten ist man gegen die Aufrüstung, mit dem Erfolg, daß man permanent aufrüstet. Hier bestätigt sich auf drastische Weise die Gültigkeit der Feststellung, daß man zum Sklaven dessen wird, was man bekämpft. Jeder sagt zwar, er sei für den Frieden, aber weil man für den Frieden sei, müsse man auch gegen den Krieg rüsten. Niemand sagt, er sei ausschließlich für den Frieden, und selbst wenn er das sagt, rechnet er in Wirklichkeit in seinem Hinterkopf mit der Möglichkeit des Krieges. Warum kann man sich nicht mit dem Frieden beschäftigen, ohne an den Krieg zu denken? Das wäre schön, hören wir sagen, aber das ist eine gedankliche Spielerei, eine Illusion, denn der Friede ist etwas Zerbrechliches, ist jederzeit bedroht, wenn wir nicht mit dem Krieg rechnen. Auf diese Weise, das zeigt die menschliche Geschichte, bleibt der Friede tatsächlich eine Illusion, während der Krieg einen Schatten wirft, der noch nie so dunkel und so lang war wie heute.

Eine sich selbst erfüllende Prophezeiung, so könnte man definieren, ist eine solche, die sich als Ergebnis des Verhaltens desjenigen erfüllt, der die Prophezeiung ausspricht und an sie glaubt. Auf den einzelnen Menschen in bezug auf seine Umwelt angewandt, könnte man sagen, daß unsere Überzeugungen, unsere Vorstellungen, unser Optimismus im Hinblick auf das Ergebnis irgendeiner gesellschaftlichen Situation, an der wir selbst beteiligt sind, eben dieses Ergebnis beeinflussen. Wir können dies auch so ausdrücken: Eine Stimmgabel, die auf einen ganz bestimmten Ton abgestimmt ist, läßt andere Objekte der gleichen Frequenz und der gleichen Harmonie, mit denen sie in Berührung kommt, mitschwingen, genau wie ein Lächeln, ein Gähnen, wie eine Verärgerung »ansteckend« ist. Gleiches zieht Gleiches an. Dies gilt ebenso für die allgemeinen wie für die eigenen, persönlichen Probleme: Immer sind wir es allein, bei denen die Entscheidung liegt, ob sie sich auf die richtige Frequenz einschwingen. Wir können uns für die Hölle entscheiden, wir haben aber auch Pinsel und Farbe genug, um das Paradies zu malen. Wir können uns dafür entscheiden, das Leben zu hassen oder es zu lieben. Positive Lebensenergie kann nur durch die Freude am Leben, durch die Liebe wachsen: »In diesem Garten wird augenblicklich jedes Leid vergessen!« – Freude des Dichters an der Übertreibung, vielleicht. Aber die Freude am Leben schärft den Blick für Probleme, die gar keine sind.

Leben lassen, um zu leben, oder: Der Umgang mit anderen Menschen

»Liebe deinen Nächsten wie dich selbst.« Das ist gewiß ein schönes Gebot, aber ohne Zweifel gibt es zuweilen Leute, die einem die Erfüllung dieses Gebotes der Liebe verdammt schwermachen. Als hätten sie eine natürliche Begabung, einem die Laune zu verderben – wenn wir sie uns verderben lassen. Da wir uns aber entschlossen haben, ungeachtet mancher saurer Trauben und ungeachtet mancher Dinge, die uns nicht schmecken, das Fest nach Leibes- und Sinneskräften zu genießen, sind wir nachsichtig und prosten hin und wieder auch unangenehmen Zeitgenossen zu. Manchmal geschehen Wunder: Entweder sie beginnen aufzutauen und auch uns freundlich zu erscheinen, oder sie verschwinden. Kein Zweifel: Jeder Mensch ist als Mensch es wert, von uns ernst genommen zu werden, ebenso wie er es wert ist, nicht ganz so ernst genommen zu werden, wie er ernst genommen werden möchte.

Knüpfen wir bei unseren sogenannten Überzeugungen an: Jede Theorie, jede absolute Meinung begrenzt uns auf die Theorie, auf die absolute Meinung. Jede absolute Überzeugung bringt uns naturgemäß dazu, alles, was nicht in diese Überzeugung paßt, nicht zu beachten, ja sogar zu unserem Ärgernis werden zu lassen. Jede absolute Überzeugung ist Kunstwerk, ist Vorstellung, ist Fiktion, ist keine Wahrheit, keine Wirklichkeit. Leute mit Überzeugungen sind schwierige Zeitgenossen. Sie sagen, wenn man keine festen Überzeugungen habe, sei man ohne Charakter, ohne festen Halt, und es ist nahezu unmöglich, diese Menschen unsererseits davon zu überzeugen, daß möglicherweise das eine mit dem anderen nichts zu tun hat. Es ist auch ratsamer, sie bei ihren fixen Überzeugungen zu lassen, denn sie brauchen den Trost, die besseren Menschen zu sein: Leute mit Überzeugungen haben nämlich lieber immer recht, als daß sie glücklich und fröhlich sind. Es war der griechische Philosoph Epiktet, der so treffend sagte: »Nicht die Dinge beunruhigen die Menschen, sondern ihre Meinungen über die Dinge. Wenn wir also auf Schwierigkeiten stoßen, in Unruhe und Kümmernis geraten, dann sollten wir die Schuld niemals auf einen anderen schieben, sondern nur auf uns selbst, das heißt auf unsere Meinung von den Dingen!«

Liebe deinen Nächsten, liebe gar deine Feinde: Dieses Jesus-Wort ist nicht unbedingt nur für Heilige bestimmt, sondern auch für Leute mit einer gesunden und praktischen Vernünftigkeit, denen eine gut durchschlafene Nacht lieber ist als eine Stunde voller Streit. Einsicht ist es, die alle Kränkungen aufhebt. Was auch immer ein anderer Mensch grundsätzlich als Mensch wert ist – niemand ist so viel wert, daß man sich seinetwegen die Nerven zerrütten sollte, es sei denn aus Sorge, wenn einem netten Menschen Unheil droht.

Was aber die unangenehmen Zeitgenossen betrifft: Es ist schon so, daß jemand nur dann ein Feind ist, wenn man ihn dafür hält. Jemanden nicht für einen Feind zu halten heißt ja noch lange nicht, daß man sich dazu zwingen müßte, ihn nun auch noch zu lieben. Mit unverbesserlichen Rechthabern kann man überdies noch Mitleid haben, schon aus dem einen Grund, weil eben nie irgend jemand recht hat. Wahrheit kann man sich nicht aneignen, wie wir gesehen haben. Es ist daher eine Sache der praktischen Vernunft, den Rat zu befolgen: Niemand werfe den ersten Stein. Wir haben uns deshalb auch nichts zu vergeben, wenn der andere möglicherweise unrecht hat. Falls er glaubt, recht zu haben, dann glaubt er es eben und ist der arme Narr im Spiel, der keinen Humor und wenig Verstand besitzt: Jeder Dumme ist fest überzeugt, und jeder Überzeugte ist dumm. Je irriger die Überzeugung, desto größer der Starrsinn. Es wäre verschwendete Energie, sich in solchen Fällen zu engagieren.

Im allgemeinen kann man sich an den Rat des Spaniers Balthasar Gracian halten, der sich im 17. Jahrhundert Gedanken über die Kunst der Weltklugheit gemacht hat: »Es gibt keinen, der nicht in irgend etwas der Lehrer des anderen sein könnte. Und jeder, der andere übertrifft, wird selbst noch von jemandem übertroffen werden. Von jedem Nutzen zu ziehen verstehen ist ein nützliches Wissen. Der Weise schätzt alle, weil er in jedem das Gute erkennt und weiß, wieviel dazugehört, um eine Sache gut zu machen. Der Dumme aber verachtet alle, weil er das Gute nicht kennt und das Schlechtere wählt.«

Nie hat jemand recht, und vermutlich hat auch nie jemand ganz unrecht. Das ist eine durchaus realistische Einsicht, die zudem noch den Vorteil hat, daß wir von höherer Warte auf uns selbst und auf andere herabschauen und mögliche Anlässe zu Streit und Ärger unerheblich finden dürfen. Das Interesse am Streit erlischt, ebenso der Eifer zur Auseinandersetzung. Außerdem gilt noch allemal: Wie man in den Wald hineinruft, so kommt das Echo zurück. So, wie wir Spiegel sind für die Außenwelt, so ist es auch der andere; so, wie wir uns in ihm spiegeln, so sehen wir ihn. Machen wir selbst eine schlechte Figur, dann sehen wir auch im anderen eine schlechte Figur. Wir sehen ihn zum Großteil so, wie wir ihn sehen wollen.

Liebe deinen Feind, vielmehr liebe selbst deine unangenehmen Zeitgenossen – dieses Gebot hat seine praktisch verwendbaren Seiten. Wenn jemand zu mir unfair ist und ich ebenso unfair zu ihm, so wird das in der Regel zu einem eskalierenden Kreislauf, bis am Ende einer dem anderen an den Kragen geht. Eine kleine Geste, ein Lächeln vielleicht kann es schaffen, den anderen daran zu erinnern, daß keine Auseinandersetzung, daß keine üble Laune sich am Ende lohnt. In schlimmeren Fällen ist es nicht nur ratsam, sondern manchmal auch amüsant, einen anderen in seinem Zorn zu beobachten. Das bedeutet nicht, gut oder heilig zu sein, sondern es ist einfach wohltuend für die Nerven. Außerdem erkennt man im Zorn des anderen die Absurdität und Sinnlosigkeit des Zorns und des Ärgers auch für sich selbst. Das alles bedeutet freilich nicht, daß man sich einfach ins Gesicht spucken lassen soll. Doch wenn man sich schon wehren und verteidigen muß, so tut man dies aus der beschriebenen Grundeinstellung heraus mit jener lockeren Distanz und Sachlichkeit, die verhindern, daß die Gegenwehr zum Eigentor wird.

Innerliches Lachen ist überdies gegenüber jeder Art von Feindberührung die beste Abwehr. Lachen ist überhaupt die beste Medizin und verfehlt nur selten seine Wirkung – auf den anderen wie auf einen selbst. Es hat überdies den Vorteil, daß es nicht unbedingt eines Beiklangs von Sympathie und brüderlichem Verständnis entbehrt, wenn denn etwa das Lachen, welches Don Quichotes Ungereimtheiten und Mißgeschicke begrüßt, der möglicherweise tieferen Absicht des Helden keinen Tort antut.

Die Einsicht, daß eine Sache unangenehm oder angenehm ist, je nachdem, was man selbst einbringt, läßt sich jeden Tag erleben. Das betrifft auch und vor allem den Arbeitsalltag, den Umgang mit Kollegen und Chefs. Die Einstellung zur unumgänglichen Betätigung des Broterwerbs bestimmt zweifellos in einem hohen Grad die zwischenmenschlichen Beziehungen am Arbeitsplatz. Für jemanden, der den Sinn des Lebens im Leben selbst erkennt – wir sagten es schon –, hat die Arbeit einen einfachen und nüchternen Stellenwert, nämlich jenen, sich das Geld zu verdienen, das ein relativ geruhsames und angenehmes Leben nun einmal erfordert. Wenn das erworbene Geld als Mittel unter vielen Mitteln und nicht als Maßstab aller Lebensmöglichkeiten erkannt wird, lösen sich auch die Arbeit und das Verhältnis zu den Menschen, mit denen man arbeitet, aus enttäuschenden Vergleichszwängen.

Nun kann die Antwort gegeben werden auf die Frage, wofür wir arbeiten: Wir arbeiten nicht für den Chef, wir arbeiten weder für die Kollegen noch für die Firma, und wir arbeiten auch nicht für die Gesellschaft, es sei denn, unsere Arbeit bezieht sich auf die Gesellschaft. Wir arbeiten für uns, für niemanden sonst. Die Arbeit ist immer unsere Arbeit, und sie hat den Wert, den wir ihr geben. Jeder hat seine Leistungsfähigkeit und seine Prioritäten, die er in seinen Arbeitsplatz mit einbringt. Arbeit für sich selbst: Das ist selbständige Arbeit auch unter Tausenden, wenn man die Arbeit nüchtern als Notwendigkeit für sich selbst betrachtet und sich dabei nicht selbst versklavt durch Konkurrenz- und Rivalitätsdenken, sich nicht in ständiger Frustration selbst verfremdet, indem man seine Arbeit stets danach ausrichtet, was sie uns im Vergleich zu anderen bringt. Bestätigung oder Nichtbestätigung, Anerkennung oder Nichtanerkennung durch einen Vorgesetzten werden überflüssig, wenn wir uns selbst bestätigen. Falls wir uns nicht selbst bestätigen und anerkennen können, bleibt die Bestätigung durch andere stets ein schwacher Trost.

Eine Arbeit für sich selbst zu tun heißt, ihre Last zu verringern, weil sie wenig Interesse über ihren eigentlichen Wert hinaus beansprucht. Eine Arbeit für sich selbst zu tun heißt, sie auch so gut wie möglich zu tun, weil man ganz im taoistischen Sinne eben tut, was man tut, wenn man es tut. Wer sich wegen des inhumanen Leistungsdrucks beklagt, an Magengeschwüren leidet und beim Anblick eines Vorgesetzten zitternd sein Selbst präsentiert, hat die freie Wahl: weiterleiden oder die Konsequenzen ziehen, sich weiter dem Leistungsdruck beugen oder auf überflüssige Statussymbole verzichten. Es ist eine Frage der grundsätzlichen Entscheidung, was man vom Leben will. Erlösung vom Neid der Konkurrenz: Nur wir selbst können sie bringen. In einem jener raren amerikanischen Spielfilme, die sich zuweilen mit dem wirklichen Leben beschäftigen, fragt ein Sohn seinen Vater, den Besitzer eines kleinen Schuhgeschäfts in New York, was er sich wünschen würde, wenn er sich alles wünschen könnte. Die Antwort: ein wirklich gutes Paar Schuhe machen. Man kann sich vorstellen, daß dieser Mann mit sich und der Welt zufrieden ist.

Zufrieden sein. Im Frieden sein. Bei sich selbst sein. Der konfliktfreie Umgang mit anderen Menschen ist – wie die Liebe – immer auch eine Frage des Abstandes, der Distanzfähigkeit. Wer Bestätigung und Anerkennung nur bei anderen findet, ist der wirklich Einsame. Zu versuchen, die Selbstverluste bei anderen aufzuheben, kann nur Konflikte mit sich bringen, weil der Mensch nicht verfügbar ist. »Solidaire et solitaire«, die Haltung eines Albert Camus, wurde vielfach ins Lächerliche gezogen. Distanzverluste sind jedoch Verluste an Ehrfurcht vor den anderen. Menschen wollen umarmt werden, aber nicht um besessen, sondern um in ihrer Eigenart bestätigt zu werden. Bestätigung in seiner Eigenart findet aber nur der, der sich selbst schon bestätigt und anerkannt hat. Die meisten Menschen können nicht mehr allein sein und benötigen dauernd andere Menschen um sich, weil sie nicht »bei sich« sind: Sie flüchten vor sich selbst. Sozial und beziehungsfähig zu sein bedeutet zuallererst Individualität. Der Mensch, der »bei sich« ist, fühlt sich in sich selbst wohl und glücklich; er kann allein sein, ohne sich einsam und verlassen zu fühlen. Daher kann er auch andere bei sich selbst, kann sie allein lassen.

Individualität und Nonkonformismus sind kein Rückzug, sind nichts Trennendes, im Gegenteil: Erst wenn man allein sein kann, erst wenn man seine ganz persönlichen Empfindungen und wirklichen Bedürfnissen zu leben versteht ohne die Zwänge fassadenhafter Anpassungen, ist man frei genug für echte und tiefe Beziehungen ohne Besitz- und Benutzungsansprüche an andere Menschen.

»Der Umgang mit Menschen verdirbt den Charakter, wenn man keinen hat«, sagt Nietzsche. Wer allein sucht, geht verloren. Damit sind die ungesunden Extrempositionen gekennzeichnet. Wer das Leben um des Lebens willen liebt, ist mit sich selbst im Frieden und damit glücklich. So kann er auch andere lieben und den Umgang mit anderen genießen, weil er sie nicht unglücklich macht durch unwillkommene Einbrüche in Bereiche, die jeder Mensch für sich allein braucht.

Alles in allem kann man auch in diesem Fall Balthasar Gracian als

Zeugen für den weltklugen Umgang mit sich und der Umwelt aufrufen: »Leben lassen, um zu leben. Die Friedfertigen leben nicht nur, sie herrschen. Man höre, sehe und – schweige. Ein Tag ohne Streit bringt eine Nacht ruhigen Schlafs. Lange leben und angenehm leben: Das ist die Frucht des Friedens. Alles hat, wer sich nichts aus dem macht, woran ihm nichts liegt. Keine größere Verkehrtheit, als sich alles zu Herzen zu nehmen. Gleich groß ist die Torheit: sich abzugrämen einer Sache wegen, die uns nichts angeht, und sich nicht zu kümmern um das, was wichtig für uns ist.«

Sachen, die uns nichts angehen: Im Glück wie im Unglück braucht der Mensch seine von niemandem beengten Räume. Die Tröster, die sich in alles und jedes einmischen, sind fürwahr eines der großen Unglücke der Welt.

Das Gewohnte auf neuen Wegen tun oder: Die Einübung in die Sinnlichkeit

Die Lebensfreude ist zäh, das ist wahr. Der Gastgeber, das Leben selbst, ist von unendlicher Geduld. Er deckt die Festtafel in jedem Augenblick, zu jeder Zeit, an jedem Ort. Was immer die Menschen auch unternehmen, um die Lebensfreude zu vertreiben, sie findet, wie das wirklich Schöne, immer wieder Platz selbst in den kleinsten Nischen des Lebens. Jede wirklich selbstgewählte Aktivität setzt sie frei, jeder eigene Entschluß zum Leben läßt die Nebel vor dem Garten verschwinden. Setzen wir uns also hin, bevor das Essen kalt wird!

Es bedarf dazu nicht viel. Die Grenzüberschreitung von der Anpassung zur Individualität und individuellen Freiheit des Genießens ist heute und jederzeit, in jedem Augenblick möglich. Sie braucht keine langen Vorbereitungen. Wer glaubt, darauf warten zu müssen, daß etwa Politiker oder Sozialreformer sozusagen gesellschaftsweit die Türen zu individuellen Lebensmöglichkeiten öffnen, ist verlassen.

Theodor Fontane erkannte für sich: Es kommt immer darauf an, daß, wie und wo man auch marschiert, man allerorts die Musik des Lebens hört. Die Musik klingt, die Kapelle spielt jederzeit, das Wunschkonzert findet allerorten statt. Das Lied in allen Dingen. »Musik ist das Leben selbst«, sagt der indische Sufi Hazrat Inayat Khan und bezieht sich dabei auf den persischen Dichter Hafis: »Viele sagen, das Leben sei mit Hilfe der Musik in den menschlichen Körper gelockt worden; die Wahrheit aber ist, daß das Leben selbst Musik ist.«

Im Osten erzählt man sich die Legende, wie Gott nach seinem eigenen Bilde eine Gestalt aus Lehm schuf und die Seele bat, sie möge dort hineingehen. Doch die Seele weigerte sich, gefangen zu werden, denn es ist ihr Wesen, frei herumzufliegen und nicht in irgendeinem Raum gebunden und begrenzt zu sein. Da bat der Schöpfer die Engel, ihre Musik erklingen zu lassen, und als die Engel spielten, fiel die Seele in Ekstase. Infolge dieser Ekstase, und weil sie die Musik noch stärker erleben wollte, ging die Seele schließlich doch in den Körper hinein. Hafis meinte dazu: »Die Leute sagen, die Seele sei in den Körper hineingegangen, als sie dieses Lied hörte; in Wahrheit aber war die Seele selbst das Lied.«

Wir können der Auslegung dieses Gleichnisses durch Hazrat Inayat Khan nur mit vollem Herzen zustimmen: »Die Deutung dieser Legende erhellt uns zwei wichtige Gesetze. Das eine besagt: Das Wesen der Seele ist Freiheit, und die ganze Tragödie des Lebens liegt für die Seele im Fehlen dieser Freiheit, die zu ihrer ursprünglichen Natur gehört. Und das andere Geheimnis, das diese Legende uns enthüllt, ist dieses: Der einzige Grund, weshalb die Seele in diesen Körper aus Lehm hineingegangen ist, besteht darin, daß sie die Musik des Lebens erfahren und sich selbst diese Musik verständlich machen wollte. Und wenn wir diese beiden großen Geheimnisse zusammenfassen, kommen wir auf das dritte Geheimnis, das Geheimnis aller Geheimnisse. Es liegt darin, daß der unbegrenzte Teil unseres Wesens begrenzt und erdgebunden wird zu dem Zweck, uns dieses äußere Leben verständlicher zu machen. So geht es da also um einen Verlust und um einen Gewinn. Der Verlust besteht im Verlust der Freiheit, und der Gewinn ist die Erfahrung des Lebens, die dadurch vollständig erreicht wird, daß man in dieses begrenzte Leben hineinkommt, das wir das Leben eines Individuums nennen. Wir fühlen uns von der Musik angezogen, weil unser ganzes Wesen Musik ist; unser Geist und unser Körper, die Natur, in der wir leben, die Natur, die uns hervorgebracht hat, alles, was unter und um uns ist, es ist alles Musik; und wir sind nahe bei all dieser Musik und leben und weben und haben unser Wesen in dieser Musik.«

Einmal über den eigenen Schatten springen, auswandern aus den lärmenden Zonen selbstverschuldeter Betriebsamkeit, eine kleine Wendung nur, nicht einmal das Verändern des Standpunktes – das kann uns empfänglich machen für die Melodie um uns. Frische Luft hereinlassen, den Moder vertreiben, das Gerümpel alter Bezugssysteme entfernen, das Dunkle, Nebelhafte, das Klebrige der Vorstellungen von den Augen waschen: So wird der Raum frei für die zarteren Melodien des Lebens, empfänglich für die Melodie selbst hinter der Stille, nach der viele vermittels anstrengender Geistes- und Körperakrobatik vergeblich lauschen.

Die Wende: Sie liegt dort, wo wir in uns den alten Spitzbuben, das unbekümmert fröhliche Mädchen wiederentdecken, in einer Aktion vielleicht, wie sie der chinesische Impressionist Chin Chengtan als einen der vielen glücklichen Augenblicke im Leben eines Menschen beschreibt: »Ich habe nach Tisch wieder einmal nichts zu tun und beschäftige mich damit, die Dinge in alten Koffern und Schubladen durchzugehen. Da finde ich dutzend- und hundertweise Schuldscheine von irgendwelchen Leuten, die meiner Familie Geld schulden. Manche von den Schuldnern sind schon gestorben, die anderen leben noch; aber so oder so besteht nur geringe Hoffnung, das Geld je zurückzubekommen. Da schichte ich hinter dem Rücken der Meinen die Papiere zu einem Haufen zusammen und zünde ein kleines Freudenfeuer an, schaue in den Himmel und sehe, wie das letzte Wölkchen Rauch verschwindet. Ist das vielleicht nicht Glück?«

Verbrennen wir die alten Schuldscheine, öffnen wir die Schubladen für die leisen Dinge, die um uns herum geschehen. Sich freimachen: Keine Hemmungen mehr haben, wo Hingabe erwünscht ist. Sich zu keinem Lächeln mehr zwingen, wo man schreien möchte. Die Zustimmung des Herzens nicht mehr mit der Angst vor der

Ablehnung verwechseln und Wehleidigkeit nicht mehr mit Nächstenliebe, die eigene Feigheit nicht mit Toleranz. Sich freimachen von der falschen Scham, mit der wir unsere lebendigsten und besten Regungen verleugnen, sich freimachen für die richtige Scham, die Scham über existentielle Verlogenheit und vor allem darüber, daß wir immer wieder die Melodie des Lebens, die Wahrheit des Lebendigen in uns und in anderen unterdrücken aus keinem anderen Grund als dem der Angst vor dem Blick und dem Urteil anderer.

Eine Philosophie des Genusses propagiert nicht eine Lebensweise ohne Ziel und Absicht und ohne Grenzen. Lebensgenuß ist nicht Permissivität. Die ungeahnten Genüsse finden wir dort, wo wir das rechte Maß finden. Um die vielen Stakkati und Impetuosi aus unserer Lebensmelodie zu entfernen und um das ursprüngliche Leitmotiv wieder hörbar zu machen, dazu bedarf es durchaus jener Selbstdisziplin, deren Mangel Disharmonien erzeugt. Genuß ist nicht Lustgewinn um jeden Preis. Genuß und Freude verkümmern, wenn die Organe dazu zerstört werden, weil die sinnspendenden Grenzen fehlen. In der Grenzenlosigkeit verlieren sich die Spuren der Freude. Gerade weil die Massenkultur und die Güterwelt keine objektiven Grenzen setzen, weil wir heute im Prinzip alles tun können und dürfen, sind wir genußunfähig geworden. Genußkultur ist Geschmackskultur, ist Feinschmeckertum, ist, wie gesagt, Distanz, ist Auswahl aus unbeschränkten Möglichkeiten. Das bedeutet: sich stets etwas übrigzulassen, um vor lauter Genuß nicht schwindlig und krank zu werden; das bedeutet: sich immer etwas in Reserve zu halten, um vor lauter Glück nicht zu zerplatzen. Genuß ist Mäßigung, Völlerei ist tödlich, auch hier. Mit feinschmeckerischer Bedächtigkeit aus dem Angebotenen zu wählen versorgt uns mit weiterreichenden Sicherheiten. Wer das Kleine nicht ehrt, ist das Große nicht wert, sagt sinngemäß ein Sprichwort. Nur wer das Kleine auch zu genießen versteht, kann sich am Anblick der ganzen Festtafel freuen.

Versuchen wir, unbefangen zu prüfen, was uns Freude am Leben sein kann abseits der verwechselbaren Freuden der Warenhauskultur. Es kann alles sein, was wir positiv erleben, alles, was wir mit unserem eigenen positiven Hintergrund färben. Etwa wenn man am Morgen nach einer gesund durchschlafenen Nacht aufsteht und die Morgenluft atmet. Wenn in der Brust und im ganzen Körper das schöne Gefühl des Sich-Regens und -Weitens entsteht. Wenn man sich nach dem Frühstück genüßlich eine Zigarette anzündet und den Ringen aus blauem Dunst nachsieht. Wenn man sich nach einem guten Essen zwanglos in einen Sessel lümmeln kann und keine unangenehmen Leute um sich hat. Im Regen einmal ohne Schirm spazierengehen oder die Wärme der Sonne im Gesicht spüren. An einer Straßenecke ein Bier trinken. Schönen Schmuck auf der nackten Haut spüren. Ein Butterbrot essen. In alten Briefen lesen oder einen halben freien Tag lang in einer Buchhandlung herumstöbern (glücklicherweise gibt es noch solche Buchhandlungen, wo man das tun kann, ohne daß schon nach einer Minute ein übereifriger Verkäufer herbeistürzt, um den Kunden zu zwingen, ein Buch zu kaufen, in das er noch gar nicht hineingeschaut hat). Tanzen, wenn einem danach zumute ist, in der Bewegung betörende Lust am eigenen Körper empfinden. Ein intelligentes Theaterstück ansehen oder ein Konzert besuchen, auf dem gewissen Örtchen Zeitung lesen oder ein Gedicht.

Angesichts einer solchen Mischung möglicher Momente der Freude erhebt sich automatisch die Frage, worin der Unterschied zwischen sogenannten materiellen oder körperlichen und den intellektuellen, geistigen Genüssen liegt. Worin besteht die Trennungslinie zwischen körperlichem und intellektuellem Genuß, wenn man etwa eine schöne Frau oder einen schönen Mann beobachtet? Hier stehen sich zwei nahezu feindlich gesinnte Lager gegenüber. Es gibt die elitären Typen, die die sogenannten geistigen Genüsse für sich gepachtet zu haben glauben und verächtlich auf jene herabsehen, denen an reiner Geistigkeit nichts liegt. Die andere Seite blickt nicht minder elitär und verächtlich zu den reinen Geistern auf und erklärt (nicht ohne gewisse Berechtigung), diese wüßten am Ende nichts vom eigentlichen Leben. Die Tatsachen scheinen so zu liegen, daß es keine geistigen und keine körperlichen Genüsse sind, sondern daß jeder Genuß gleichermaßen geistig wie sinnlich-körperlich ist. Geruchssinn, Auge, Gehör, Tastsinn und Geschmacksnerven bauen, so möchten wir behaupten, vom ersten Tag des Lebens eines Menschenwesens die geistige Wesenheit aller Dinge mit auf, auch die einer Münchner Weißwurst.

Die vollkommene Gleichsinnigkeit, die Gleichgerichtetheit zwischen dem Sicht- und dem Hörbaren, zwischen dem Riech- und dem Fühlbaren in der Natur und unseren Sinnesorganen grenzt beinahe ans Mystische. Die Gleichsinnigkeit zwischen den Augenblicken, Geräuschen, Gerüchen und Geschmacksnuancen auf der Welt und unseren Wahrnehmungen geht geradezu so weit, daß man den von Voltaire so sehr ins Lächerliche gezogenen Gedanken der Teleologie beinahe ernst zu nehmen verleitet wäre, wenn man nicht doch zu freiheitsliebend und nur allzusehr der Fähigkeit sich bewußt wäre, sich auch abseits gottgewollter und naturgegebener Sinnzusammenhänge für das Schwarz und Weiß der Daseinsillusionen entscheiden zu können. Sehen wir daher das teleologische Prinzip eher im Sinne der Kybernetik, der zusammenhängenden, sich selbst regulierenden und erhaltenden Kreisläufe.

Nicht daß das eine dem anderen widerspräche: Das Innen des Menschen und das Außen der vom Menschen geschaffenen Welt bedingen einander wechselwirkend. Mit dem Anwachsen der Erkenntnis des einen wächst auch die Erkenntnis des anderen. So sollte es zumindest sein. Gewiß besteht ein Unterschied zwischen uns und unseren Urahnen, deren Sinnesempfindungen unmittelbar waren, was heißt, daß sie vermutlich ohne besondere Schärfe sahen, undeutlich hörten, ohne Wahl rochen und mit derselben Brutalität genossen, mit der es manche Leute heute noch tun. Im allgemeinen aber stehen die Menschen der heutigen Entwicklungsstufe dank eines unergründlichen Zufalls an der vordersten Front des evolutionierenden Lebens. Vermutlich war die von manchen nicht ganz ohne Grund als evolutionärer Irrtum bezeichnete Spaltung in erkannte Objekte und erkennende Subjekte, die gedankliche Zertrümmerung der Einheit der Welt, ein notwendiges Übel. Wenn wir auch im allgemeinen noch immer nicht fähig sind, diese Spaltung zu überwinden, so hat sich dabei doch der Verstand dermaßen geschärft, daß es uns möglich ist, »uns mit den Geistern der natürlichen Welt bewußt zu versöhnen«, wie es der Anthroposoph Rudolf Steiner formulierte.

Aber wie auch immer wir die Chance nutzen, eine bestimmte Einstellung und Vorstellung unserer Umwelt gegenüber zu entwikkeln, nämlich uns einzuordnen oder überzuordnen und uns damit gegen die Umwelt zu stellen, so ändert das nichts an dem Umstand, daß wir sie jederzeit und ausschließlich sinnlich wahrnehmen und erfahren. Niemand würde bestreiten, daß etwa dem Bewußtsein, gepflegt zu sein, gut und vor allem bequem angezogen zu sein, eine durchaus ins Geistige reichende Ruhe und Ausgewogenheit entströmt, an deren Wirklichkeit der betreffende Mensch kaum zweifeln wird, es sei denn, er gehört zur Gattung der Spiritisten, die schon zu Lebzeiten als körperlose Wesen durch die Gegend schweben.

Äußerlichkeiten erhalten ihre Bedeutung durch unser innerstes Empfinden. So ist es auch bei der Begegnung mit der Kunst. Man kann natürlich ohne jedes besondere Empfinden Schmuck tragen. Trägt man ihn bloß, um zu protzen, so hat das innere Empfinden sicherlich wenig mit dem Schmuck selbst zu tun, aber immerhin etwas mit dem Drang zu protzen. Man kann sich auch am Schmuck aus reiner Freude am Schmuck freuen, ja ihn mit allen Sinnen genießen und gar einen Schauder dabei verspüren. Die mittelbarste Begegnung mit Kunst, das Allernahste und zugleich das Allerfernste: Schmuck. Edelsteine, die nicht verwittern: Unserer Vergänglichkeit stellen sie Ewigkeit gegenüber und den Beweis ihrer dämonischen Seiten, der menschlichen Identifikationen: Habgier,

Neid, Mord, politische Identifikationen aller Art. Schmuck, totes Mineral – das Glitzern in den Augen der Frauen (und auch der Männer zuweilen) verrät es: Wer könnte bestreiten, daß die Elemente aller Erfahrung körperliche Erfahrungen sind, Empfindungen, Haltungen, Ausdrücke, Anspannen und Entspannen, ein Aufladen und Entladen, ein Zucken, ein Gedanke, eine ganze Philosophie.

Man mag es für übertrieben halten, aber in Asien etwa mißt man einen der Zustände des menschlichen Wohlseins und des Glücks in der Verdauung. Eine gesunde Verdauung macht glücklich, eine träge Verdauung macht unglücklich. Wer möchte da geistige und körperliche Genüsse noch auseinandertrennen? Immerhin, die heutige Medizin scheint die Wechselwirkung zwischen seelischem Befinden und der Verdauung zu bestätigen und damit sicherlich die Erfahrung aller, die derlei Wirkungen an sich erleiden. Man kann nur wiederholen, was Jeane Anthelme Brillat-Savarin, der die Feinschmeckerei in den Stand einer Wissenschaft erhoben hatte, in seiner 1826 in Paris erschienenen *Physiologie des Geschmacks* zu diesem Thema bemerkte: »Unter allen Körpertätigkeiten ist die Verdauung diejenige, welche auf den moralischen Zustand des Individuums den größten Einfluß ausübt. Die Art und Weise also, wie die Verdauung sich gewöhnlich betätigt oder namentlich beendet, macht uns gewohnheitsmäßig traurig, fröhlich, schweigsam, geschwätzig, trübe, melancholisch, ohne daß wir uns davon Rechenschaft geben und noch weniger es ändern könnten!«

Was soll man dazu noch sagen? Bliebe zu letzterem zu bemerken, daß man natürlich etwas daran ändern kann. Getreu dem Wahlspruch, daß Lebenslust an jedem Ort sich findet, wo wir uns die Zeit nehmen, zu verweilen, sei hier vorgeschlagen, auch den kleinsten Ort der Häuslichkeit etwa mit einigen Bildern zu schmükken und darin geeignete Lektüre zu plazieren, auf daß es Geist und Körper wohlergehe ... Das ist durchaus unserem ernsten Thema des Lebensgenusses angemessen. Sterblich, aus Fleisch geschaffen, wie wir nun einmal sind, haben wir außerordentlich dünne Trennwände zwischen unserem leiblichen und dem geistigen Teil, und das Geistige in uns, mit all seinen zarten Empfindungen und seiner Empfänglichkeit für das Schöne, ist auf keinem anderen Weg erreichbar als über unsere Sinne.

Wir nehmen uns aber niemals die Zeit zu verdauen, weder wörtlich noch im übertragenen Sinne. Wir verweilen nicht in jenen Augenblicken, die uns mit Genuß erfüllen. Deshalb können wir mit dem »einfachen Leben« nichts anfangen, das die allermeisten Genüsse in sich birgt. Einfachheit des Lebens ist ja nicht zu verwechseln mit Armut und Kargheit oder asketischer Enthaltsamkeit; vielmehr ist es ein Raumschaffen für das Wesentliche und Wichtige. Aber es ist im Leben wie in jenem Prozeß, der allem wissenschaftlichen Fortschritt zugrunde liegt: Dem Fortschritt des technisch Überladenen zum Einfachen, von der Arbeit des Spezialisten zu der des Denkers liegt recht eigentlich ein Vorgang der Verdauung zugrunde, ein Prozeß, der durchaus mit dem des Stoffwechsels vergleichbar ist. Wir machen zu wenige dieser erfrischenden Pausen, um die Dinge wirken zu lassen. Wir hetzen durch Museen, um nur ja alles zu sehen, doch am Ende haben wir nichts davon und könnten doch so viel erleben, wenn wir, ohne uns um andere zu kümmern, bei drei oder vier Kunstwerken verweilen würden, um so einen gewissermaßen geistigen Stoffwechsel zu ermöglichen. Wir leiden auch an geistigen und seelischen Verstopfungen und Durchfällen. Wen wollte es wundern: Im Berufsalltag gezwungen, Zeit zu verwerten, nach dem Uhrzeiger zu leben, haben wir nichts anderes zu tun, als uns auch in der Freizeit von den Zeigern der Uhren terrorisieren zu lassen. Gerade in der Freizeit hätten wir Gelegenheit, uns in Müßiggang einzuüben, aber auch die Frei-Zeit ist häufig mit Terminen vollgestopft: eine Verabredung pünktlich um drei Uhr, um fünf die nächste, dazwischen kein Einkaufsbummel, sondern eine Einkaufshetze, um sechs die erste Tagesschau, anschließend womöglich eine gewohnheitsmäßige Stammtischrunde, um zehn der Film, den man unbedingt sehen muß (weil jemand von der Stammtischrunde gesagt hat, den Film müsse man unbedingt sehen), am nächsten (Sonntag-)Morgen Familienausflug, statt im Bett liegenzubleiben (es fahren doch alle am schönen Sonntagmorgen ins Grüne), um zwölf ißt man in einem Gasthaus zu Mittag, wo einem die Kellner die Teller unter dem Löffel wegziehen (weil sie im Sonntagsstreß sind), am Nachmittag muß Hecke geschnitten werden (der Nachbar hat sie schon geschnitten), und um fünf muß man damit unbedingt fertig sein, denn dann ist die Übertragung vom Länderspiel im Fernsehen, und um sechs kommt die verheiratete Tochter zu Besuch, das heißt, sie sollte kommen, aber sie verspätet sich um eine halbe Stunde, und die Wartenden sind einem Herzinfarkt nahe vor Aufregung.

Gegen all dies ist grundsätzlich nichts einzuwenden, und es sollte, bitteschön, niemand beleidigt sein, wenn er gerade eben die Hecke geschnitten hat, sich gern eine Fußballübertragung ansieht oder Spaß an einer feuchtfröhlichen Stammtischrunde hat. Worum es geht, ist: daß wir uns bewußt werden, daß die Freizeit eine Zeit ist, die man davor bewahren sollte, von anderen verwertet zu werden. Daß es eine Zeit ist, die nicht nach einem Stundenplan eingeteilt werden sollte, weil wir sonst nie dazu kommen, uns Zeit zu lassen. Daß es eine Zeit ist, in der wir manchmal einfach nichts tun und auch etwas unerledigt lassen dürfen, selbst wenn man uns hundertmal eingetrichtert hat, man solle nicht auf morgen verschieben, was man heute genauso besorgen könne. Manches kann man eine Woche später vielleicht noch besser erledigen, manches erledigt sich zuweilen von selbst.

An einem Freitag jemandem zu versprechen, daß man ihn am freien Samstag pünktlich um drei treffen werde, verpatzt einem eigentlich den ganzen Samstag, weil sich naturgemäß alles Tun auf den Zeitpunkt der Verabredung ausrichtet. Was soll man denn an so einem Tag noch genießen? Ein Unglück in diesem Zusammenhang ist auch, daß man Einladungen zum Wochenende und vor allem auch sogenannte Familientreffen wie einen Staatsakt zelebriert, wobei gar nichts dagegen einzuwenden ist, sich hin und wieder mit

Freunden oder mit Familienangehörigen zu treffen. In der Regel aber würde man sich vieles erleichtern, wenn man kommen und gehen ließe, wann immer jemand will, und daß man auch selbst kommt und geht, wann immer man Lust dazu hat.

In südlichen Ländern, wie etwa in Spanien oder in Italien, hält man es mit der Pünktlichkeit nicht so genau. Niemand ist dort beleidigt, wenn man eine oder zwei Stunden später oder auch gar nicht kommt. Es herrscht dort das Prinzip der Unverbindlichkeit, der sozusagen ständigen Einladung, was allen zugute kommt. Niemand braucht sich deswegen graue Haare wachsen zu lassen, weil er einer Einladung nicht Folge leisten kann, und niemand muß sich einen Nervenzusammenbruch anärgern, weil jemand nicht pünktlich kommt. Zu essen und zu trinken gibt es für den Fall der Fälle immer etwas. Zivilisierten Mitteleuropäern mag das nachgerade ein Horror sein, aber die spontanen Feste dort sind garantiert fröhlicher, ausgelassener, natürlicher; es fehlt ihnen jene seltsame Verkrampftheit und Zwanghaftigkeit, die die so sorgfältig organisierte Gesellschaftlichkeit in unseren Breiten zuweilen kennzeichnen.

Erfahrungsgemäß ist es so, daß man keine Angst zu haben braucht, die beiläufigen Dauereinladungen würden dazu führen, daß das Haus ständig voller Gäste ist, ganz im Gegenteil. Und im Notfall kann man sich der praktischen Anwendbarkeit eines alten Sufi-Witzes bedienen und zum Fenster hinausrufen: »Hört mal, ich bin gar nicht zu Hause.«

Zeit ist es, die wir häufiger brauchen, unzerteilte, unvergebene, ungeplante Zeit. Zeit der Muße, Zeit zum Schauen, Zeit zum bloßen Sein, Zeit, die uns die Wiederentdeckung der Musik hinter den unscheinbarsten Dingen auch des Alltags ermöglicht. Natürlich, wir fliegen heutzutage ins Weltall, man ging auf dem Mond spazieren, rechnet in der Schule mit kleinen Computern; das banalste Küchengerät ist das Produkt nüchternster Wissenschaftlichkeit und Technik, wir sind umgeben von derlei Dingen. Wie könnte da noch jene Musik klingen, von der der weise Sufi spricht? Muß man am Ende nicht doch hinaus in die Einsamkeit, in die Stille, um wieder zu Sinnen zu kommen?

Wir können (und wir tun es auch) die Sterne, den Mond und den nächtlichen Himmel, die Sonne und die ganze Natur mit den Augen des nüchternen Mathematikers, des Wissenschaftlers als etwas Berechenbares betrachten, etwas Entzaubertes. Aber hat der nächtliche Himmel, hat der Mond und haben die Sterne wegen der Weltraumspektakel und all der anderen technischen Spektakel im All ihren Glanz verloren? Hat die Berechenbarkeit von Ebbe und Flut die Faszination des rauschenden Wellenschlags zerstört?

Gewiß: Wir können die Selbstverständlichkeiten des Alltags als Selbstverständlichkeiten ohne jeden Gefühlswert hinnehmen. Wir können aber auch darüber staunen, daß man am Telefonapparat nur eine bestimmte Nummer wählen muß, und schon ist eine Stimme am anderen Ende der Welt zu hören. Natürlich wissen wir, wie das funktioniert, mehr oder weniger. Den Satz »scientia auget dolorem«, den die Antike überlieferte, daß also Wissen mit Schmerz verbunden sei, haben Menschen und keine Götter erfunden, und er hat daher keine verbindliche Gültigkeit für den, der mit anderen Augen sehen will. Auch und gerade in der Fülle des sachlichen Wissens kann man sich das naive Staunen bewahren, kann man sich die Faszinationsfähigkeit erhalten und es einfach wunderbar und zauberhaft finden, daß man telefonieren kann: die Fähigkeit, sich dem Zauber hinzugeben, verzaubert zu sein, sich bezaubern zu lassen (das ist die Bedeutung des Wortes Faszination). Ohne diese Fähigkeit wird alles kalt, langweilig und fad, ohne sie verlieren die Sterne ihren Glanz.

Es ist uns aber nachgerade eine Peinlichkeit, uns einer Faszination hinzugeben. Wie lächerlich, ein Telefongerät und die Tatsache des Telefonierens faszinierend zu finden: Man ist ja kein Kind mehr. Schade. Könnten wir wie das Kind ein Telefon noch bestaunen, brauchten wir uns vor der Zukunft keine Sorgen zu machen. Die Dinge sind nur deshalb kalt und sachlich, weil auch wir es sind. Alles ist Natur, auch das, was wir auf der Basis unserer sinnlichen Erfahrungen schaffen. Telefon wie Computer, Auto wie Flugzeug sind im Grunde genommen natürlich; selbst Fehlentwicklungen wie die Atomrakete sind Natur, denn diese hat schon immer Irrtümer gekannt – und am Ende korrigiert. Auch dieser Irrtum wird korrigiert werden, auf diese oder jene Weise, denn der Mensch, jenes Lebewesen im Gesamtgefüge des Lebens, hat die Fähigkeit, sein Denken zu ändern. Darin liegen Chance und Untergang zugleich: Auch das hat die Natur getan, seit sie Form hervorgebracht hat. Sie hat vernichtet, und sie hat alle Chancen zur Entwicklung geboten. Das Leben ist dazu da, um geliebt zu werden. Da dies eine so einfache Tatsache ist und sich die Zahl der Menschen tatsächlich mehrt, die auf verschiedene Arten Liebe zum Leben demonstrieren, können wir zuversichtlich sein. Und wenn es anders kommt? Dann wird es wohl so kommen müssen, dann haben offensichtlich die Menschen das Leben zu wenig geliebt ...

Noch können wir Staunen lernen. Der Staunende, der Liebende, der Romantische, der lebensfrohe Genießer, der die Welt, das Universum, die Natur liebt, er ist kein Fantast, kein Einfaltspinsel, sondern ein Mensch, der sich bewußt in die Welt einordnet, sich ihr nicht überordnet und sich dabei nicht von vagen Vorstellungen von einem Jenseits beirren läßt: Er gibt sich zufrieden mit seiner eigenen Vorläufigkeit ohne die so moderne Folgerung, damit sei seine Würde dahin. Staunen, sich faszinieren lassen: Das ist Sammeln der Sinne für das Schöne in der Natur, in der Kunst, im Leben. Sinnlichkeit: wir möchten meinen, daß dies ein eigener Sinn ist, der siebte, der Konzentrationspunkt aller anderen Sinne – das dritte Auge, das die Gralssucher aller Zeiten und Regionen bis heute in der Gegend der Nasenwurzel zu finden sich mühen.

Sinnlichkeit macht zärtlich, ist Zärtlichkeit, ist das Klingen aller Sinne, die Musik, nach der wir suchen. Erkennen, Erfahren: ein sinnlicher Vorgang. Die Welt ist Erkennen, Erfahren. Deshalb ist das Staunen der wahre Ausgangspunkt des Erkennens: Entdecken dessen, was man noch nicht versteht, was man gar nicht verstehen will.

Man erschaut es doch. Das Staunen stammt aus der Wirklichkeit, es führt dorthin, woher es stammt. Sinnlichkeit ist ein erotisches Verhältnis zum Leben und zur Umwelt, wie es sich in jenem asiatischen Sprichwort ausdrückt: »Die Leidenschaft zwischen Mann und Frau ist Grundlage und Maßstab für das ganze Leben.« In jeder Beziehung: Empfinden, sich selbst empfinden im Erfahren der Umwelt, sich empfinden im anderen ist Eros. Das ist weiße Magie: Die Welt in ihrer Realität vorbildlos zu sehen, den Weg vor dem, was geschieht und ist, freizumachen, um geschehen zu lassen, was geschieht.

Sinnlichkeit – sie läßt das Schöne, das zerschlagen ist wie die umgebende Welt, an unverbrauchten Orten wiederfinden: die Schönheit der geschmeidigen Bewegung eines Tieres, das Nicken einer Blume im Wind, die erotische Bewegung eines angstlosen Körpers, die Grazie eines Kindes, der Wimpernschlag geliebter Augen, das Gesicht eines liebenden Menschen. Schön sind alle Ausdrucksformen des Lebendigen, wenn die innere Bewegung und der äußere Ausdruck identisch sind. Alles Lebendige in der Schöpfung ist Schönheit, weshalb auch die schönste und meisterhafteste Kunst jene ist, die formvoll ist im Ungeformten, die nicht umgeben ist von mathematischer Perfektion, sondern von dem Zauber und einer Schönheit, die sich wie von ungefähr, so ganz nebenbei, einstellt.

Das Schöne wieder sehen zu lernen ist Wiederbelebung. Lebendig zu sein bedeutet, Augen und Gefühl für das Schöne zu haben. Die Dinge sind schön und faszinierend, sie sind da, auch wenn uns die Aufmerksamkeit dafür fehlt. Wie bei allem besteht der Hauptpunkt darin, festzustellen, wie wir Menschen uns an den Dingen erfreuen können, und nicht, was sie aus sich heraus bedeuten.

Lebendig zu sein bedeutet auch, sich über eine Orange, einen Apfel zu begeistern. Jede Speise hat ihren Geschmack, auch wenn wir ihn nicht wahrnehmen, ihn nicht beachten. Jeden Morgen geht die Sonne auf, auch wenn wir den Sonnenaufgang verschlafen und er uns nichts bedeutet. Alles hat seinen Duft. Auch der Regen hat einen Duft, der Schnee, wenn man aufmerksam genug darauf achtet. Die Nacht riecht anders als der Tag, der Sommer anders als der Winter. Schnuppern, riechen – der Geruchssinn ist fürwahr einer der erotischsten und zugleich einer der abgetötetsten Sinne des Menschen; vielleicht, weil er ein erotischer Sinn ist.

Nicht die Welt ist leer, wenn sie uns nichts bedeutet; wir sind es, wenn wir all das nicht sehen, nicht riechen, nicht hören. Das Schöne wiederfinden, das bedeutet: den leeren Raum in uns mit Schönheit füllen, den leeren Raum, den nur wir ausfüllen können, jeder für sich, um ihn zum freudigen Moment zu machen.

Sinn für das Lebendige und Schöne: Wie verwandeln sich dabei unsere Hände in Sinnesorgane für alles Kreatürliche, für die Sinnlichkeit der Oberflächen, für den Pulsschlag des Lebens.

Wenn wir ein kleines Tier in die Hand nehmen, wenn wir eine Hand berühren – wie sehr vermittelt uns die sinnlich aufmerksame Berührung das elementare Gefühl der Liebe. Sinn für das Schöne, Sinnlichkeit: Sie ist es, die auch die längst vergessenen Pforten zum menschlichen Glück und zur Liebe öffnet.

Spaziergänge durch das Paradies und die Magie der Tagträume

Die Natur: Sie spricht all unsere Sinne an, wenn wir uns ihr öffnen. In ihr können wir erfühlen, was Vollständigkeit bedeutet: bergende Natur, die uns mit allen Wahrnehmungsfähigkeiten fordert, die uns Genuß und Glücksmomente in Fülle bietet, wenn wir uns ihr in dem Bewußtsein nähern, daß wir über den Augenblick des Lauschens, Schauens und Riechens hinaus keine Macht über sie haben. Nicht als Besitzer und Benützer können wir die Natur genießen, sondern nur als ihre Bewunderer.

Was uns zu einzigartigen Lebewesen macht, ist unsere Fähigkeit, die Schönheit einer Blume, eines mit Schnee überzuckerten Gebirges, eines verwilderten Kaktus, eines knorrigen alten Baumes oder auch nur die Schönheit eines bloßen Scheins zu genießen, uns dieser Schönheit dank unserer Fähigkeit der Vorstellung »bewußt« bewußt zu werden, einer Fähigkeit, die wir gleich unseren Sinnesorganen haben erschlaffen lassen. Mehr noch: Wir haben sie mißbraucht.

Wir fragen in unserem Verhältnis zur Natur nur mehr, was es bedeutet, und nicht, was es ist; wir fragen nach Funktionen und Zwecken. Jene Gabe liegt brach, die wir als einziges Geschöpf besitzen: daß wir einen Verstand haben, der uns befähigt, zur Umwelt eine bestimmte Haltung einzunehmen. Wir können sehen und dabei in Wirklichkeit nichts sehen. Die Natur zu genießen ist mehr als Sehen, es ist die Fähigkeit zu schauen, sich hinzugeben in die Anschauung, um so mehr als nur bloßen Augenschein zu gewinnen.

Es nützt wenig, wenn wir heute beim Anschauen der Natur nur die Verheerungen sehen, die wir verursacht haben, ohne zugleich das noch immer Bewunderns- und Staunenswerte zu erleben und zu erfahren. Es nützt uns und der Natur wenig, wenn wir intellektuell nur über die durch sauren Regen gestorbenen Bäume lamentieren, ohne sie sinnlich in unserem Lebenszusammenhang zu erfahren. Nichts anderes sind wir im Organismus der Natur als das Auge, mit dem sich das Leben, die Natur selbst sehen kann.

Wir glauben noch immer an die Geschichte vom verlorenen Paradies, wir stellen sie noch immer nicht in Frage. So wie der einzige Himmel zunächst nur hier auf Erden existiert, und ebenso die einzige Hölle, so gibt es auch nur ein Paradies, unseren Garten. Die Frage ist nur, ob wir bereit sind, ihn zu sehen. Keine Wissenschaft, keine politische Argumentation, kein ökologisches Konzept kann am Ende die Natur und damit uns Menschen retten, wenn nicht die Innenseiten des Lebens gesunden: So, wie wir sind, ist auch die Natur um uns herum.

Es liegt wohl an der Geschichte vom verlorenen Paradies: Nicht wir sind die Vertriebenen, sondern wir haben es aus uns hinausgetrieben. Unsere irrige Vorstellung, das Paradies sei ein makelloser Garten, aus dem wir vertrieben worden sind, hat uns dazu gebracht, eine ausschließlich »naturwissenschaftlich« überhebliche Einstellung zur Mutter Erde zu entwickeln. Da der paradiesische Garten ohnedies verloren ist – so hat der Mensch gedacht –, ist die Erde dazu da, sie nicht bloß zu nutzen, sondern sie zu benützen, sie auszunützen, sie auszubeuten zu seinem alleinigen Wohlergehen. Den so denkenden Menschen lockt es, das Innere und die Oberfläche des von ihm bewohnten Erdballs chemisch zu analysieren und sich Gedanken darüber zu machen, wie weit die Atmosphäre und unsere Galaxie reichen, nicht um zu verstehen, sondern um zu überwältigen, zu erobern, zu unterjochen. Der Mensch als Herr der Erde: Das ist die eigentliche Anmaßung, die Geschichte vom Sündenfall.

Der Natur gegenüber, die den Menschen hervorgebracht hat, war er fürwahr eine undankbare und anmaßende Brut, und er ist es eigentlich noch heute: Im allgemeinen geht es ihm ja nicht darum, die Natur um der Natur willen zu retten und die von ihm verursachten Schäden zu begrenzen, sondern er hat es mit der Angst zu tun bekommen, es sei nicht mehr allzuviel übrig, um ihm auf Dauer das weitere Ausbeuten zu ermöglichen.

Die Natur läßt sich nicht zerstören. Sie kommt auch ohne Menschen aus. Wenn der Mensch sich alles nimmt, was die Natur ihm angeboten hat, bringt er sich um, denn er schöpft das aus, was die Natur ihm bietet. Sie aber lebt ohne ihn weiter. Wenn der Mensch sich umgebracht hat, wird sie vielleicht wieder neues Leben hervor- und zu Bewußtsein bringen. Diesen unseren Stellenwert müssen wir erkennen, wenn wir beweinen, was wir angerichtet haben, wenn wir nicht um der Natur, sondern um unserer selbst willen weinen.

Wir vergessen noch immer, wie klein und wie unwichtig wir im Grunde genommen sind. Da steht das Menschlein in der Stadt vor einem hundertstöckigen Gebäude und kommt sich großartig vor. Man stelle die Wolkenkratzer im Geiste nur einmal neben einen ganz bescheidenen Berg; dann gewinnt man wieder den richtigen Maßstab für das, was man gewaltig nennen darf. Es ist gar nicht notwendig, sich daran zu erinnern, daß erst kürzlich ein Sonnensystem entdeckt wurde, das mindestens sechzigmal größer ist als unseres. Das ist die Natur, auch der Kosmos gehört zu ihr, in die wir Menschlein eingebettet sind. Doch wozu in die Sterne schweifen: Auch wenn es uns heute schon gelingt, künstlich ein paar tödliche Bakterien, Lebewesen also, herzustellen – was ist das schon gegen Kunst und Weisheit und Kraft, die selbst im kleinsten Pflänzchen liegen, das die Mutter Natur geboren hat: eine Vogelfeder, ein Blumenblatt, ein Grashalm, ein Ameisenstaat.

Ist es denn nicht so, daß die Erde trotz allem noch immer ein paradiesisch ausgezeichneter Ort ist? Man denke sich nur einmal den Menschen weg: Da haben wir noch immer den Wechsel von Tag und Nacht, da kündet noch immer das Morgenrot einen neuen

Morgen an, wechseln noch immer die Jahreszeiten, da rollen noch immer Wellen an den Strand, plätschert noch immer das Wasser eines Gebirgsbachs, da wachsen, ungeachtet der Einbrüche des Menschen, Bäume, die Schatten spenden, die blühen und Früchte tragen, da gibt es noch immer faszinierende Gewitter, gewaltige Blitze und Donnergrollen, die die Leute zuweilen ein wenig kleinlaut machen; da gibt es noch immer feuerspeiende Berge, friedliche Seen; noch immer gibt es die Unendlichkeit der Meere und die Gewaltigkeit der Gebirge; da existieren, ungeachtet unserer Mordtaten, noch immer unzählige Tierarten: Maikäfer, Bienen, Hasen, Rehe, Hirsche, Kamele, Pferde, Elefanten, Rhinozerosse, Eichhörnchen, Zitterrochen und Schildkröten. Noch immer ist für jeden Geschmack gesorgt.

Es kommt eben darauf an, wie man die Welt betrachtet. Man kann den Wald, die Wiesen als Garten auffassen, man kann dem Rauschen eines Baches und eines Flusses lauschen, als wäre es ein Konzert, doch wir können auch achtlos daran vorbeigehen. Man kann fürwahr das überirdische und gewaltige Schweigen im Gebirge den Kunststücken der christlichen Kirchen entgegensetzen und sich fragen, wo Andacht sich besser zu entfalten vermag: in den Kirchen oder Domen, die durchaus bewunderungswürdig sind, oder in der Natur. Aber wenn man schon von Seelenheil spricht, so würden wir die Seelenheilkunst der Natur gewiß gegen jede andere Art von Seelentröstung eintauschen: Steigen wir hinauf auf einen Berg, und sehen wir sie uns an, die Spielzeugwelt der Menschen, lauschen wir der Stille im Rauschen der Blätter, heidnisch ehrlich und damit wirklichkeitsnah, weil wir dabei das Wesen der Schöpfung im Dunstkreis des Geheimnisses belassen, um so unsere wirkliche Ehrfurcht auszudrücken.

Natur ist Leben. Das Leben ist dazu da, geliebt und genossen zu werden. Wer dies begreift, ist in der Natur und wird die Natur wie das Leben selbst als Kunstwerk auffassen, das bei allzuviel Einsatz von Hammer und Meißel verdorben wird. Es ist ein Unglück, daß nicht jeder Mensch über einen Garten verfügt, um sich so handgreiflich einüben zu können in den Genuß der Natur. Hier können wir lernen, zu schauen, zu riechen, zu tasten, zu fühlen; hier können wir lernen, daß der Garten als Sinnbild der gesamten Natur nur dann Freude spendet, wenn wir uns ihm ohne Herrschaftsinteresse nähern, wenn wir uns, anstatt die Natur zu unterwerfen, auf die Gesetze des Wachsens und Vergehens einstellen. Der Garten, das ist gestaltgewordene Lust des Menschen, mit der Natur, die ihm gehorcht, zu spielen: ein Geben und Nehmen, ein Gestalten, keine Ausbeutung, sondern eine Symbiose. Der Garten läßt den Zwang vergessen und gibt Muße statt Mühe. Man lernt, daß die Grenzen des Gartens keine Grenzen sind, denn Landschaft, die uns gehört, ist überall. Im Garten spiegeln wir sie, und wie der Garten sie widerspiegelt, so sehen wir ihn: Landschaften im Herzen, Landschaften im Traum, wo alles am richtigen Platz steht. Blumen bekommen ihren Glanz, wenn man Blumen liebt, wie auch der häßlichste Mensch schön wird, wenn er geliebt wird.

Wieviel kostet es, zu erleben, zu lernen, was Sein ist? An einem Herbsttag an einem Waldrand spazierengehen, sich zwei Stunden ins hohe Gras legen und die Arme unter dem Kopf verschränken, die nach Humus riechende Luft einatmen. Gleichgültig, ob der Wald mir gehört oder nicht, die Luft wird dadurch nicht schlechter oder besser. Es kommt immer nur auf uns an: Wenn wir durch einen Auwald wandern, ganz allein und der Gegenwart hingegeben, dann zählt allein, ob unsere Sinne geschlossen oder offen sind, und es zählt nicht, was wir sind.

Offen sein: Das ist Meditation. Die Natur dringt als Ganzes in unser Leben ein, wenn wir offen sind für sie, und der Mensch als der mit Sinnen begabte Lebenskünstler lernt dabei, die Vielzahl der in der Natur vorkommenden Stimmungen zu unterscheiden und mit seinen eigenen in Einklang zu bringen. Die Natur im Augenblick zu genießen, das ist Meditation, die alle komplizierten Übungen erübrigt. Meditation: Metamorphose, Verwandlung in das, was erfahren und erkannt wird, volles und nicht nur gespiegeltes, sondern mittelbares Erlebnis. Es ist das Erleben von Daseinsfülle, Genuß der Fülle in Bewunderung der Fülle.

Die Natur lieben, weil man sich selbst liebt: Das ist ohne neumodischen magischen Firlefanz ein Ankuppeln an verlorene elementare Lebensenergien und Lebenszusammenhänge. Dann braucht man auch keine Waldhütte, in die man sich als Einsiedler zurückzieht, um in der Natur zu sein. Wer sich hin und wieder ganz diesem Erleben hingibt, hat die Natur im Herzen, die Seen, die Berge, die Täler, die Wälder, und sie bleiben bestehen, auch wenn der Mensch wieder zurück muß hinter die städtischen Betonwände. Auch von dort aus wird er die Natur zu schützen wissen, weil er ihre Verstümmelung nicht nur als Verminderung seiner Ressourcen, sondern als Verstümmelung seines eigenen Wesens betrachtet. Ohne irgendwelche Trips, ohne Absicht und damit ohne Schuld hier und jetzt zu sein mit den Flüssen, Vögeln, Bäumen und Bergen, das ist religiöses Erfahren.

So haben wir uns einen Garten geschaffen, umgrenzt mit Zäunen, die Schatten spenden und Zuflucht bieten. Doch innerhalb der Mauern haben wir gelernt, die Natur auch außerhalb der Zäune als Spielplatz zu betrachten. Wir spielen Menschen im Paradies. Meistens, nicht immer freilich, sind wir sicher, im Paradies zu sein. In solchen Augenblicken wissen wir: Wir wurden im Grunde genommen nie daraus vertrieben. Wir sind freiwillig und aus Dummheit gegangen und gehen noch immer freiwillig und aus Dummheit. Aber wir können jederzeit zurück, denn jeder genossene Augenblick ist dieser unserer Zeit nicht unterworfen, er stammt aus dem Paradies.

Durch den Genuß der Natur in der Natur sein: Die als magisch und mystisch bezeichnete alte Verbundenheit des Menschen mit Natur und Kosmos ist nicht verschwunden. Auch wenn wir anders denken, sind wir immer noch Welt, weil wir das sind, was wir erfahren und tun, weil wir auch die Dinge, die wir tun, auf eben jene Weise tun, die unser Erfahren ist. Unsere Vorstellungen und unsere Verstellungen, unsere Gedanken und emotionalen Blockaden sind es, die die offenen Kommunikations- und Strömungsvorgänge zwischen Mensch und Welt behindern, umleiten, ableiten ins Destruktive. Jedoch: »We are the world«, wir sind die Welt, war 1985 einer der vielgehörten Songs in den Hitparaden der Welt. Wir sind es. Und so, wie wir träumen und fühlen, so sieht die Welt aus.

Die Magie gehört eben nicht nur den Zauberern. Wer das Leben genießt in seinen schönen Augenblicken, aber auch wer das Leben haßt, braucht keine magischen Rezepte und Zaubersprüche. Wir selber sind die schwarzen und die weißen Magier mit allen Fähigkeiten und Möglichkeiten, etwas erscheinen und wieder verschwinden zu lassen. Wir haben die magische Fähigkeit, aus unserem Leben die Langeweile und die Öde zu vertreiben und unsere Existenz über Raum und Zeit hinauszuführen, ohne Unsterblichkeit, ohne Göttlichkeitsanspruch, so, wie Odysseus der Magierin Circe antwortete, als sie ihm die Erhebung in den Olymp anbot: Es gibt nichts Besseres, als geboren zu werden, als Mensch zu leben und zu sterben.

Wir alle träumen mit offenen Augen. Jede unserer Vorstellungen ist in gewisser Weise ein Traum. Auch die Völker haben stets ihre Träume, und die Erinnerungen daran überdauern Geschlechter, Jahrhunderte. Träume haben eine Macht, die zur Verwirklichung drängt, zumal die schlechten Träume, bis sie mit der Wirklichkeit zusammenstoßen; sie sind die bewegten Wogen über der Ruhe in der Tiefe des Meeres. Wir sind der Stoff, aus dem die Träume sind. Dort, wo wir sie zu ernst nehmen, werden sie entzaubert. Den Träumen freien Lauf zu lassen, sie wie Luftballons ungehindert aufsteigen zu lassen, sie spielerisch den Realitäten zu überlassen, macht sie genießbar. Nicht den Wanderern gen Mitternacht, den ernsthaften Träumern, die zum Opfer ihrer Träume werden, gehört die Welt, sondern jenen, die mit wachen Sinnen träumen, mit offenen Augen fremde Welten erschaffen und wieder verschwinden lassen. Das ist Zauber.

Zu träumen und zu wissen, daß man träumt – da gibt es kein böses Erwachen. Wer träumend um Träume kämpft, erwacht nie.

Träume ernst zu nehmen, in Illusionen über die Wirklichkeit zu schwelgen, den Abstand zu verlieren: dabei frißt man sich selbst auf und wird von den Träumen gefressen. Die Träume genießen, als seien sie Speise: es besteht ein Unterschied zwischen jenen, die die Welt zu Tode träumen, weil sie die Träume mit der Wirklichkeit verwechseln, und jenen, die Herr ihrer Träume sind, die träumen, um zu träumen.

Auch dazu muß man sich Zeit nehmen. Unsere ganze Lust an der Kreativität verkommt in der Hetze. Die ungefesselte Lust zu träumen, der freie Lauf der Fantasie, ist der Boden aller Kreativität. Auch mit fünfzig oder sechzig Jahren kann man sich noch ins Gras legen und träumen, sich in den Träumen ausspielen wie ein Kind, mit rasch dahinziehenden Wolken die Landschaften des Herzens besuchen, in der Musterung eines Blattes oder eines Steines den Punkt finden, in dem etwa der argentinische Dichter Jorge Luis Borges die Tür zur Ewigkeit fand: im Punkt, im Augenblick.

Der freien Vorstellungskraft sind keine Grenzen gesetzt, keine zeitlichen, keine räumlichen, keine Grenzen des Genusses, der Freude, der Liebe; träumend können wir ganze Universen erschaffen. Und sie gehören uns. Niemand kann sie uns nehmen, wenn wir wissen, daß es nur Träume sind ...

Nachlese

»Wenn du gehst, gehe;
wenn du sitzt, sitze;
schwanke vor allem nicht.«

Zen-Spruch

Und
steh, wenn du stehst;
liebe, wenn du liebst;
lebe, wenn du lebst …

»Wir sprechen immer über die Hölle,
nie über das Paradies.«

Janko Varda

Hölle
Paradies
Paradiesische Höllen
Höllische Paradiese
Paradies
Hölle

»Sie hätte singen sollen,
die ›neue Seele‹ – nicht reden.«

Nietzsche: Versuch einer Selbstkritik

Alte Seelen
Alte Wörter
Alte Reden
Alte Dogmen
Alte Lügen

Nur Musik braucht
keine Worte …

5. Teil

Das Leben als Spiel oder: Die einfachen Freuden von Tisch und Bett

Wirklich: Das Leben ist zu ernst, um ernst genommen zu werden. Man könnte auch sagen: Es ist zu langweilig, als daß man nicht selbst dafür sorgen müßte, daß es Spaß macht. Man muß es nur tun. Man kann es drehen und wenden, wie man will: Wir nehmen das Leben zu wenig wichtig, weil wir es zu ernst nehmen. Das liegt an einer ganz banalen Verwechslung: Weil wir die Tatsache, daß wir leben, dermaßen wichtig nehmen, daß wir deswegen sogar Himmel und Hölle erschaffen, vergessen wir, das Leben zu nutzen, um zu leben. Dieses Mißverständnis hat uns so blind gemacht und sinnlich so abgestumpft, daß wir die Fülle an Lebensgenuß weder sehen noch erfühlen, die jeder Augenblick in sich birgt.

Das Leben ist ein Fest, wir bleiben dabei, und wie jedes wirkliche Fest eigentlich ein Spiel, ein zwangloses, ausgelassenes Treiben. Friedrich Schiller sagte: »Der Mensch ist nur da ganz Mensch, wo er spielt.« Und der griechische Philosoph Heraklit sah die Weltzeit als spielendes Kind.

Das Spiel: Es erlaubt uns, ganz und gar subjektiv zu sein. Mehr noch: Spielend sind wir mehr als nur Spieler; wir selbst sind das Spiel, wenn sich in die Leichtigkeit des Spiels die tiefe Befriedigung mischt, daß man von sich selbst absehen kann. Im Spiel verflüchtigt sich jede Kompliziertheit, verschwindet jeder Zwang, alles Steife und Unbequeme. Alles, was der Mensch an Folterwerkzeugen zum alltäglichen Gebrauch erfunden hat, entspringt der künstlichen

Ernsthaftigkeit dem Leben gegenüber, der Angst vor dem leiblichen Wohlergehen dem allerliebsten Seelenheil zuliebe, als ob man jemals eine Seele gesehen hätte, die sich behaglich gefühlt hätte, wenn es dem Körper schlecht erging. Kurioserweise hat man damit der Seele, zumal wenn sie das uns innewohnende Göttliche sein soll, wahrlich keinen Respekt erwiesen. Man ist fast geneigt zu sagen, es war eine pure Unverschämtheit dem Göttlichen gegenüber, das Fleisch schlecht und krank zu machen. Wie kann man dem Göttlichen zumuten, in einem Haus zu wohnen, das des Teufels ist? Das wäre geradezu so, als würde man als Besitzer einer schönen Villa einen geladenen Gast bitten, nebenan in der Hundehütte zu nächtigen.

Solchen Irrwegen menschlichen Denkens sind eine Vielzahl sonderbarer Dinge entsprungen. Man denke etwa an das Korsett, mit dessen Hilfe man einst schöne Frauen dermaßen malträtiert hat, daß sie ständig in Ohnmacht fielen und am Ende ihres gepeinigten Lebens sich nur mehr mit Stützgerüsten fortbewegen konnten, weil alle Muskeln erschlafft waren. Man riecht den Modergeruch der in den dunklen, ungelüfteten Gotteshäusern gärenden Emotionen und Bedürfnisse noch heute. Noch heute gibt es Menschen, die sich beim Auftreten allfälliger Leiden resignierend damit trösten: Fleisch muß gepeinigt werden.

Der Ernsthaftigkeit dem Leben gegenüber, die auch den Respekt vor sogenannten gesellschaftlichen Konventionen miteinbezieht, ist es zu verdanken, daß wir auch jetzt noch allerlei Unbequemlichkeiten in Kauf nehmen, obwohl sich unsere Körper und Seelen mit allen physischen und psychischen Fasern nach Bequemlichkeit und Ungezwungenheit sehnen. Man denke in diesem Zusammenhang vor allem an manche Aspekte der Kleidung: die einengenden Hemdkragen, die stramm sitzenden Hosen und Gürtel, die keinerlei Rücksicht auf die Unterschiede zwischen einem leeren und einem vollen Magen nehmen; die gestärkten Hemdkragen und festgezogenen Krawatten, die an jene Halskrausen erinnern, mit denen man im Mittelalter die Hälse von Ketzern und anderen Bösewichten eingezwängt hat. Was die Hosen betrifft, so ist es übrigens außerordentlich kurios, daß, nachdem sich in diesem Jahrhundert die Frauenkörper von allen Einengungen und Quetschungen vergangener Jahrhunderte befreit hatten, sie nunmehr im Zuge der Emanzipation in die einengenden Männerhosen geschlüpft sind. Im allgemeinen freilich läßt nach wie vor die spielerische Fantasie in der weiblichen Bekleidung keine Wünsche offen, während man die Fantasielosigkeit der Männermode noch immer beklagen muß, vor allem, wenn es um die der Arrivierten geht.

Freilich, jede Kultur bringt eben ihre Besonderheiten hervor, wenn sie daran geht, sich zu zivilisieren – und nach Oswald Spenglers *Untergang des Abendlandes* beginnt das Ende aller Kultur dort, wo die Zivilisation anfängt. So können wir von den Tuniken der alten Griechen nur nostalgisch träumen, denn die in gewissen futurologischen Filmen erkennbaren Entwürfe künftiger Bekleidung lassen auch nicht viel Hoffnung übrig. Es wäre sicher unsinnig, des Gefühls körperlicher Freiheit wegen alle Manager in Westdeutschland aufzufordern, im Kimono ins Büro zu gehen (was manchem der gesetzteren Generation gewiß besser anstünde als die über dem Hosenbund sichtbare Speckfalte). Indessen aber wäre der Bequemlichkeit wegen zu raten, zumindest in der eigenen Wohnung unsere Modezivilisation links liegenzulassen und sich das japanische Bekleidungsstück umzulegen, von dem der New-Age-Philosoph Allan Watts nicht von ungefähr meint, es sei das einzig menschliche Kleidungsstück. Befreiungsakte zum Lebensgenuß in den eigenen vier Wänden: Irgendwo müssen sie ja ihren Anfang nehmen.

Wo bieten sich mehr Möglichkeiten, das Leben spielerischer zu nehmen, als im eigenen Haus, in der eigenen Wohnung. Doch selbst in unserem Alltag sind wir verkrampft genug, um unsere Behaglichkeit den Vergleichen mit anderen Menschen zu opfern. Von der Mode und vom Geschmack anderer läßt man sich terrorisieren, wenn es etwa um die Einrichtung geht. Da aber selbstverständlich die Geschmäcker verschieden sind und auch das Wohlsein eine Frage der individuellen Bedürfnisse ist, kann man sich in diesem Zusammenhang darauf beschränken, zu sagen: Jedes Möbelstück zuviel, das beengend wirkt, mag zwar unter Umständen den einen oder anderen Gast beeindrucken, uns selbst aber nimmt es die Luft zum Atmen und die Gelegenheit, uns rundum wohl zu fühlen. Jede Sitzgelegenheit, die nicht dazu benützt werden kann, sich nach Herzenslust hineinzulümmeln, sondern uns dazu zwingt, unbeweglich zu verharren, ist gewiß nicht dazu angetan, der Seele Flügel wachsen zu lassen. Was für eine Qual, bei Leuten eingeladen und dazu gezwungen zu sein, stundenlang steif dazusitzen. Wenn wir zugeben, daß Behaglichkeit alles andere als eine Sünde ist, dann müssen wir auch zugeben, daß man einem Gastgeber erst dann besondere Anerkennung erweist, wenn man Wohlbefinden ausdrückt: Lümmeln wir nach Lust und Laune, am Ende werden sich die Leute nach dem ersten Schreck daran gewöhnen und sich selbst ungezwungener benehmen.

Man sagt, eine Wohnung sei die Visitenkarte der Menschen, der Persönlichkeiten, die darin wohnen. Daran ist nicht zu zweifeln. Eine Wohnung, in der alles an seinem Platz ist, in der jeder Stuhl geometrisch ausgerichtet ist, alles blitzt und glänzt, läßt meistens mit Berechtigung auf »glückssterile« Bewohner schließen und außerdem auf eine bedauernswerte Hausfrau oder einen bedauernswerten Hausmann. So steif und genormt, wie die meisten Wohnungen wirken, so steif und genormt läuft auch bei den meisten Menschen der Alltag ab, selbst in jenen Stunden, die zu kostbar sind, um auch nur eine einzige Sekunde irgendeinem Zwang oder einer Konvention zu opfern.

Eine der am allermeisten mißachteten Einrichtungen ist zweifellos das Bett: ausschließlich reserviert für den Schlaf und allenthalben noch für den Geschlechtsverkehr. Die meisten Menschen werden von schlechtem Gewissen geplagt, wenn sie auch nur eine halbe Stunde im Bett verbringen, die nicht einer der tradierten Funktionen des Im-Bett-Liegens gewidmet ist. Auf diese Weise kommt kaum einer dazu, das Bett als Bett, als Ort der Gemütlichkeit, der Ruhe, ja der Einkehr, des Tagträumens, der unverbindlichen Zärtlichkeiten, schlicht als Spielwiese des genußvollen Müßiggangs zu schätzen.

Wir haben keine Bettkultur. Die meisten Betten, die es zu kaufen gibt, sind heute zwar zuweilen mit allerlei Firlefanz wie eingebautem Radio, Lampen und Weckgeräten ausgestattet; ihre Ausmaße aber deuten noch immer darauf hin, daß Bettfreuden einem Tabu unterliegen. Ein Bett sollte wohnlich sein. Das ist nicht nur eine Frage der Größe. So sollte dafür gesorgt sein, daß man in Reichweite allerlei abstellen und das Abgestellte auch ohne besondere Gymnastik erreichen kann: Bücher, Zeitschriften, das Frühstückstablett, einen Aschenbecher, eine Flasche Wein, alles eben, was man für ein paar schöne Stunden braucht. Sich wohnlich und zu Hause zu fühlen im Bett, das bedeutet so vieles: das Gefühl, nicht unter Zeitdruck zu stehen, die Freiheit vom gängelnden Alltag im Alltag erleben, der Genuß des Trödelns, Entspannung, das Gefühl, nicht unter irgendeinem Druck oder Zwang zu stehen, mit seinem Körper in Einklang zu sein, sich strecken, recken und verrenken zu können, wie es einem gefällt. Hier kann man sich ganz hingeben und das Gefühl erfühlen lernen, was es bedeutet, sich dem Augenblick hinzugeben und das Gestern und Morgen zu vergessen.

Es ist erstaunlich, wie wenig die Menschen das Bett schätzen. Dabei sind viele der bedeutendsten wissenschaftlichen und philosophischen Entdeckungen der Menschheit in einem Augenblick gemacht worden, in dem der betreffende kluge Mensch behaglich im Bett lag: Im Bett, tatsächlich, hat Einstein die Relativitätstheorie erfunden, zumindest in ihrem embryonalen Erkenntniszustand, was dem Ort der Geburt ja auch angemessen ist.

Das Bett ist auch ein Ort des Geistes, hier sind alle ungezwungenen Höhenflüge und Ausschweifungen gestattet, wenn der Körper entspannt ruht, die Muskeln sich ausruhen, der Blutkreislauf mit mehr Leichtigkeit und Regelmäßigkeit funktioniert, die vasomotorischen Nerven sich in Ruhestellung befinden: allerbeste Vorbedingungen für geistige Aktivität. Einkehr bei sich selbst, sinnliches Behagen und geistige Kraft, all dies liegt in ganz wörtlichem Sinne im Bett: Es liegt die Poesie des Lebens darin.

Die meisten Menschen verbinden das Bett mit dem Begriff Krankheit, Leiden, Sterben, Tod. Es ist so wie im ganzen Leben: Das Leben braucht Ausdruck, braucht Freude und Lust, der Tod hat Ausdruck genug. Hüten wir das Bett, wenn wir gesund sind, um gesund zu bleiben. Es verdient es einfach nicht, nur dem Hochzeitstag und dem Sterben zu dienen. Packen wir unser ganzes sinnliches Leben unter die Decke. Denn die Kunst des genüßlichen Im-Bett-Liegens ist für den Menschen einfach mehr als bloßes Ausruhen nach einem anstrengenden Tag, nach all den mehr oder weniger angenehmen Begegnungen mit Kollegen oder Freunden, die dumme Witze erzählen, und mit Leuten, die unser Gleichgewicht bedrohen. Im Bett zu liegen, das ist eine Generalreinigung des Gemüts. Die Welt, dies ist sicher, sähe anders aus, würden sich die Menschen mehr Zeit lassen beim Aufstehen, würden sie sich angewöhnen, im Bett zu frühstücken. So mancher Geschäftsmensch, der voller Wichtigkeit vom frühen Morgen bis zum Abend seinem Herzinfarkt entgegenrennt, würde vermutlich weitaus erfolgreicher sein, wenn er nach dem Aufwachen ein, zwei Stunden friedlich im Bett bleiben würde. Hundertmal wichtiger als das pünktliche Aufstehen ist es, wenn man sich den Kaffee neben das Bett stellt, sich ordentlich Zeit läßt, die Gedanken gewissermaßen warmlaufen läßt und so die meisten Probleme des kommenden Tages schon gelöst hat, bevor man sich die Zähne putzt. Glücklicherweise hat man in manchen Ländern, in denen man leider übermäßigen Wert auf Pünktlichkeit legt, neuerdings so etwas wie eine gleitende Arbeitszeit eingeführt, so daß der allmählichen Entwicklung einer Bettkultur nichts mehr im Wege stünde.

Zugegeben, nicht jedem ist es möglich und vergönnt, tagtäglich so lange liegen zu bleiben, wie es ihm gefällt, und manchmal hält es einen auch nicht im Bett, weil draußen die Sonne scheint und die

Luft nach Frühling oder Sommer duftet. Doch an manchen Wochenenden, wenn es regnet, im Winter, wenn es draußen klirrt und stürmt und schneit: Da sollte man schon häufiger seine selbstauferlegten Pflichten vergessen. Wer sagt denn, daß man zu Mittag essen muß?

Bett, das ist Freiheit, fürwahr: Freiheit von allen einengenden Kleidungsstücken, Freiheit der Pflichtvergessenheit, Freiheit für die Gedanken. Bett: Das ist auch Zeit füreinander, sich einstellen und einstimmen können aufeinander, auch ohne gleich zum »Wesentlichen« kommen zu müssen. Zeit für ruhige Gespräche. Zeit, die Dinge zu zelebrieren, etwa den Brunch um die Mittagszeit. Zeit, gemeinsam zu träumen, Zeit, sich gegenseitig seine Glücksträume zu erzählen, die man sonst voreinander hütet wie geheime Schwächen, die einem peinlich sind. Losgelöst von allen körperlichen und seelischen wie geistigen Einengungen und losgelöst von allen Begrenzungen der Zeit, verliert man auch die Angst, Gefühle zu zeigen, verliert sich in der behaglichen Ungezwungenheit die Angst davor, sich so zu zeigen, wie man ist.

Die Angst vor dem ungezwungenen Spiel der Zärtlichkeit: Man hat im allgemeinen den Mut verloren, Menschen gegenüber Gefühle zu äußern und zu zeigen, wie man das Hunden und Katzen gegenüber ganz selbstverständlich tut: Jeder krault einmal einen Hund, der an seinem Hosenbein herumschnüffelt, jede streichelt einmal den Kopf eines Tieres, wenn auch achtlos und vielleicht im Vorbeigehen, aber immerhin. Das Spiel der Zärtlichkeit – wieviel ungenutzte Möglichkeiten! Wie viele ungenutzte Nischen der Lebenslust in diesem tristen Alltag, wo sich die Partner wortlos gegenübersitzen, wo sie schweigend vor dem Fernsehgerät hocken, wo sie in kalter Routine ihr Essen einnehmen, ohne sich auch nur einmal anzulächeln. Dabei, so möchte man behaupten, ist es sicherlich in den meisten Fällen keine Gefühlskälte gegenüber dem anderen. Man hält es vielfach mit dem Ernst des Lebens nicht vereinbar, etwa während des Abendessens mit des anderen Händen zu spielen,

Handflächen abzutasten, über den Tisch hinweg Glanz und Farbe in den Augen des anderen zu erspähen.

Wir schämen uns aber auch innerhalb unserer Wohnung der eigenen Gefühle, weil Gefühle außerhalb der vier Wände nicht gefragt zu sein scheinen, weil wir Sinnlichkeit und Zärtlichkeit mit Sexualität verwechseln und die Sexualität trotz angeblicher sexueller Befreiung, die aber gar keine war, noch immer mit allerlei sinnlosen Tabus und Verstellungen besetzt halten. Sinnlichkeit, wir haben es schon gesagt, macht zärtlich. Wo wir unsere Sinne für uns selbst wiederentdecken, da finden wir auch wieder den Mut, zärtlich zu sein. Fühlen und Gefühl: eine sinnliche Reaktion, eine sinnliche Wechselwirkung. Wer mit seiner Haut nicht fühlen kann, wer nicht riechen, nicht schmecken, nicht sehen, nicht hören kann, kennt keine Gefühle. Doch nach ihnen sehnen wir uns im Grunde genommen alle, sehnen uns nach den Spielen unverbindlicher Zärtlichkeit, auch wenn wir es nicht wissen, weil wir die Sehnsucht wie so viele schöne Dinge verdrängt haben.

Wer sich selbst angenommen hat und bei sich ist, wer Gefühl für sich selbst empfindet, der wird auch offen und ohne Angst seine Gefühle wie Zuneigung und Interesse, Liebe, Zärtlichkeit zeigen und nicht neutrale Gelassenheit heucheln aus Angst, eventuell nicht angenommen zu werden oder sich lächerlich zu machen. Wer seine eigenen Bedürfnisse kennengelernt hat und sich zu ihnen bekennt, sie akzeptiert und befriedigt, hat gewiß eine positive Einstellung zur Zärtlichkeit. Wer in sich hineinlauscht, weiß, was er braucht und will: allemal viel lieber das Weiche, Milde, Sanfte als das Harte, sachlich Kalte, von dem man glaubt, daß es von anderen erwartet wird, oder zu dem man erzogen worden ist.

Zärtlichkeit geben und Zärtlichkeit empfangen. Was für die Liebe insgesamt gilt, gilt auch für sie. Hekaton von Rhodos verriet schon das Rezept: »Ich will dir einen Liebestrank verraten ohne Arznei, ohne Heilkräuter, ohne den Zauber irgendeiner Giftmischerin: Wenn du geliebt werden willst, so liebe.« Wenn du zärtlich sein willst, so sei zärtlich. Zärtlichkeit – auch sie muß zuerst bei einem selbst erfahren werden. Wer nicht liebevoll und freundlich mit sich umgeht, kann auch nicht zu anderen zärtlich sein, selbst wenn er es wollte.

Es ist nie zu spät, Sinnlichkeit und Zärtlichkeit einzuüben, auch wenn sich die berühmte Trägheit des Herzens schon in den Alltag des Zusammenlebens eingeschlichen hat und man glaubt, über den anderen vor lauter Selbstverständlichkeiten nicht mehr nachdenken zu müssen. Man braucht dazu nicht unbedingt Psychologen, um den Kreislauf von »Wenn du mich nicht streichelst, streichle ich dich auch nicht« zu durchbrechen. Die Umschlagplätze der Zärtlichkeit haben keine Begrenzung. Jede Tätigkeit ist dazu geeignet, die Kreisläufe der Peinlichkeit und der Gewohnheit zu durchbrechen. Wer keine Wärme hat, kann keine Wärme erwarten. Wer auf die Zärtlichkeit wartet, der wartet vergeblich. Fühlen wir Liebe, dann handeln wir auch entsprechend; warten wir nicht, bis die Furcht wächst, sie zu zeigen. Probieren wir die Ansteckung durch kleinste Signale: Eine leise Berührung, eine freundliche Frage reichen aus, um auch den anderen daran zu erinnern, wonach er sich insgeheim sehnt.

Zärtlichkeit ist nicht nur Berührung. Das Spiel hat viele Facetten. Der Traum von Zärtlichkeit umfaßt den liebevollen Blick ebenso wie den Klang der Stimme, den vertrauten Geruch ebenso wie das sanfte Gespräch. Das Spielerische wandelt auf solchen Spuren: Aus Nichtigkeiten blüht es auf, im Spontanen und Beiläufigen kann das Klima der Zärtlichkeit geatmet werden. Sie ist an keine Zeit, sie ist an keine Dauer gebunden. Das Spiel der Zärtlichkeit ist Vertiefung in den Augenblick: das gemeinsame Wachträumen am Morgen, eine Schneeballschlacht im Winter, ein Telefongespräch zwischendurch, ein Händedruck, ein Kuß ohne Grund und ohne Absicht, ein Necken zuweilen, Zärtlichkeit ist nicht nur, für den anderen etwas zu empfinden, sie ist vor allem, mit dem anderen zu fühlen und zu erleben.

Sie ist das Spiel aller Spiele. Und nur wenn auch das Sein des

Zusammenseins ein Spiel des Gebens und Nehmens ist, wie das Spiel an sich ohne brüske Forderungen, kann es befriedigen: Dann gibt es nur Gewinner. Gewinn ist auch die Zeit, die man sich für die Spiele der Zärtlichkeit nimmt, und seien es in der Hetze des Alltags nur Augenblicke zwischendurch, in denen man sich bewußt in Zärtlichkeit übt. Im Unbewußten geht das Spiel dann weiter.

Sich die Zeit nehmen, um sich spielend zu genießen. Nicht nur das Bett, sondern auch das Bad ist eine jener ungenutzten Fundgruben der Lebensfreude, Quelle behutsamer Übungen in Sachen Zärtlichkeit, ungenutzter und zu wenig geschätzter Spielplatz der Lust. Das Badezimmer ist ein intimer Ort. Ein Bad zu genießen, das ist nicht nur Pflege, sondern ist Entspannung, Körperkultur, ist, sich selbst zu sehen, sich mit sich selbst zu beschäftigen.

Doch das Bad ist viel mehr. Früher noch, bevor das christliche Abendland im Mittelalter sogar das Bad und die Körperpflege im allgemeinen mit höllischem Odem behaftete, wußte man die Genüsse des Badens zu schätzen. Die Bäder der alten Römer waren Orte des Spiels und der Lebensfreude, Orte orgiastischer Vergnügungen zuweilen, und in der Alhambra, dem einstigen Sitz maurischer Herrscher im spanischen Cordoba, kann man in den Baderäumen noch heute seine Fantasie in Angelegenheiten der Badefreuden spielen lassen.

Die meisten Badewannen sind groß genug für ein Bad zu zweit. Ungeahnte Möglichkeiten an gegenseitiger Erfahrung sind bei einem solchen gemeinsamen Bad zu entdecken: ein Zusammensein und Wohlbefinden ohne die Hitze der Lust, ein hautnahes Kommunizieren ohne falsche Scham und Zwang, wechselseitiges Anschauen, bewundernde Distanz, die den Geliebten bei sich selbst läßt, kindliche Erinnerungen, kindliches Spiel, Spiel mit Schaum und Wasser, übermütige Wellen, Spiel mit Händen, Zehen, Schenkeln. Das gemeinsame Bad – sich im Erlebnis der Vollständigkeit der Sinne erfahren, vollständige Sinneslust: sehen, fühlen, tasten, riechen, hören, streicheln, berühren.

Berühren befreit. Wer gestreichelt wird, fühlt sich anerkannt. Berühren, absichtsloses Streicheln und Gestreicheltwerden heißt, sich lebendig zu fühlen und den anderen lebendig zu erfühlen. Augenblicke des Sich-Erfühlens und -Erspielens: Es sind die kostbarsten Augenblicke im Leben, in dem so viele Augenblicke ungenutzt verfliegen, in dem das Erleben dahinrast, ohne daß man etwas davon spürt. Das Bad ist ein guter Übungsplatz für Sinnlichkeit und Zärtlichkeit, der intimste, intimer noch als das Bett. Wir können es uns leisten, diese glücklichen Augenblicke zu vermehren. Entkorken wir eine Flasche Sekt und stellen sie an den Rand der Badewanne. Genießen wir das Prickeln auf der Haut und im Inneren, wenn wir anstoßen auf das Leben, auf die Liebe, auf das Schöne. Hören wir Musik, wenn das heiße Wasser nachläuft, legen wir uns eine Platte auf, schließen wir die Augen; eingebettet in die Wärme des Wassers fühlen wir uns, erleben wir das Wir. Vielleicht hören wir dabei »We are the world ...« – wir sind die Welt ... –, Heraklits Weltzeit, das spielende Kind.

Wo immer wir spielend leben und erlebend spielen, ohne Zweck und ohne logischen Hintergrund, wo immer wir uns dem Genuß des Augenblicks voll und ganz hingeben, es bestätigt uns, wie der Kulturhistoriker Johan Huizinga resümiert, den »überlogischen Charakter unserer Situation im Kosmos. [...] Wir spielen und wissen, daß wir spielen, also sind wir mehr als bloß vernünftige Wesen, denn das Spiel ist vom Gesichtspunkt des logischen Denkens naturgemäß unvernünftig. Das Spiel – die Rationalität und die Frage, wozu hat es einen Sinn, verderben es. Mehr – wir sehen es an den modernen Kindern, denen mit modernem Spielzeug das Wesen des Spiels wegrationalisiert wurde –, es nimmt uns die Fähigkeit zur Lebenslust.«

Sich immer wieder kleine, spielerische Unvernünftigkeiten zu erlauben ist mehr als Vernünftigkeit. Es ist Übervernünftigkeit. Ernsthafte, traurige Gestalten mögen das spielerische Leben mit der Würde des Menschen nicht für vereinbar halten. Was könnte würdiger sein, als dem Leben wahrhaftig Ausdruck zu verleihen, anstatt wie die Existenzphilosophen darauf zu warten, daß wir uns des Lebens erst bewußt werden, wenn wir sterben. Nein, das Leben entfaltet sich erst im Spielerischen, das alle unsere Schichten beschäftigt. Hier und in der nuancierten Wiederholung der alltäglichen Glückspiele, diesem Nachklang kosmischer Gesetzmäßigkeiten, liegt die Spur zu menschlichem Existenzsinn, die sich in den Visionen der unendlichen Steigerungen an Äußerlichkeiten nur verliert.

Wiederholung, Geborgenheit, Gewißheit, sinnliche Lebensmacht: Auf diese Weise sind das gemeinsame spielerische Essen, das gemeinsam spielend genossene Bad, der gemeinsam verträumte Samstagvormittag ein kultisches Spiel, wie jedes Spiel eine Unterbrechung der Realität zugunsten einer höheren Wirklichkeit, nicht weniger, als es die früheren Mysterienspiele waren. Erleben ist immer Meditation. Meditation ist immer auch ein Gebet. Der Eßtisch, der Fußboden bei einer Teezeremonie, die Badewanne, das Bett, der Wald, in dem man mit Aufmerksamkeit spazierengeht: Im wirklichen, vollen, mit allen Sinnen genossenen Leben unterscheiden sie sich nicht von den Bezirken geweihter Handlungen in einem Tempel.

Leben, wenn es geliebt wird, ist immer ein Mysterienspiel zur Ehre allen Lebens. Man muß dabei ja nicht gleich zu Übertreibungen dionysischer Orgien greifen, doch einige Zeilen aus dem Lied des Demokares beim Feste der Denias aus der *Reise des jungen Anacharsis in Griechenland* dürfen wir alle Tage singen:

»Laßt uns trinken und Bacchus singen.
Er gefällt sich bei unseren Tänzen, er gefällt sich
Bei unseren Liedern, er erstickt den Neid, den
Haß und den Kummer, er erschuf die verführerischen
Grazien, die bezaubernden Liebesgötter.
Laßt uns lieben, trinken und Bacchus singen.
Die Zukunft ist noch nicht, die Gegenwart wird

Bald nicht mehr sein, die kurze Lebenszeit ist die
Zeit des Genusses ...«

Zeit des Genusses: Wie die Reife beim Wein kommt auch der Genuß zustande, indem man sich Zeit nimmt und Zeit läßt. Vor allem gilt dies für das Essen. Haben wir eigentlich noch Genuß am Essen? Nehmen wir uns wirklich die Zeit dazu? Auch hier könnte die Ökonomie des Erlebens üppigere Überflüsse der Freuden freisetzen, als sie im allgemeinen beim Essen bemerkbar sind.

Zwischen dem Essen und dem Genießen des Essens besteht ein himmelhoher Unterschied. Im allgemeinen hat man den Eindruck, daß die meisten Menschen wohl doch eher nur essen als genießen. Immerhin: Wenigstens ist der Instinkt der Ernährung niemals so von Tabus und seltsamen gesellschaftlichen Sittenregeln eingezäunt worden wie sein Gegenstück, der Geschlechtstrieb. So hat eigentlich im Grunde genommen noch nie jemand etwas dagegen gehabt, daß man nicht nur ißt und damit ein bloßes natürliches Bedürfnis befriedigt, sondern das dabei mögliche Empfinden und Erfahren auch reflektiert – indem man genießt. Das ist eigentlich verwunderlich, weil einer der Gründe der Tabuisierung und Verteufelung des geschlechtlichen zwischenmenschlichen Kontaktes vor allem auch darin zu liegen scheint, daß der Mensch im Gegensatz zum Tier über die bloße Befriedigung des Fortpflanzungstriebes hinaus fähig ist, das dabei mögliche Empfinden auch ohne Fortpflanzungsnotwendigkeit genießend zu reflektieren.

Immerhin, es ist also so, daß die sogenannte Moral in bezug auf den Genuß des Essens kaum oder gar nicht in Erscheinung tritt, wodurch man sich gleich viel unbefangener mit diesem Thema beschäftigen kann. Freilich könnte man auch und vor allem in diesem Zusammenhang einwenden, daß man heutzutage doch wohl nicht vom Genuß des Essens sprechen darf, sondern einem im Gegenteil jeder zweite Bissen im Mund steckenbleiben müßte angesichts der zunehmenden Zahl hungernder und verhungernder Menschen auf dieser Welt. Tatsächlich, die Kontraste waren ganz gewiß noch nie so groß: In den sogenannten Industriestaaten können die Menschen heute schlemmen wie einst nur Könige, Päpste, Kardinäle und Fürsten. Man kann heute in New York chinesisch essen oder im Wienerwald ein Backhendl abnagen, nach den Regeln der französischen Küche kocht man in allen Hotels zwischen San Franzisko, Paris, Berlin, Kapstadt und Oslo, zuweilen auch in Moskau. Im selben Ausmaß ist in anderen Teilen der Welt die Armut gestiegen, aber auch dafür gilt: Das Essen beispielsweise in München nicht zu genießen hilft keinem Hungernden in der Sahelzone. Wenn jemand Skrupel hat, dann soll er das Speisen bleibenlassen und gefälligst andere Politiker wählen, sofern es welche gibt, die anstelle von Entwicklungshilfe wirkliche Hilfe leisten, indem sie die entsprechenden finanziellen Mittel von der Rüstung auf die Hilfe für den Bruder in Not umrüsten.

Kehren wir zu der Feststellung zurück, daß vom Genuß des Essens wenig zu bemerken ist. Manchmal hat man, vor allem in den Tempeln der guten Küche, das seltsame Gefühl, im Warteraum eines Zahnarztes zu sitzen: Je besser die Küche, desto gedämpfter die Unterhaltungen bei Tisch, desto steifer die Haltung der Essenden; die Gesichter erbarmungswürdig wohlanständig, feierlich und korrekt. Nicht daß nun vorgeschlagen werden soll, man möge doch beim Essen schmatzen wie die Chinesen oder durch genüßliches Rülpsen wie bei den Arabern seine Freude an Speis und Trank ausdrücken; ein wenig sollte man jedoch seinem Genießen schon Ausdruck verleihen dürfen, um dem Seelenleben nicht zu schaden. Auch das Ernähren ist eine zu ernste Sache, um sie so feierlich ernst zu nehmen.

Daß mit der begrüßenswerten Demokratisierung der eßbaren Genüsse die Kunst des Tafelns abhanden gekommen ist, ist schade. Man nimmt sich nicht mehr Zeit genug dazu, und diejenigen Hausfrauen sind wirklich zu bedauern, die zuweilen zwei, drei Stunden in der Küche stehen, um ein Essen zu bereiten, dessen Verzehr sodann kaum länger als eine halbe Stunde in Anspruch nimmt. Wieviel vergeudete Mühe! Wieviel genußlos und gefühllos verschlungene Liebe!

Es kann natürlich auch sein, daß angesichts der ständigen Frustration der Köchin (oder auch des Koches) die Speisen mit allem anderen denn mit Frohsinn und Liebe gewürzt sind. Kochen, das ist Alchimie, ist Magie; man sollte auch dies häufiger zum gemeinsamen Spiel machen, so wie man das Essen als mehr betrachten sollte denn einen mehr oder weniger vergnüglichen Vorgang der Nahrungsaufnahme.

Gerade das Kochen kann man zum gemeinsamen Erlebnis machen – ein Umstand, der sich dann durchaus auf die Qualität des Essens niederschlägt, ja es schmeckt vermutlich besser, als wäre es mit der Raffinesse von Witzigmann gekocht. Denn wenn die Liebe durch den Magen geht, so geht sie zuerst einmal in die Speise. Wer hat nicht schon die Erfahrung gemacht, daß ein von einem fröhlichen Menschen gekochtes Essen unnachahmbar ist, während man bei einem ähnlich zubereiteten Mahl, das von jemandem mit Gleichgültigkeit, wenig Sorgfalt oder gar mit einem Gefühl von Feindschaft gekocht wurde, nur mit Mühe Appetit entwickelt.

Es ist eben die Liebe zu einer gut gemachten Sache, das Bewußtsein, ein Kunstwerk und einen heiligen Akt zu vollbringen, die gutes Kochen wie gutes Essen gleichermaßen ausmachen. Es kommt nicht von ungefähr, daß man kochenden Männern im allgemeinen nachsagt, sie seien Kochkünstler, während Frauen eben nur kochen. Das liegt sicherlich daran, daß kochende Männer eben nicht immer kochen, sondern nur, wenn sie Lust und Laune dazu verspüren. Dann ist Kochen für sie ein spielerisches Vergnügen, das Würzen wird zu einem künstlerisch-schöpferischen Akt, und selbst das Zwiebelschneiden wird wie eine kultische Handlung zelebriert.

»Diese Liebe gibt es aber noch bei Bauern in unseren Provinzen, in der Intimität der indischen Familien, in den Zelten der Nomaden des Mittleren Ostens, bei all denjenigen, deren Speisen immer mehr in

Mode kommen: Denn unbewußt suchen wir darin mehr als ein neues Geschmackserlebnis, wir suchen menschliche Wärme, die bei uns immer seltener wird«, schreibt die Französin Mireille Ballerlo, Verfasserin eines Kochbuches über die vegetarische Küche in aller Welt. Auch das Spiel des Essens, Trinkens und Kochens ist ein Spiel der Zärtlichkeit und des Lebens – wenn die Liebe zum Leben durch den Magen geht.

Gerade was das Essen betrifft, so gilt auch hier, daß Genuß niemals Üppigkeit und Völlerei sein kann, sondern Behutsamkeit. Wie die Chinesen sagen: »Immer ein klein wenig hungrig bleiben, wenn der Magen gut gefüllt ist, und immer ein klein wenig gut gefüllt sein, wenn man Hunger hat. Gut gefüllt sein schädigt die Lunge, und Hunger haben hemmt den Fluß der Lebensenergie.« Wie bei allem kommt der Genuß am Essen erst mit der Grundeinstellung dazu, ob man genießen will oder nicht. Nicht jene sind unbedingt arm zu nennen, die weniger zu essen haben, die sich nicht alle Tage einen gebratenen Fasan oder ein Filet Wellington leisten können, sondern jene, die nicht auch eine Knackwurst zu genießen verstehen; am allerärmsten jedoch sind jene, die aus irgendwelchen kuriosen Überzeugungen heraus und mit stets gequälter Miene asketisch leben: unglückselige Extremisten beide, sowohl die Maßlosen wie jene, die sich magenknurrend im Verzicht üben. Sie sind nicht gerade Vorbilder an Lebensfreude: die einen, weil sie sich am Ende zwangsläufig mit der Zeit einen Magenkatarrh anessen und eine Leberverhärtung antrinken, die anderen, weil sie langweilige Zeitgenossen sind.

Wobei nichts gegen vegetarische oder Rohkostküche einzuwenden ist, denn genossen werden kann alles, was die Natur hervorbringt. Wenn man an Länder mit großem Fleischkonsum und an die Menschen denkt, die das viele Fleisch konsumieren, kommen einem schon manchmal philosophische Gedanken derart, wie es vielleicht wäre, wenn wir einen Kropf wie die Vögel oder einen Wiederkäuermagen unser eigen nennen könnten. Eine Menschheit mit Wiederkäuermagen oder Vogelgurgel wäre gewiß von Natur aus friedlich, gelassen und sanft, ähnlich wie die Lämmer. Ein Schnabel würde vielleicht unsere Schönheit verändern, aber friedlich wären wir: Denn friedsam und gelassen sind alle Pflanzenfresser, vom Schaf über den Elefanten bis zur Kuh; allenfalls wird da ein wenig um das Begattungsrecht gerangelt. Fleischfressende Tiere wie Wolf oder Tiger dagegen sind bestialisch, wenn es um die Nahrungsbeschaffung geht, und bei manchen fleischfressenden Menschen hat man ebenfalls das beklemmende Gefühl, daß sie nicht nur explosiver und angriffslustiger im allgemeinen sind, sondern auch ein gewisses reines Vergnügen am Ellbogenstoßen, Boxen, Zuschlagen, am Intrigieren und Drahtziehen haben.

Wie dem auch sei: Wissenschaftlich erwiesen ist, daß vegetarische Kost ein dünneres Blut verursacht und schon dadurch manches verhindert, was etwa die Arteriosklerose an unbemerktem Schwachsinn verursacht. Was wiederum nicht heißen soll, es gäbe keine Dummköpfe unter den Vegetariern oder keine Kranken; man stelle sich eine gemächlich vor sich hin kauende Kuh vor, dann weiß man, daß man keine Pauschalurteile abgeben kann.

Was die Auswahl der Speisen betrifft, so sollte man schon um des Genusses einer Pekingente oder eines saftigen Steaks willen sich nach der Philosophie der gesunden Mitte richten: Der Mensch ist nun einmal ein Allesfresser, wie manche organischen Analogien zwischen Mensch und Schwein hinlänglich beweisen, mit dem Unterschied, daß das menschliche Wesen über das Grunzen hinausgelangt ist und seinem Genuß am Essen mit nuancierten Klängen des Buchstabens »Aaaah« Ausdruck verleihen kann.

Es wäre noch darüber nachzudenken, woher es denn kommt, daß ungeachtet der Tatsache, daß sich der Mensch gegenüber dem Ernährungstrieb eigentlich stets recht aufrichtig und ohne irgendwelche Verdrängungsmühen benommen hat, das Essen unser Seelenleben verwirrt, daß, obwohl sich hier moralische Fragen der Wohlanständigkeit nicht stellen, zwar keine Perversionen, aber doch zuweilen individuelle wie Massenpsychosen zu registrieren sind. Es mag sein, daß die Lust am Essen eine gewisse Dämpfung erfährt und bleibende seelische Schäden hinterläßt, wenn der Mensch schon im zartesten Kindesalter mit aller Wucht die Sorgen des Lebens erfährt, wenn ihm die Mutter das genüßliche Schmatzen, Lecken und Klekkern verbietet. Das größte Übel scheint jedoch eher darin zu liegen, daß der Mensch in den sogenannten Wohlstandsländern allzuviel Aufhebens davon macht, was er ißt, in Kalorien und Joule rechnet, sich von den Berufsfeinschmeckern, Gesundheitsaposteln und Diätexperten aller Art terrorisieren läßt, anstatt seinen eigenen Verstand und vor allem seinen natürlichen, gesunden Instinkt und seine spielerische Neugier auch in diesem Bereich anzuwenden.

Es kommt eben nicht unbedingt darauf an, was man ißt, sondern wie man das Essen genießt. Da der Genuß wie in jeder anderen Beziehung das Gegenteil jedweden Exzesses ist, wird der Genießer schon deshalb so mancher durch zu viel Essen bedingten Beschwerlichkeit entrinnen. Essen ist nicht nur eine Angelegenheit der Nahrungsaufnahme, sondern auch eine Frage der richtigen Stimmung, die, wenn sie nicht vorhanden ist, einem selbst das beste Gericht verderben kann. Der Genuß des Essens ist auch und vor allem ein geistiger, sinnlicher Genuß, ja, man kann darüber in wahres Entzükken geraten. Und hier haben wir die Verdrängung, die uns auch beim Essen zu schaffen macht: Wir haben verdrängt, daß das Essen etwas Ehrwürdiges ist, daß die Mahlzeit nicht erst seit dem letzten Abendmahl stets ein heiliges Mahl war und ist, haben das Gefühl verdrängt, daß man durch Essen wieder Kraft bekommt, körperliche wie seelische und geistige. Natürlich kann man auch alleine essen und genießen, doch wohl jeder wird die Erfahrung gemacht haben, daß es einem dabei bei weitem nicht so gut schmeckt, daß dem Genuß etwas fehlt. Essen ist Zusammenkommen. Essen ist Gemeinsamkeit. Diese Bedeutung haben wir vergessen, die Homer ganz schlicht und einfach so ausdrückte: »Stets wenn Fröhlichkeit rings im Volk die Herzen erfüllet, / und es schmausen die Gäste im Saal und lauschen dem Sänger, / Bank an Bank, in Reih'n / und rundum über den Tischen / türmen sich Brot und Fleisch, / und der Mundschenk schöpft aus dem Mischkrug / funkelnden Wein und trägt ihn herbei und füllet die Becher: / Das ist köstlich, ist weit und breit das Schönste auf Erden.«

Essen ist mehr als essen. Auch hier ist die Muße die Vorbedingung des Genusses. Man kann natürlich nicht alle Tage ein festliches Mahl im üblichen Sinne zelebrieren, ganz abgesehen davon, daß dies auf den Geldbeutel schlagen würde, daß vor allem aber dabei stets einer draufzahlen würde, nämlich jene Person, die kochen und zusehen muß, wie die Frucht ihrer Mühe im Normalfall in kürzester Zeit verschwindet, auch dann, wenn freundliche Haltung und die natürliche Art des Genießers, den Bissen dreimal im Munde umzudrehen, bevor er ihn dem Schicksal alles Eßbaren überläßt, das Vergnügen etwas verlängern.

Es ist keine Frage: Wenn es einen Schöpfer gibt, so ist es ganz gewiß gegen seinen Willen, daß man die Speisen hastig ißt, ebenso wie es bestimmt gegen seinen Willen ist, daß man im Bad nur badet, daß man im Bett nur schläft, daß man an prächtigen Aussichtspunkten vorüberstürzt, ohne zu verweilen, oder tiefe Gefühle nur oberflächlich oder gar nicht ausdrückt.

Es gibt eine spielerische Art, zu kochen und zu essen, in der man im genannten Sinne voll auf seine Rechnung kommt. Man weiß nicht recht, wem das größte Verdienst dabei zukommt, sie erfunden zu haben: den Mongolen mit ihrem Feuertopf, den Schweizern mit ihrem Fonduetopf oder den Japanern mit ihrer Sitte, einen Topf in die Mitte des Tisches zu stellen und in geselliger Gemeinsamkeit Sukiyaki, Tempura oder Shabushabu zu zelebrieren. Solchen Tafelfreuden sind keine Grenzen gesetzt. Von der gemeinsamen Zubereitung in der Küche oder im Einzelfall auch bei Tisch bis zum abwechselnden gemeinsamen Kochen und Essen ist alles ein riesiger Spaß für die ganze Familie, für die Gäste; und zu zweit ist es eine Form, sich kochend und essend und kommunizierend und spielend zu genießen, die einer gewissen erotischen Lust nicht entbehrt. Die Möglichkeiten reichen von der einfachen bis zur überladenen, bunten und aufwendigen Tafel. Daß Essen aber zudem Genuß und Spaß bereitet und außerdem gesund ist, liegt daran, daß sich auch mit einfachsten Zutaten im wahrsten Sinne des Wortes »mahl-zeiten« läßt, stundenlang, wenn es beliebt, mit steigender Begeisterung: Ein paar Gemüsesorten, ein paar Blätter Chinakohl beispielsweise, eine Handvoll Blumenkohl, ein paar Blätter Spinat, einige Champignons, alles, was sich an Gemüse kochen läßt, kann dabei verwendet werden.

Dieses Spiel ist variabel und kennt ebenso viele Möglichkeiten, wie unsere Fantasie zuläßt: Kochen, Brutzeln, Grillieren – alles kann auf diese Weise bei Tisch zubereitet werden, und sei es nur eine einfache Bratwurst, die, in Stücke geschnitten, auf den Tischgrill gelegt wird. Immer wird daraus ein vergnügliches Festmahl, dazu geeignet, die Langeweile aus den »Feierabenden« zu vertreiben und die Abende zuweilen wirklich zu Feier-Abenden zu machen, zu Augenblicken, die erlebt anstatt verlebt und gedanken- sowie freudlos ver-essen werden. Im übrigen: Ein wenig Fantasie sowie Lust an der Lust und am Genuß machen vieles möglich und lassen uns die Bedeutung des Seins erfahren: Wäre es beispielsweise nicht einen Versuch wert, an manchen Abenden im Bett zu essen?

Vom Reisen und von der Lust der Seele am Schönen

Unsere moderne Zeit hat die Welt entgrenzt. Ohne besonderen Aufwand an Zeit und Geld können wir heute überall hin: Der blaue, warme und wolkenlose Himmel über der karibischen See ist auch für den ganz normalen Menschen kein unerfüllbarer Traum mehr: Helle Strände locken mit sanfter Brandung aus reinstem Silber, aus den Prospekten hören wir die Zikaden in prachtvollen Blütenbüschen singen, kein Problem, sie auch wirklich zu hören. Wir können durch die Überreste alter Kulturen streifen, wir spazieren um alte Mauern und Bastionen, durch enge kühle Gassen, auf sonnenüberfluteten Patios alter Patrizierhäuser. Ahnen wir dabei die Schatten und Schicksale ihrer alten und aufregenden, aber längst entschlafenen Geschichte? Genießen wir den blauen warmen Himmel wirklich? Können wir überhaupt noch reisen? Wenn man durch die Zentren der Massentouristik fährt, packt einen Nostalgie, und man denkt an Wordsworth und Coleridge und daran, wie sie ihre Fußtouren durch Europa unternahmen, unendlichen Schönheitsdurst im Herzen und fast kein Geld in der Tasche.

Heute kann sich jeder den Luxus des Reisens leisten, so scheint es, während früher ausgedehnte Reisen nur wenigen vorbehalten waren. Und dennoch: Früher war Reisen ein Vergnügen auch für manchen »kleinen Mann«, wenn er sich auf Wanderschaft begab, heute ist es ein Gewerbe. Die Welt hat ihre Grenzen verloren, aber die Kunst des Reisens ist dahin: der Genuß des Hineinschnüffelns und Hineinschnupperns in die Gerüche und Düfte fremder Länder, das Hineinhören in die Welt der fremden Geräusche, das Hineinschmecken in fremde Kochtöpfe, das Sich-Hineinfallenlassen in fremde Stille. Thomas Hobbes verglich das Leben mit einer Rennbahn. Und es stimmt schon: Vom Anfang bis zum Ende hetzen wir im Zwang zum Vergleich, messen wir unsere Kräfte und Möglichkeiten im Vergleich mit den anderen. Kein Punkt, an dem wir stehenbleiben, kein Augenblick, in dem wir verweilen! Der Urlaub: Konkurrenzkampf der Weitgereisten, der Sonnenverbrannten, der gestohlenen Leidenschaften, der Sammler von Erlebnissen auf den Ebenen des Trivialen, die sich mit dem Fall der Grenzen erweitert haben. Es gibt heutzutage im wesentlichen drei Sorten von Reisenden, und alle möchte man bedauern, da sie um sämtliche Genüsse kommen, die die große weite Welt ebenso zu bieten hat wie die kleine nähere. Hier wie dort scheinen nur die wenigsten auf ihre Kosten zu kommen, obwohl sie sich das Reisen etwas kosten lassen.

Die einen wollen sich erholen, endlich einmal Ferien machen, und so folgen sie den irreführenden Glücksangeboten der Touristikindustrie in die Heimwehorte des kleinen Mannes. Gewiß: Zwänge hat man zu Hause genug, jetzt will man sich endlich fallenlassen, sich loslassen. Doch die künstlichen Paradiese erweisen sich als Abbilder unserer Alltagswelt, und mehr noch: Als Opfer der räuberischen Aggression der Urlaubsprogramme gehen wir dabei all dessen verlustig, was wir im Alltag vermissen und im Urlaub vergeblich suchen: unserer Privatsphäre, der Wiederentdeckung der Lust am Verschiedensein, des Selbst-Seins. Doch hier wie auch zu Hause gilt: Die Gleichschaltung, die wir Menschen der sogenannten freien Welt den totalitären Systemen ankreiden, ist selbstverschuldet schon längst in unserem Inneren mächtig geworden. Weil wir glauben, der Urlaub könnte alles bieten, was wir im Alltag des Lebens (vielfach selbstverschuldet) entbehren, bietet er uns oft am Ende nichts als uneingestandene Enttäuschung. Fröhlichkeit wird dann zu aggressiver Lustigkeit. Statt Ruhe, Erholung und Genuß erhalten wir lediglich verdünnte Aufgüsse des Ersehnten, der Aktivurlaub wird zum Leistungsstreß, die Verantwortung für unser eigenes Tun und Lassen ist uns auch hier abgenommen, wir lassen sie uns abnehmen. Das Meer des Glücks – ein Trugbild wie das »Meer der Fruchtbarkeit« auf dem Mond, das einst von den Astrologen so benannt wurde, weil sie annahmen, auf dem Mond gebe es Wasser. In Wahrheit ist es Sand, ist es Mondstaub. So verschwindet am Ende auch das Urlaubsglück in den Dünen des Vergnügungszwangs, des organisierten Sich-Auslebens und Nachholen-Müssens. Zurück bleiben auf den Sandstränden die Trauerspuren unbefriedigter Wünsche, und am Ende des Erholungsurlaubs klagen wir: Jetzt müßten wir uns eigentlich erst richtig erholen. Wir fühlen dann, was wir vergeudet haben.

Schließlich gibt es jene Art von Reisenden, die aus keinem anderen Grund in die Ferne schweifen, als um später etwas zum Prahlen zu haben. Haben beherrscht hier die Freude am Reisen. Nicht Erfahrungen und Wissen wollen hier gesammelt werden, sondern es geht um drei, vier Punkte mehr im Wettlauf der Reisenden zu den fernen Zielen: »Was, noch nicht auf Hawaii gewesen? Gottchen, Sie müssen das nächste Mal unbedingt auf die Seychellen fahren.«

Nur wenig unterscheidet sich die dritte Gruppe von den Jägern nach Pluspunkten in dem, was sie versäumt, nur die Ziele sind anders: Die Angehörigen dieser Reisegruppe im wahrsten Sinne des Wortes fahren durch die Welt, um ihren geistigen Horizont zu erweitern. Die meisten Bildungstouristen sind dermaßen mit ihren Fotoapparaten beschäftigt, daß sie für die Sehenswürdigkeiten selbst gar keine Zeit mehr haben. Der von den Prospekten, den Vorträumern der Reisenden freigesetzte Bildungs- und Sammlerdrang ist es, der die Reisenden dazu nötigt, möglichst viele Sehenswürdigkeiten pro Tag hinter sich zu bringen. Es kommt nicht mehr darauf an, die historischen Denkmäler und anderen Sehenswürdigkeiten anzuschauen, sondern darauf, sie zu knipsen und auf der Liste abzuhaken unter der Peitsche des Reiseführers, der sein Soll erfüllen muß. Dieselben Götter, die den Reisenden zu Hause knechten und jagen, nämlich die Uhr und der Kalender, knechten und jagen ihn auch hier: Gewohnt an perfekte Organisation und massenhafte Verwaltbarkeit von allem und jedem, kommt es ihm dabei überhaupt nicht in den Sinn, zu bemerken, wie sehr er zu schlaff geworden ist, seine eigenen Gestaltungs- und Erfahrungschancen zu nutzen.

Gewiß, es stimmt schon: All diese Arten des modernen Reisens haben etwas für sich. Vom Abflug bis zur Rückkehr ist man sicher aufgehoben. Aller Sorgen entledigt, endlich frei vom Alltag, können wir uns bequem der Organisation und der Fremdbestimmung überantworten. Manchem gefällt das so, er ist's zufrieden. Doch nicht darum geht es, sondern um das, was wir durch diese Art von Reisen verpassen, und darum, ob wir uns dessen mehr oder weniger bewußt sind. Dort, wo wir Riesenportionen verschlingen, werden wir apathisch. Dort, wo wir Erholung suchen, kommen die reizübersättigten Gehirne und Seelen nicht zur Ruhe. Dort, wo wir Erfahrungen sammeln wollen um jeden Preis und im Wettlauf mit der Zeit, fehlen uns wahre Erfahrungsmöglichkeiten. Erfahrung ist mehr als Wissen von Zahlen, Fakten, Daten über Kunstdenkmäler, Kirchen, Landschaften, Völker. Ohne Verarbeitung des Wissens, ohne gefühlsmäßige und intellektuelle Durchdringung des Gewußten bleiben nur leere Spuren: Wir wissen, und doch wissen wir nicht.

Nicht daß alle diese Möglichkeiten der Welterfahrung nun ganz und gar in Grund und Boden zu verdammen wären. Es hat zuweilen durchaus seinen Reiz, sich fix in diese oder jene Himmelsrichtung katapultieren zu lassen, um solcherart aus der Luft mitten in einen Ort, eine Landschaft, ein Land einzufallen. Es ist, um sich in einer fremden Stadt zu orientieren, sogar überaus praktisch, gewissermaßen als Schnellkurs eine Stadtrundfahrt zu absolvieren. Doch zwischendurch könnten wir uns auf eine Art des Reisens besinnen, die uns das bringt, was wir suchen: uns ein wenig selber zu vergessen, Muße, Ruhe, Erholung und jene tieferen Erfahrungen, die nur ausgeruhte Sinne wahrzunehmen vermögen. Es ist das landstreicherische Reisen mit all den Freuden, Versuchungen und der Abenteuerlust eines Reisenden, der sich kein festes Ziel setzt, der gar nicht wissen will, wohin die Reise geht, der einfach ins Blaue fährt.

Zwischen dem Sehen und dem Nichtsehen klaffen gewaltige Unterschiede. All die vielen Reisenden, die sich so heftig umsehen, erblicken nur wenig, und andere, die in Muße schauen, sehen viel. Es gibt viele junge Menschen, die auf diese Art reisen, die sich treiben lassen wie ein Blatt im Wind, und es gibt auch viele ältere Menschen, die ihre Freiheit vom Beruf nutzen und wie die Zugvögel ohne Hast in ihren Wohnmobilen durch die Länder streichen.

Willig sein, sich treiben zu lassen, fähig sein, gelassen dahinzuwandern, das ist alles, was man dazu braucht. Anhalten, wo es einem gefällt, schauen, wo Schönes unsere Sinne trifft, eintauchen in eine Menschenmenge, sich von ihr statt von einem Reiseführer durch die fremde Stadt treiben lassen: Das kann man auch als Kunde der Massentouristik tun. Wege abseits der Hauptrouten gehen, sich von keinen Programmen terrorisieren lassen, in Kneipen, die der Tourismus links liegenläßt, mit den Menschen in Kontakt treten, ein bißchen Mut haben, sich nicht kümmern um das, was die Reisegenossen gesehen haben, ohne es geschaut zu haben. Gerade an Orten, wo wenig Menschen sind, Einsamkeit und Gemeinsamkeit finden, anstatt immer nur zu suchen. In Ruhe, ohne Hast, ohne Uhr, ohne Programm sich einfach einmal auf die Stufen einer engen Gasse setzen und die Touristenherde vorbeiziehen lassen. Der unvergleichliche Genuß eines frischen Weißbrots, eines Stücks Schafskäse und einer Flasche Wein am Fuße eines Denkmals: Was ist dagegen das teuerste Nullachtfünfzehn-Menü im Touristenhotel? Auch dies ist eine Möglichkeit, dem Erlebnis des Denkmals selbst einen Wert zu geben, der dahinschwindet, wenn wir nur vorüberhasten. Individualisten können wir immer und überall sein: Wir müssen uns nur dafür entscheiden.

Die Lust des Landstreichers – jeder kann sie erleben, wenn er sich nur ein paar Schritte von der Masse entfernt; jeder kann unvergeßliche Augenblicke erleben, die jene niemals erfahren, die von Hotel zu Hotel hasten, die ständig unter sich bleiben, die noch dazu darauf erpicht sind, selbst in Shanghai das zu essen, was nicht allzuweit entfernt ist von der heimischen Küche: Internationalen Standard nennt man das.

Doch man muß gar nicht in weiteste Ferne reisen, um sich für ein paar Tage den Genuß des Landstreichertums zu verschaffen. Zugegebenermaßen besitzt nicht jeder einen Wohnwagen, nicht jeder einen Campingbus, und wenn jemand mit zwei, drei Kindern gesegnet ist, so ist es geradezu unmöglich, sich einfach in den Wagen zu setzen, um für längere Zeit ins Blaue zu fahren. Auf den Versuch kommt es dennoch an. Wagen wir es trotzdem, und stürzen wir uns einfach mal für zwei, drei Tage in das Abenteuer des Drauflosfahrens: stehenbleiben, wo es einem gefällt, schlafen, wenn die Dunkelheit hereinbricht. Landgasthäuser, um zu übernachten, gibt es überall, und vor allem Plätze, wo man auch in unseren Breiten noch ungestört eine Nacht im Schlafsack verbringen kann. Gerade in solchen Abenteuern lassen sich mit Hilfe der Kinder viele eigene verdrängte Erfahrungen ausgraben. Lassen wir uns anstecken von ihnen, fügen wir unsere Welt der ihrigen und ihre Welt der unsrigen hinzu im spielenden Erlebnis der Natur. Lassen wir sie laufen, wohin sie laufen möchten, laufen wir mit ihnen. Halten wir an, wo wir der Natur nahe sind, schmecken, riechen, ertasten, erfühlen und erleben wir sie ungezwungen mit den Kindern, dann haben auch wir etwas davon, und noch mehr die Kinder: Denn wenn sie als Kinder nicht Natur erleben, ist sie ihnen auch als Erwachsene gleichgültig. Spritztouren dieser Art, und finden sie nur einmal im Jahr statt, sind Spiel im ureigensten Sinne, entfalten wie jedes Spiel mit zweckfreien Kräften Glücksräume, die zuvor befürchtete Unbequemlichkeiten jäh vergessen lassen. Die Gewißheit von Freiheit, mit der uns ein landstreicherischer Geist versorgt, sichert uns auch im Alltag ab.

Das zweckfreie Spiel: Nicht die ernsthafte, vorgeplante, absichtsvolle Annäherung an die Dinge, sondern das ungebundene, fast beiläufige Hinschauen eröffnet uns das Schöne, sei es die Schönheit in der Natur, sei es die Schönheit eines Gemäldes, einer Statue oder eines literarischen Werkes, die Schönheit im Werk einzelner wie im sozialen Gefüge. Wo immer Zwang und Absicht mit im Spiel sind, verliert sich die Lust am Schönen, verlieren die Dinge ihre Farbe, ihr Geheimnis – beim Betrachter ebenso wie beim Schöpfer eines Kunstwerkes.

Dort, wo sich die Kunst nach Zwecken richtet, verursacht sie Unsicherheit und Mißtrauen. Dort, wo Kunstsinnigkeit bloß einen Zweck erfüllt, ist Kunstverstand bloße Heuchelei. Die Lust am Schönen entfaltet sich dann ungehindert, wenn sie in der Kunst als reines Spiel des Menschengeistes erscheint, so wie sie sich in der Natur erst zu entfalten vermag, wenn diese unbehauenes Spiel der Natur ist, das wir ohne Vorbedingung betrachten.

Landstreicherisches Reisen: Das ist im Reisen wie im Alltag, das ist im Leben an sich das vorbehaltlose Offensein für das, was schön ist, und nicht für das, was nach allgemeinem Geschmack schön zu sein hat. Schön ist das, was unsere Sinne berührt und anrührt, ist stets und überall ein Ausdruck von Wahrheit, getönt mit unseren eigenen Empfindungen. Wo sich kein Gefühl mit den Dingen verbindet, herrscht höchstens schöner Schein: auch dort, wo die Massenanbieter unsere Sinne für das Schöne zu betrügen suchen in kaltherzigen Reproduktionen.

Landstreicherisches Reisen findet im Kopf und im Herzen statt. Schönheit kann man nur genießen, wenn auch das Herz mit im Spiel ist. Was hat es für einen Sinn, ein Buch zu lesen, nur weil es heißt, man sollte es gelesen haben? Legen wir es getrost zu Seite; vielleicht kommt der Tag, an dem unsere Wellenlänge mit der des Buches übereinstimmt, dann werden wir es auch mit Genuß und Gewinn lesen. Es gibt keine Bücher, die man lesen muß, keine Kunstwerke, die man gesehen haben muß, keine Länder, die man besucht haben muß. Bestenfalls gibt es Bücher, die dieser oder jener zu einer bestimmten Zeit, an einem bestimmten Ort, in einer bestimmten

Stimmung, unter bestimmten Umständen und in einem bestimmten Alter lesen muß, wenn sie ihm zufällig begegnen. So ist es auch mit dem Reisen, mit der Kunst, mit dem Schönen: Es kommt uns zu, wenn wir dazu bereit sind, ganz beiläufig und nebenbei, in irgendeinem besonderen, zufälligen Augenblick.

Auf diese Weise ist das Schöne, wo immer es uns beiläufig begegnet, eines: Liebe auf den ersten Blick, die plötzliche Entdeckung seelischer Verwandtschaft mit einem Roman und dessen Autor, einem Bild und seinem Schöpfer, einer Musik und deren Komponisten, einem Stadtviertel und dessen Bewohnern, die seinen Geist prägen, einer Landschaft, die in uns eine Saite erklingen läßt, einen Gedanken, ein Gefühl, eine Liebe. Sie fragt nicht, wozu und wofür etwas schön ist, sie stuft nicht ein, ordnet nicht über, ordnet nicht unter, klassifiziert nicht. Sie ist reine Lust am Schönen. Alles kann schön sein, sogar das Strenge, das Einfache, das Ungeschlachte, Ungebärdige, das Wunderliche und selbst das Häßliche. Nur eine Form der Schönheit kann es nie und nimmer geben: die Schönheit des Angestrengten.

Nachlese

»Ach, die Welt ist so geräumig,
und der Kopf ist so beschränkt.«

Wilhelm Busch

Welt-Reisen
Kopf-Reisen
Kopf-Weltreisen
Kopfwelt-Reisen

Wie geräumig ist
die Welt im Kopf?

»Als ich zum erstenmal Musik hörte, war ich wie erstarrt. Ich wußte noch nicht einmal, warum. Ich war vollkommen hypnotisiert ... Mit dem Rock'n'roll hat dann alles angefangen. Als ich ihn zum erstenmal hörte, ließ ich alles andere stehen und liegen.«

John Lennon

Etwas zum erstenmal
wirklich hören ...
Etwas zum erstenmal
wirklich sehen ...
Etwas zum erstenmal
wirklich tun ...
Etwas ganz tun.

»Der Rauch der Lüste, der zum Horizont enteilt,
ist als ein Luftgebild im Hintergrund zerronnen;
ein jeder Augenblick verschlingt ein Stück der Wonnen,
die dir auf Lebenszeit – wie jedem – zugeteilt.«

Charles Baudelaire

Luftgebilde
Erwartungen
Hoffnungen
Ablenkungen
Ungelebte Augenblicke
Verlorene Wonnen ...

6. Teil

Das Fest der Liebe

Sein Haupt ist das feinste Gold,
sagt die Liebende vom Geliebten.
Seine Locken sind kraus, schwarz wie ein Rabe.
Seine Augen sind wie die Augen der Tauben an den Wasserbächen,
mit Milch gewaschen. [...]
Seine Hände sind wie goldene Ringe, voll Türkise.
Sein Leib ist wie reines Elfenbein, seine Kehle ist süß. [...]
Mein Freund ist mir ein Büschel Myrrhen, das zwischen meinen
Brüsten hanget. [...]
Siehe mein Freund, du bist schön und lieblich.
Und unser Bett grünt. [...]
Wie ein Apfelbaum unter den wilden Bäumen,
so ist mein Freund unter den Söhnen.
Ich sitze unter dem Schatten, des ich begehre,
und seine Frucht ist meiner Kehle süß. [...]
Dein Schoß ist wie ein runder Becher,
sagt der Liebende von der Geliebten,
dem nimmer Getränk mangelt.
Deine Gewächse sind wie ein Lustgarten von Granatäpfeln. [...]
Dein Leib ist wie ein Weizenhaufen, umsteckt mit Rosen.
Deine Brüste sind wie zwei junge Rehzwillinge.
Wie schön und lieblich bist du, du Liebe voller Wonne:
Dein Wuchs ist hoch wie ein Palmbaum,

deine Brüste gleich Weintrauben.
Ich sprach: Ich muß auf den Palmbaum steigen,
und seine Zweige ergreifen.
Laß deine Brüste sein wie Trauben am Weinstock
und deiner Nase Duft wie Apfel,
und deinen Gaumen wie guten Wein,
der meinem Freunde glatt eingeht,
und der Schläfer Lippen reden macht ...

Die Liebe, die Lust und unverhohlene Freude an der Liebe: Wie kaum woanders als hier im Hohenlied Salomos wurde sie so lust- und liebevoll beschrieben: Der Genuß des lebendigen Lebens, ohne falsche Scham, ohne metaphysische Vernebelung, voll von zärtlicher Poesie.

Liebeslust, Eros, Sexualität: Nichts Natürlicheres gibt es als die Freude an der Liebe, an der Sexualität, die zum Menschen gehört wie Schlafen, Atmen, Essen und Trinken, die zu seinen zentralen inneren Triebkräften zählt. Und doch zieht sich als gemeinsamer Grundzug durch fast alle bisherigen Kulturen, Religionen, Philosophien und politischen Ideologien die heimliche oder offene Kapitulation vor dem Eros. Was ist es, das den Menschen keine Mitte finden läßt, das als die natürlichste und schönste Sache der Welt ihn in höchsten Wonnen schweben und in tiefstes Elend stürzen läßt?

Kaum anderswo als in der Liebesbeziehung findet der Mensch Vergnügen, findet er körperliche wie seelische Befriedigung; mehr als alles andere bestimmt die Sexualität das menschliche Leben, hat es bestimmt und bestimmt es noch immer, gerade auch dort, wo sie unterdrückt wird.

Die Lust an der Liebe: Die herrlichsten Werke von Architektur, Malerei, Dichtkunst, Musik und Lebenskunst hat sie dort hervorgebracht, wo es dem Menschen gestattet war, die Freuden der Liebe ohne Angst zu erleben, wie es zeitweilig etwa im antiken Griechenland der Fall war. Die Angst vor der Liebe: Die grausamsten Verbrechen, die dunkelsten und häßlichsten Seiten der menschlichen Bestie kamen zum Vorschein, wo Liebe und Sexualität verteufelt wurden. Barbarei ging stets einher mit dieser oder jener Form der Sexualfeindlichkeit.

Die Lust an der Liebe – alle nur denkbaren Gegensätzlichkeiten verbinden sich mit ihr, alle Dümmlichkeit menschlichen Denkertums scheint sich hier zu konzentrieren. Einmal ist sie heiliger Akt, wird die Geschlechtlichkeit des Menschen zum göttlichen Kult erhoben, dann wieder ist es der Teufel, der sich an den Plätzen der Liebe suhlt: Möglichkeit zur Grenzüberschreitung, himmlische Freude, tödliche Sünde, verpöntestes Handeln. In der Liebe findet der menschliche Verstand kein Maß.

Es wäre den Versen aus dem Hohelied eigentlich nichts hinzuzufügen, hätte nicht der fatale Drang der Menschen nach Macht und deren philosophischer und moralischer wie religiöser Rechtfertigung die natürlichste und einfachste und zugleich schönste Sache der Welt so fürchterlich kompliziert gemacht. Es wäre so einfach, zu sagen: Mensch, du bist und bleibst das am meisten auf Liebe erpichte Lebewesen auf der Erde, ausgestattet mit allen sinnlichen und geistigen Fähigkeiten, dich an ihr zu erfreuen. Also freue dich. Eros, Liebe, Sex: Das, Mensch, ist das Leben, ist der Alltag, das ist, was es ist.

Doch so einfach ist es eben nicht, denn der Mensch hat sich auch über die Liebe den Kopf zerbrochen. Zerredet, zerdacht, gelobt und verdammt, umgeben mit Tintenwolken und Gedankennebeln, will sie so leicht ihr einfaches, reines Wesen nicht offenbaren. Zuviel verbindet sich mit ihr. Zuviel dorniges Gestrüpp umgibt die Gärten zwangloser Lust, zuviel Kunstblumen romantischer Höhenflüge haben die Schlösser der Freuden überwuchert. Daran sind nicht nur die Theologen schuld, die sich so oft im Laufe der menschlichen Geschichte mit der Verkomplizierung einfacher irdischer Dinge beschäftigt haben, anstatt sich mit ihrem eigentlichen Gegenstand, nämlich Gott, auseinanderzusetzen. Auch die Dichter sind daran nicht unschuldig, die die Liebe zuweilen in den Tabernakel ihrer allzu überschwenglichen Fantasie eingesperrt haben, auf daß der weniger romantisch veranlagte Mensch sich stets verwundert fragen mußte, wie es denn komme, daß ihm solch überirdische Orgasmen versagt blieben.

Gerade in jener Religion, die in ihrem Kampf gegen die Sinneslust die absurdesten Perversionen hervorgebracht hat, findet sich an ihrem Ursprung keine Zeugenschaft dafür, daß Sexualität des Teufels sei. Wie könnte denn auch ein eventueller Schöpfergott die Verachtung des von ihm geschaffenen Leibes wünschen und sinnloses Wüten gegen von ihm oder von der Natur verliehene Triebe unterstützen?

Mehr noch: Wenn Alfred North Whitehead den Gott der Juden und Christen als einen »zärtlichen Gefährten« bezeichnet, dann kommt er am ehesten einer unverfälschten Interpretation der Schriften nahe. Man kann durchaus annehmen, daß der Schreiber des Buches *Genesis* Gott als androgynes Wesen verstanden hat. Gott ist nicht nur ein »Er«, er ist vielmehr »Er« und »Sie«. Die Worte, die den Sinaibund beschreiben, drücken Intimität aus: »Ich, Jahwe, bin euer Gott.« Das Ergebnis dieser intimen Beziehung, aber gewissermaßen auch ihre Ursache, heißt »Chesed«: Das ist die liebende Zuneigung zwischen sehr engen Freunden. Jahwe fordert von seinem Volk »Ahabah«, das ist Liebe. Dasselbe Wort wird auch verwendet, um die sexuelle Liebe zu beschreiben. Sich selbst bezeichnet Jahwe als »El Kana«, was meistens falsch mit »eifersüchtiger Gott« übersetzt wird, aber »leidenschaftlicher Gott« bedeutet. Tatsächlich entdeckt man bei näherem Hinsehen eine durch und durch sexuelle und erotische Bilderwelt in der Heiligen Schrift: Gott als erotischer Liebhaber, der sich höchstens dann grämt, wenn seine Geschöpfe anders als in durch und durch erotischer Weise miteinander verkehren.

So, wie das Alte Testament voll ist von geradezu üppigen Bekundungen der Lebensfreude, schien auch Jesus von Nazareth in der geschlechtlichen Liebe kein Falsch und kein Böse gefunden zu haben.

Er hielt nichts von der Weltflucht, der Zurückgezogenheit und dem Asketentum der Essener Männergemeinschaft. Unter seinen Anhängern gab es viele Frauen, darunter auch viele Prostituierte wie Maria Magdalena, »die da Jesus gefolgt waren aus Galiläa und hatten ihm gedient« (Matthäus 27,55). Die recht offene Haltung Jesu zeigt sich offensichtlich auch im Zusammenhang mit seiner Lieblingsjüngerin Maria Magdalena. Das war wohl wie ein Pfahl im Fleisch der Pharisäer, daß der Rabbi Jesus sich von einer Buhlerin, einem Freudenmädchen, die Füße küssen ließ. Als sich der Pharisäer Simon darüber entrüstete, sprach Jesus: »Ihr sind viele Sünden vergeben. Denn sie hat viel geliebt. Welchem aber wenig gegeben wird, der liebt wenig« (Lukas 7,37-48). An solchen Stellen freilich haben später diejenigen Kirchenväter vorbeigelesen, die der »Pfahl im Fleisch« des Paulus-Saulus (2. Korinther 12,7-10) dermaßen geplagt hat, daß sie zuweilen gar in der Kastration ein herrliches Zeugnis des Glaubens zu sehen meinten.

Nein, von Sinnesfeindlichkeit kann bei Jesus keine Rede sein, vielmehr von wirklich liebevoller Toleranz, wie es seine Haltung gegenüber der Ehebrecherin bezeugt, deren Verfolger er auffordert: »Wer von euch ohne Sünde ist, der werfe den ersten Stein.« Der Ehebrecherin wird nicht einmal Buße oder Strafe auferlegt, Jesus ermahnt sie nur: »Geh hin und sündige nicht mehr!«

Wir dürfen annehmen, daß auch dies nicht dem sexuellen Verkehr an sich, sondern bloß der Tatsache des Ehebruchs galt. Daß Jesus gegenüber der Frau auch in diesem Zusammenhang Toleranz übte, ist, obwohl er im allgemeinen ehebrecherisches Verhalten mehr als vieles andere geißelte, darauf zurückzuführen, daß er anscheinend ein Frauenrechtler war.

In der damaligen mosaischen Gesellschaft war die Stellung der Frau diejenige eines niederen Wesens, das man einfach verstoßen konnte, wenn man es satt hatte. Außerdem gestattete es die mosaische Doppelmoral den Männern, beliebig viele Frauen zu haben. Wenn Jesus schon den Gedanken der Männer an eine andere Frau als

Ehebruch bezeichnete, so war dahinter die Verteidigung der Frau als ein gleichberechtigtes Wesen sichtbar. Im Streitgespräch mit den Pharisäern widersprach Jesus nicht nur der Auffassung, daß der von Moses angeblich erlaubte Scheidebrief den damals üblichen Umgang mit den Frauen gestatte, sondern griff auch auf den alten Text der Genesis zurück, demzufolge Gott Mann und Frau als eine Einheit geschaffen hat: »Vom Anbeginn der Schöpfung aber hat er sie als Mann und Frau erschaffen« (Markus 10,3-12, Lukas 16,18). Damit ignorierte Jesus ganz offenkundig jene aus dem 5. vorchristlichen Jahrhundert stammende Fassung der Schöpfungsgeschichte, in der vom Sündenfall und der damit verbundenen Herabsetzung der Frau berichtet wird.

Nicht Sexualfeindlichkeit und Puritanismus lagen dem Kampf des Jesus von Nazareth gegen ehebrecherisches Verhalten zugrunde, sondern ein überaus brisantes gesellschaftspolitisches Motiv. Damals wie später und wie heute noch immer war und ist moralische Heuchelei im Zusammenhang mit der Sexualität stets mit der Unterdrückung der Frau und allgemeiner gesellschaftlicher Repression verbunden. Und wenn nun auf das sechste Gebot, das Verbot der Unkeuschheit, verwiesen wird, so könnte man das auch entwicklungsgeschichtlich betrachten insofern, als zu den Zeiten seiner Entstehung die Männer noch zu sehr mit ihrem »äffischen Erbe« belastet waren und zuweilen in einem undifferenzierten Fortpflanzungsdrang sich möglicherweise auch an ihre Haustiere heranmachten.

Nun, heute haben wir zur Sexualität ja eine freiere Einstellung. Wirklich? Sind wir frei? Genießen wir die Liebe? Sind wir frei von dieser unglückseligen Last vergangener Jahrhunderte? Begegnen wir uns wirklich als Menschen, fühlen wir tatsächlich ohne Verklemmung jene ungetrübte Freude, wie sie im Hohelied zum Ausdruck kommt?

Sexualität: Sie war und ist schließlich das große Glücksversprechen dieses Jahrhunderts. Der Ausbruch aus den neurotisierenden Tabus der Vergangenheit sollte zum großen Fest der Liebe werden.

Die prallen Brüste der Liberté, während der Französischen Revolution als vage Andeutung des Zusammenhangs zwischen allgemeiner menschlicher Freiheit und sexueller Zwanglosigkeit kurzfristig enthüllt, schienen tatsächlich von ihren Einschnürungen befreit. Wurden sie es?

O ja, die Brüste gewiß, und mehr noch. Nachdem der Frau jahrhundertelang das Recht auf Lust abgesprochen worden war, war sie zunächst die augenscheinlichste Entdeckung im wiederentdeckten Neuland Sex. Wenn wir nämlich danach fragen, wer den größten Nutzen aus der sogenannten sexuellen Befreiung gezogen hat, so fällt einem zunächst die Werbung ein. Sie hat das Lustobjekt Frau mit wissenschaftlicher Akribie erforscht und gleichzeitig die Männeraugen beobachtet: flatternde Lider und Pupillen, die sich begehrlich zusammenziehen, wenn Weiblich-Fleischliches sich mit einer neuen Zigarettenmarke verbindet. Die Frau als Lustobjekt noch immer, als kalkulierter Auslöser von geschlechtsspezifischen Reaktionen beim Opfer Mann, dem die Werbung gilt. Die Rollenklischees des Mißbrauchs des einen Geschlechts durch das andere haben sich damit nur gefestigt. Glück und Unglück und Erfolg der Frau, das gilt noch immer, hängen weniger von ihrem Können, von ihren geistigen Qualitäten, sondern von der Attraktivität zumal ihrer angeborenen Äußerlichkeiten ab.

Nach der Unterdrückung führte die sexuelle Befreiung zuerst einmal zur totalen kaufmännischen Verwertung des weiblichen Körpers von den Brüsten bis zum gefärbten Zehennagel. Als verführerische Ware haben nun die Frauen mit den unsichtbaren Konkurrentinnen der Warenhausplakate zu kämpfen, während die Beleidigung jedes schönheitssinnigen Auges durch selbstverständliche männliche Häßlichkeit alltäglich im Straßenbild wie in der Fernsehmanege der sogenannten wichtigen Persönlichkeiten der Normalfall ist. Im beständigen Kampf um Sex-Appeal und Jugendlichkeit ist somit die reifende Frau einem erbitterten und sinnlosen Wettkampf gegen die Zeit ausgeliefert: eine überaus unfaire Angelegenheit.

Und wo liegt der Garten der unverklemmten Liebesfreude? Wo ist die Freiheit der Liebe und der Sexualität geblieben? Gewiß, die Sexualität wurde befreit. Wir haben eine gesunde Einstellung dazu: »Fun Fucking« – das ist gesund und notwendig wie Zähneputzen, wie Erdnußbutter oder ein Birchermüsli. »Fun«, das ist ein eigentlich unübersetzbarer Amerikanismus, der soviel bedeutet wie: Das gehört dazu, das ist eine gute Sache. Und immerhin (und das ist schon etwas): Zu wissen und wissen zu dürfen, daß Sex an sich nicht krank macht, daß er für gesunde Hormonausschüttungen sorgt, den Kreislauf in Trab hält, ja eine außerordentlich wirksame Medizin gegen das Altern ist, ist zweifellos ein Fortschritt.

Ungezwungen aber erlaben wir uns an den Freuden der Liebe nicht. Die alten Neurosen und Verklemmungen wurden durch neue ersetzt, die sexuellen Energien wurden freigelassen und neuen Zwängen unterworfen, so daß sie nun auf moderne Weise verkümmern. Neue Ängste haben wir geweckt, in denen ungetrübte Lust erstickt. Wie die Frau, wie der Mann selbst, so harren auch die kostbarsten Lebenspotentiale nach wie vor ihrer Befreiung. Denn woraus bestand sie, woraus besteht die sexuelle Revolution? Nachdem man entdeckt hatte, wie gesund und natürlich die Sexualität ist, hat man sie mit der Gründlichkeit der Laborwissenschaftler erforscht. Und siehe da: Plötzlich war die aller Lust bare Frau das potentielle hypersexuelle Monstrum, das es in Laborversuchen auf mehr als 50 Orgasmen pro Tag brachte, und nur allgemeine physische Erschöpfung setzte ihrer grenzenlosen Orgasmusfähigkeit noch nachvollziehbare Maßstäbe. Wie sollte der Mann den Konkurrenzkampf gegen den Massagestab gewinnen, der den jahrtausendealten Dildo ersetzt hatte?

Gewiß, nun durfte man plötzlich alles. In allen Illustrierten und in Aufklärungsbüchern sonder Zahl wurden und werden die Paare über alle Stellungen aufgeklärt, die der Mensch im Laufe seiner Sexualgeschichte erfunden hat. Sexuelle Freiheit: Der Traum vom Durchbruch zur ungetrübt glücklichen Liebe schien entsprechend den Freiheits- und Gleichheitsvisionen dieses Jahrhunderts tatsächlich Wirklichkeit zu werden. Wie nie zuvor sollten Humanität und Bedürfnis in spontaner Solidarität (Wilhelm Reich) anstelle von Besitzansprüchen das Glück in der Liebe freisetzen.

Hatte man in den vergangenen Jahrhunderten zuviel Aufhebens um die Sexualität gemacht, indem man sie verteufelte und zur tödlichen Sünde erklärte, so machte man nun noch mehr Aufhebens davon. Verständlich, der Nachholbedarf war überwältigend. Die Sexualität wurde rationalisiert wie alles andere auch, und die Rationalisierung kreierte neue Formen des Puritanismus: die völlige Trennung von Eros und Trieb, die völlige Trennung von Gefühl und Sexualität; statt Aufwertung erfuhr der Körper seine Abwertung zur sexuellen Potenzmaschine. Nicht die Sexualität wurde befreit, sondern Penis und Vagina zum Wettkampf um multiple Orgasmen. Die sexuelle Freiheit, die alle Zwänge aufheben sollte, wurde zum Leistungszwang Nummer eins. Zum Zwang des Alltags gesellten sich der tägliche Beischlafzwang und die Angst, die dissoziierten Genitalien könnten dem Wettkampf der Unterleiber nicht gewachsen sein. Selbst jene utopischen Gruppenprojekte, die sich zum Ziel setzten, politisch, sozial wie sexuell Proben der Freiheit aufs Exempel zu machen, mußten ungeachtet allen Bemühens justament an unbewältigten Vorgängen im Bereich von Sexualität und Eifersucht scheitern. Rückzüge aus jedem Gefühlsengagement führten zu rigideren Zirkeln wahrhafter Tauschprozesse, als es jene waren, die sie verlassen hatten.

Dort wie in der Allgemeinheit der angeblichen sexuellen Freiheit erfuhr die »Sex-Machine« in der »Satisfaction« nichts als das lähmende Erlebnis, plötzlich auch hier jederzeit verwechselbar, austauschbar, ersetzbar zu sein. Wo die Freistellung aller Liebesabenteuer von jedem Gefühlsengagement zu seelischer Impotenz führte, vermochten auch die einfallsreichsten sexuellen Praktiken die Lustbilanz nicht zu erhöhen: Reduziert auf bloße Bewegungstechniken, erwiesen sich die Erlebnisreihen der Ekstasen als schale Aufgüsse dessen, was mit Onanie besser hätte erreicht werden können. Die Freisetzung der sexuellen Liebe führte viele Menschen zu weitaus mehr Aktivitäten in diese Richtung, als sie aus eigenem Antrieb entwickelt hätten: Konkurrenzkampf auch hier, Partnerwechsel als souveräne Selbstgestaltung.

Sammlersexualität, Bordellsexualität, ewige Partnersuche: Die rationale Welt des Machbaren hat auch dieses Gebiet erobert. Liebe, Liebeslust, die höchste Steigerung der Kommunikation zwischen Menschen, wird unter Benutzung und Mißbrauch des anderen heute wie gestern am anderen vorbeiinszeniert. Daß nun vielfach der bloße Sex all das ersetzen soll, wovon er ausgeklammert wurde, kann die Impotenz der Gefühle nicht beseitigen. Der letzten Reste von Gefühl und auch von Lust gehen wir verlustig, wenn nun versucht wird, aneinander zu zehren und Befriedigungen einzufordern, wo keine gefühlsmäßige Befriedigung möglich ist.

Die Lust an der Liebe: Sie liegt eben nicht in der Sexualität allein, sondern entfaltet sich, wenn Erotik, Sinnlichkeit und die Liebe die Sexualität gefühlsmäßig einbinden. Und so verliert sich die Lust an der Liebe heute in den Ängsten um Selbstverwirklichung und Emanzipation, ist die Liebe verbunden mit Angst, mit Verlustangst, Angst vor Ablehnung, Angst vor Versagen nach wie vor, weil die sexuell Befreiten nicht begriffen haben, daß sexuelle Erfüllung nicht eingefordert und auch nicht gegeben werden kann, wenn der Gebende nicht frei und satt genug ist, um geben zu können.

Denn auch in der Sexualität ist eines wahr: Nur wer sich selbst genießt, ist auch genußfähig und kann dem anderen Genuß verschaffen; nur wer selbst gesättigt ist, kann anderen über die Sättigung hinaus Genuß verschaffen. Wer liebt und Sex betreibt, um sich zu sättigen, ist auf Raub aus. Sexualität und Erotik können sich nur dann zur unverfälschten Lust entfalten, wenn Selbstvertrauen herrscht, weil nur auf der Basis von Selbstvertrauen gegenseitiges Vertrauen möglich ist: Vertrauen zu sich selbst, zu seinen Gefühlen, Wünschen, Vertrauen zu sich selbst als Frau und als Mann, als das, was man ist, jeder ein Mensch mit seinen Eigenarten und Besonderheiten.

Der moderne Mensch aber hat es sich in den Kopf gesetzt, das Risiko in der Gestalt des anderen nicht wahrnehmen zu wollen: Wie die romantischen Schwärmer, die von der Liebe Verschmelzung fordern, so fordern die Rationalisten der Liebe die Einheit durch den Abbau der Verschiedenheit. Vermittler von Liebe und Freude aber sind wir nur, wenn wir zulassen, daß der andere ganz bei sich ist, wenn wir ihn in seiner Eigenart bestätigen: Nur so gelangen wir zu dem unverwechselbaren Erlebnis des Wir. Das ist das Glück der Verschiedenen über die Verschiedenheit, die Freude des einen über die Eigen-Art des anderen, die er umarmend bestätigt.

Sexuelle Befreiung ist nicht Voraussetzung, sie ist die Folge der Emanzipation; sexuelle Freiheit kann nur dort gedeihen, wo sich freie Menschen begegnen. Es war ein Trugschluß, die Befreiung der Sexualität von alten Tabus allein sei Garantie für eine unbeschwerte Begegnung der Geschlechter, die uns erst recht wieder aller Möglichkeiten beraubt hat. In den Wegwerfbeziehungen verkommt auch die Emanzipation, da sie in einen bloßen Wettstreit der Geschlechter ausartet, in Rivalitäten nach dem Vermarktungsprinzip. Kein Zweifel, daß hier mißverstandene sexuelle Freiheit und Gleichheit öffentlich wie privat in eben jene Vergleichszwänge führen, von denen wir uns in der Liebe zueinander und in der Lust an unserer Eigenart ausruhen sollten. Kein Wunder, daß man es heutzutage in Amerika als bemerkenswertes Phänomen diskutiert, daß nun die sogenannten Karrierefrauen alle Merkmale einst den Männern vorbehaltener Trophäenjagd für sich beanspruchen: Selbstbewußt bezeichnen sich die Karrierefrauen als »gut« oder »ausgezeichnet« beim Sex und »streben anstelle eines Höchstmaßes an Intimität ein Höchstmaß an Leistungen an«. Die Wahl der Worte deutet das geschehene Malheur an: Weil sie zu wenig Zeit haben, auf Männerjagd zu gehen, nehmen sie sich bei Bedarf einfach den nächstbesten Kollegen mit ins Bett. Bedarf ist vorhanden: Amerikas Karrierefrauen hätten es im Durchschnitt am liebsten zweimal täglich, der berufliche Erfolgszwang indessen zwingt sie dazu, froh zu sein, wenn sie es zweimal wöchentlich schaffen.

Ist es das, was aus all den Glücksversprechungen werden sollte? Der Mensch hat fürwahr ein eigenartiges Talent, geschichtliche Kränkungen mit weiteren, subtileren Verletzungen zu beantworten. Es ist schon richtig: Wir reden hier von gesellschaftlichen Vorgängen, Bereichen, auf die sich der individuelle, nach Glück strebende Mensch ohnehin nicht verlassen kann und auch nicht darf. Denn nur der einzelne, zum Glück und zur Lebensfreude entschlossene Mensch kann für sich seine Situation verändern und damit Hoffnungen für die Gesellschaft andeuten. Gerade deshalb aber müssen die gesellschaftlichen Bedingungen und ihre irreführenden Vorzeichen, auf die sich dieser einzelne selbst in seinen persönlichsten Bereichen zu verlassen pflegt, aufgezeigt werden.

Emanzipation ist Selbstverwirklichung und Selbstentwicklung, aber nicht Anpassung an das Rollenverhalten des anderen. Emanzipation ist Befreiung von der Unterdrückung durch sich selbst und durch den anderen, aber nicht Rollenwechsel. Emanzipiertsein bedeutet Selbst-Sein als der, der man ist, gegenüber dem anderen, der jener ist. Emanzipation kann niemals einseitig zum Erfolg führen, sie kann nur in der gegenseitigen Bestätigung und Würdigung der jeweiligen Eigenart bestehen.

Die Selbstverständnisse sind jedoch in der praktizierten Art der Emanzipation erschüttert und nicht gefestigt worden, und dort, wo Einsicht die Voraussetzung gewesen wäre, hat sie vielfach zur Sturheit aus Angst geführt, nämlich beim Mann. Die Frauen indessen begeben sich aller möglichen Chancen, wenn sie nun, da sie sich in einer von männlichen Rollenvorstellungen geprägten Welt bewegen, Beweise ihrer Tauglichkeit und Tüchtigkeit durch Anpassung zu erbringen suchen. Anstatt die Verödung und Verelendung der Arbeitswelt weiblich aufzubrechen, üben sich die Frauen in männlicher Rationalität und Sachlichkeit, die doch nur ebenso Bestandteile geschichtlicher Rollenklischees sind wie die ausschließlichen Attribute der Weiblichkeit. Nicht rachedurstige Verkleidung als mit dem Makel weiblicher Geschlechtsmerkmale behaftete Männer kann die Lösung sein: Die von männlicher Rivalität und männlichen Machtkämpfen geprägte Welt bedarf dringend der weiblichen Vorräte an Einsicht, Elastizität und Diplomatie. Männliches und Weibliches in einer gesunden Balance zum Menschlichen zu vereinen könnte Hoffnungen auf die Welt bringen. Nicht gegeneinander, sondern nur füreinander können sich die Geschlechter jene Freiheit bringen, nach der sich ihre innerste Natur in gleichem Maße sehnt.

Verschiedenheit nicht als Mann und Frau, sondern Verschiedenheit als Menschen, nicht Gleichheit, sondern Gleichwertigkeit in der Verschiedenheit, nicht Raub und Verlust der Eigenart, sondern Würdigung der Andersartigkeit eines jeden Menschen ungeachtet seines Geschlechts, so muß die Forderung lauten. Verschiedenheit: sich im anderen erkennen, als Mann in der Frau seine ureigenste, innewohnende Weiblichkeit erfahren und entdecken, als Frau im Mann die eigene, ureigenste Männlichkeit entdecken und erleben: Das bedeutet, sich gemeinsam als Mensch zu erfahren, das ist ganzheitliche Selbsterfahrung. Das bedeutet auch und vor allem in sexueller Hinsicht, im anderen seine eigenen und verleugneten weiblichen oder männlichen Bedürfnisse zu entdecken und sie angstlos zu bekennen. Mann und Frau als gleichwertige Einheit im Menschen: Auch so kann, ja gar nicht anders kann der Hinweis von Jesus verstanden werden, wenn er davon spricht, von allem Anfang an seien Mann und Frau als Einheit erschaffen worden.

Erfinden wir doch einen neuen Schöpfungsmythos, legen wir die unglückselige Geschichte zu den Akten, die erzählt, Gott habe Eva aus einem Rippenstück des Adam produziert zu seiner Lust und Laune. Erzählen wir die wahre Geschichte, denn sie ist wahr, wenn wir sie für wahr halten, nicht weniger wie die alte Geschichte es war für die, die sie für Wahrheit hielten. Erzählen wir sie, die Geschichte von einem geschlechtslosen Gottwesen, welches allumfassend alle

Eigenschaften in sich vereinigte. Von jenem Gottwesen, das, um sich selbst Gestalt zu geben, eine Handvoll Lehm nahm, ihn zu einer Gestalt formte, Odem in seine Nase blies und so den Adam erschuf. Adam aber bekam sogleich Sprünge und zerbarst. Da sah Gott ein, daß er die Hälfte vergessen hatte, nahm Wasser und formte mit dem Wasser den Ton, und dieses Wasser, welches in Adams Wesen eindrang, war Eva, und erst als er Eva in seinem Wesen trug, war Adam Adam, ein Mensch, und erkannte das Gottwesen sich selbst. Das Wasser durchdringt den Ton, und der Ton hält das Wasser. Wir könnten die Geschichte auch umdrehen. Nur wo das eine das andere durchdringt und wo das andere dem einen Halt und Form gibt, können Mann und Frau das sein, was sie sein sollten: Gäste auf dem Fest der Liebe.

Wir können die Geschichte auch philosophisch formulieren. Könnte man nicht sagen, daß die ursprüngliche Trennung einer Einheit evolutionär dahin tendiert, daß sich diese Trennung am Ende im Bewußtsein der Einheit aufhebt? Dies ganz im Sinne unserer Annahme, daß der Mensch an sich das Auge der evolutionierenden Natur ist, vermittels dessen sich die Natur ihrer selbst bewußt werden kann.

Die Befreiung des Menschen in sich selbst wie auch gesellschaftlich kann nur durch die Befreiung der Frau erfolgen, dies aber in einem viel umfassenderen Sinne als bisher. Befreiung der Frau bedeutet auch Befreiung der Frau im Mann, bedeutet zuallererst Emanzipation des Mannes, Befreiung des Mannes von seiner Urangst, seine Eigenart zu verlieren, wenn er sich nicht an männlichen Äußerlichkeiten festkrallt. Befreiung in diesem Sinne zwingt zu einer anderen Sicht der Sexualität. Es wurde schon angedeutet: Jahrtausendelang wurde die Frau als dem Mann nicht ebenbürtiges Wesen unterdrückt, jahrhundertelang hat man den Frauen gerade in unserem Kulturkreis die sexuelle Lust abgesprochen, ja das Weibliche mit göttlicher Berechtigung als Suhlplatz des Satans diskriminiert. Bis vor wenigen Jahrzehnten hielt man es für pervers, wenn auch die Frau sexuelle Lust für sich beanspruchte, sie war das Privileg des Mannes. Als Sünde wurde alles bezeichnet, was über die Zeugung von Nachkommenschaft hinausging, weswegen auch der Schlitz im Nachthemd als einziges äußerliches Zugeständnis an sexuelle Möglichkeiten eben noch gestattet war.

Die Lust als Privileg des Mannes und die Unterdrückung der Frau und ihre Abwertung zum nützlichen Arbeitstier als Ausdruck allgemeinen männlichen Machtwahns: Dies alles resultiert ganz offenkundig aus der Dominanz der Begattungssexualität. Es ist sicherlich unsinnig, im Zuge der Emanzipationsdiskussion die biologischen Unterschiede zwischen Mann und Frau zu leugnen. Der Mann ist körperlich stärker (was nicht unbedingt mehr Zähigkeit und Ausdauer bedeutet). Und es besteht auch kein Zweifel daran, daß das Wesen des Patriarchats in der körperlichen Überlegenheit des Mannes gründet. Die Männer konnten (und können) ihre Frauen schlagen und vergewaltigen, weil sie stark genug dafür waren (und sind). Diese Tatsache zu leugnen und zu verdrängen hieße, der Wirklichkeit aus dem Weg zu gehen. Daß aber der Mann seine bloße körperliche Überlegenheit und die Unterdrückung der Frau und der Sexualität mit Moral und Gesetzen legitimieren und absichern mußte, bedeutet am Ende nichts anderes, als daß er seine noch unüberwundene Verwandtschaft mit den Pavianen gesetzlich bestätigte: Dort ist es halt so, daß die Männchen das Sagen haben und das natürliche Privileg, die Weibchen zu bespringen, wenn ihnen danach ist.

»Erotik«, schreibt Anaïs Nin, »ist eine der Grundlagen der Selbsterkenntnis.« Und sie fährt fort: »Die Erotik an das Gefühlsleben zu binden, an die Liebe, an die Wahl eines einzigen, sie zu personalisieren, das wird die Aufgabe der Frau sein.« Damit zeigt Anaïs Nin das Wesentliche an: Die Befreiung der Frau ist an die Befreiung des Menschen im allgemeinen gebunden. Solange die Frau unfrei ist, ist auch der Mann nicht frei. Befreiung des Menschen aber bedeutet Befreiung zur Erotik als integralem Bestandteil des Lebens. Erotisch zu sein bedeutet, daß man sich seines eigenen Körpers bewußt ist als eines Instruments des Spiels und der Freude, daß man fähig ist, dieses Bewußtsein dem anderen mitzuteilen, und daß man sich selbst und seinen Körper ins Spiel bringen kann im wechselseitigen Suchen nach Freude, Abwechslung und Lust.

Erotik ist gewiß auch die Kunst, überschüssige sexuelle Energie konstruktiv und schöpferisch zu sublimieren, vor allem aber ist Erotik die Überwindung falscher Scham und Furcht, Überwindung jenes Gefühls des Ungenügens, das uns die sexuellen Verpflichtungen getrennt von der Gesamtheit der Beziehungen so routiniert wie möglich »erledigen« läßt. Erotisch zu sein bedeutet, daß wir sowohl unseren Körper als auch unsere Sexualität sowie unsere ganze Person als schön und gut ansehen. Jeder Mensch hat, ob er will oder nicht, eine bestimmte erotische Ausstrahlung. Sie kann voll Offenheit, Spiel und Vertrauen, sie kann aber auch voll Furcht, Argwohn und falscher Scham sein. Scham aber ist der Tod jeder erotischen Beziehung. Eine sexuelle Selbstentfaltung, die Furcht und Angst oder Abwehrhaltungen und Unsicherheiten verbergen muß, ist nur ein erbärmlicher Ersatz für eine wirkliche Erotik.

Erotik ist eine ständige Einladung an den Partner: Ich bin nicht nur ein Mann oder eine Frau, ich bin ein Mensch, mit dem du jede Menge Spaß haben kannst. Erotik ist die Kultur der Sexualität, ist die Kultur der Sinnlichkeit. Befreiung der Sexualität und der erotischen Bedürfnisse und damit Befreiung des Menschen ist Kultur: Es ist die Überwindung der bloßen Begattungssexualität ebenso wie der nur auf biologischen Kraftvorteilen basierenden physischen männlichen Überlegenheit. Die bloße sexuelle Revolution hat den Mann noch nicht befreit von seinen Verklemmungen, von seiner im aktiven und aggressiven Verhaltensmodell begründeten Schamhaftigkeit, die ihn und damit auch die Frau daran hindert, sich zu enthüllen im Sinne erotischer Selbstentfaltung.

Erotik als Grundlage der Selbsterkenntnis; hier liegt zweifellos eine Aufgabe der Frau: die Vorarbeit zur Schaffung eines fundamental neuen geistigen, emotionellen, sexuellen und sozialen Verhältnisses der Geschlechter als Voraussetzung dafür, daß die Böcklein und Böcke erwachsen und Menschen werden – auf daß sie ihre Angst davor verlieren, ihrer Männlichkeit verlustig zu gehen, wenn sie ihre mit zwanghaften Männlichkeitsgebärden unterdrückten erotischen Wünsche und Gefühle offen zeigen.

Denn dort, wo sich weibliche Sexualität entfalten kann, wo die Frau nicht glaubt, im Zuge der Emanzipation nun auch männliches Sexualverhalten imitieren zu müssen, deutet sie stets kulturelle Überlegenheit an: Sie erscheint reicher, umfassender. Weibliche Sexualität bringt sich immer ganz ein, und sie fordert eben auch nicht nur den Penis, sondern die Teilnahme der ganzen Person. Nicht zuletzt aus diesem Grunde sind einzelne Versuche, Bordelle mit Männern zu besetzen, gescheitert: Der bloße Sexualakt kann die weiblichen erotischen Bedürfnisse nicht befriedigen. Wo pure männliche Sexualität sich auslebt, ist sie stets bloß Begattungssexualität. Wo sich im Sexualakt der Mann als Mann beweisen muß, ist er kein Kulturmensch, sondern ein Mensch, der in diesen Augenblicken geistig, seelisch und körperlich zum Pavianmännchen zurückschrumpft. Es ist ein Akt der Selbstverstümmelung.

Der Mann hat es seit den Urzeiten der Geschichte noch immer nicht gelernt, mit der Frau zusammenzuleben. Die Männerkultur in bezug auf Erotik und Sexualität ist in ihren emotionalen Strukturen eine Kultur von Zwölfjährigen. Die Frau als Partnerin ist noch gar nicht entdeckt; sie wird deshalb auch nicht ernst genommen. Genau darin findet in der modernen Zeit die eigentliche zwischenmenschliche, die sexuelle Revolution, die sexuelle Befreiung, statt, auch wenn dies in der Praxis und bewußtseinsmäßig noch lange nicht integriert sein wird. Die Befreiung der menschlichen Sexualität von ihren alten Tabus, die Entdeckung der Frau als sexuelles Wesen, das alles sind nur Teilaspekte der eigentlichen revolutionären Entwicklung: Es ist die Vereinigung von Freundschaft und Partnerschaft, die Vereinigung von freundschaftlicher, partnerschaftlicher, sozialer, erotischer und sexueller Beziehung in einer Zweierbeziehung, ob es sich nun um eine offene Beziehung oder um eine Ehe handelt.

Dies ist eine Kombination, die, auch wenn uns dies kaum zu Bewußtsein kommt, relativ neu ist. In alten Kulturen waren Freundschaft und Sexualität streng voneinander getrennt. Männer und Frauen kamen zusammen, um Kinder zu zeugen und die Familie zu erhalten, Freundschaft aber wurde überhaupt nur unter Mitgliedern des eigenen Geschlechts gesucht. Die Angst vor der mächtigen und fordernden heterosexuellen Intimität mag dabei eine Rolle gespielt haben. Dies ist auch noch in den Städten des antiken Griechenland zu beobachten, wo ein Mann zwei Arten sexuellen Lebens führte: ein homosexuelles und ein heterosexuelles mit seiner Frau als bloße Verpflichtung an Familie und Gesellschaft.

Auch das christliche Abendland übernahm, wenn auch in verifizierter Form, die Trennung von Familie, also familiärer Sexualität, Eros und Freundschaft. Immerhin: Seit es weder Mann noch Frau gab, sondern alle im Herrn eins geworden waren, wurde so etwas wie eine wirkliche erotische Freundschaft zwischen beiden Geschlechtern außerhalb der ehelichen und gesellschaftlichen Pflicht möglich. Diese Idee setzte sich im späteren Mittelalter in der romantischen höfischen Liebe fort, einer intensiven und erotischen Freundschaft zwischen verheirateten Männern und Frauen, in der sich durchaus so etwas wie erotische Lebenskunst ausdrückte, die aber schließlich dort ihre Grenzen fand, wo man im ehelichen Lager zur Hauptsache kam. Dem einfachen Menschen war dieses höfische Necking und Petting freilich nicht zugänglich, er hatte seinen Schuldgefühlen ordentlich Genugtuung zu leisten, wenn ihn im ehelichen Bett der Teufel im Leib der Frau überkam.

An diesem Erbe solcherart zwischengeschlechtlicher Beziehungen leiden wir zweifellos auch heute noch, wenngleich sich im vergangenen Jahrhundert die Idee durchzusetzen begann, daß Ehe und Freundschaft durchaus kombiniert werden könnten. Sexuelle und erotische Erfüllung waren allerdings dem Zufall überlassen, denn gemeinhin galt ja die Frau, wir sagten es schon, als sexuelles Neutrum, ausgenommen Hetären. Und wer es sich leisten konnte, befriedigte eben seine Bedürfnisse in verschiedenen Beziehungen: Man hatte eine Frau, um Kinder zu zeugen, eine Freundin zur Konversation und eine Mätresse für das Sexualleben.

Die Lebensbedingungen der modernen Gesellschaft, die wenn auch nur zaghafte soziale Emanzipation der Frau sowie die Erkenntnis, daß nicht nur Hetären, sondern auch brave Ehefrauen erotische und sexuelle Bedürfnisse haben, brachten eine grundlegende Veränderung mit sich: Was früher in verschiedenen Beziehungen gesucht wurde (wenn überhaupt etwas gesucht und ausgelebt wurde), wird heute, wenn auch vielfach vergeblich und oft mit katastrophalem Ausgang, in der Zweierbeziehung gesucht und erwartet: Freundschaft, Partnerschaft, Sexualität, Erotik. Die Frau nicht nur als Ehefrau, als Mutter der Kinder, sondern auch als Freundin, als Mätresse, als erotische Gespielin, und umgekehrt der Mann nicht nur als Versorgungsinstanz und Kindesvater, sondern eben auch als Partner, als Freund, als erotischer Gespiele, als zärtlicher Liebhaber. Die gegenseitige Erfüllung all dieser Erwartungen scheint jedoch nur in den seltensten Fällen zu gelingen, und sie ist so lange auch gar nicht möglich, wie nicht die Beziehung zwischen Mann und Frau vom üblichen sexuellen Zweck- und Rollenverständnis auch mit allen sozialen Konsequenzen befreit wird, von damit verbundenen Hemmungen und Prüderien. Die bloße Ehe bringt nicht, wonach wir uns sehnen, die Wegwerfbeziehung bringt bloß schale Entspannung und überdies Konflikte, solange sich die Grundstrukturen der Beziehungen zwischen Mann und Frau nicht verändern.

Die Bindung der Erotik an das Gefühlsleben: das ist menschliche Sexualität, das ist ein personales Aufeinanderzugehen, das sich nicht nur auf Penis und Vagina und bestenfalls Brustwarzen reduziert, sondern die Sexualität miteinbezieht in die Gesamtheit von Erotik, Liebe, Zärtlichkeit, Bewunderung und Anerkennung auf physischem wie seelischem Gebiet in allen Beziehungen. Vor diesem

Hintergrund kann sich die Sexualität aus den Stauungen und Perversionen befreien, die ihre Ursache in der Unterdrückung jener erotischen Bedürfnisse haben, die über die traditionellen Freuden des Bettes hinausgehen.

Weil wir Liebe und Sex nur auf das eine, sogenannte Wesentliche fixierten, haben wir uns die Freuden der erotischen Lebenskunst versagt. Weil wir die Liebesbeziehung zum anderen Menschen grundsätzlich auf die genitale Betätigung festgelegt haben, anstatt Sexualität, Eros und Liebe als die Gesamtheit einer Beziehung, ja als etwas über die Beziehung Hinausreichendes zu betrachten, haben wir Berührungsängste entwickelt.

Berühren ist Zärtlichkeit. Das Berühren ist das grundlegendste Zeichen von Liebe. Das Sexualtabu haben wir scheinbar überwunden, indem wir es mit dem neuen Tabu der bloßen Orgasmusbefriedigung belegt haben; das Berührungstabu zu überwinden ist uns nicht gelungen, wir haben es sogar verstärkt: Berühren und Berührtwerden ist dem sexuellen Verkehr vorbehalten. Und wo berührt wird, so fürchten wir, ist die Berührung Aufforderung zum sexuellen Verkehr. Nahekommen und Berühren ist Liebe und ist gewiß Sexualität, wenn wir begreifen, daß Sexualität und Liebe sich nicht mit Beischlaf erschöpfen, sondern umfassender Lebens- und Liebesausdruck sind.

Wir müssen die Sexualität erst wirklich befreien aus ihrer Ausschließlichkeit und Isoliertheit, aus ihrer Fantasielosigkeit, wir müssen sie vor allem von den Rollenklischees befreien. Wir müssen das gesamte Zusammensein erotischer gestalten, um damit die Sexualität auf jene Stufe zu heben, die sie dank unserer Fähigkeit, Lust auch bewußt zu reflektieren, über das bloße Begattungsverhalten der Tierwelt hinaushebt. Wer in der Fortpflanzung das alleinige Ziel der Ehe oder Zweierbeziehung sieht, verleumdet die Liebe und das Wesen der menschlichen Sexualität. Wer die von moralischen Fesseln und vor allem von Rollenklischees befreite Sexualität als tierisch und animalisch bezeichnet, führt sie ja gerade zurück zum tierhaften

Sexualverhalten, welches seinen einzigen Zweck in der Fortpflanzung hat. Der Vorwurf, daß Sexualität, die über den Begattungszweck hinausgeht, »animalisch« sei, ist ein paradoxer Vorwurf: Er wäre an sich schon ein Vorwurf gegen das Leben selbst, aber er geht zudem an der Tatsache vorbei, daß der Mensch ein körperlichgeistiges Wesen ist. Im Unterschied zum Tier kann der Mensch Lust inszenieren und bewußt reflektierend und gestaltend empfinden. Einige Tierarten haben zwar so etwas wie ein Ritual entwickelt, das dem Sexualverkehr vorangeht, doch ist dieses Ritual ausschließlich physiologisch bedingt in seiner Zielrichtung der notwendigen vollständigen genitalen Erregung. Das Spiel in der menschlichen Sexualität ist schon angesichts der normalerweise schnellen Erregbarkeit nur begrenzt physiologisch bedingt, sondern ist vielmehr Notwendigkeit und Resultat der grenzenlosen Fantasiefähigkeit des Menschen und seiner Begabung, Symbole zu entwerfen und Abwechslung zu schaffen. Hätte der Mensch diese Fähigkeiten nicht, wäre dies nicht sein unmittelbares Wesen, dann wäre menschliche Sexualität in der Tat eine ziemlich einfache Sache, über die man sich nicht seit Jahrtausenden hätte den Kopf zerbrechen müssen.

Sexualität über das bloße Fortpflanzen hinaus ist das Wesen der menschlichen Sexualität, wobei ja unter Fortpflanzungssexualität nicht nur ausschließlich der bewußte Zeugungsakt gemeint ist, sondern die an sich sinnlose Imitation des Zeugungsaktes auch in der üblichen, nicht der Zeugung dienenden Sexualität, wie sie sich in ihrer übersteigerten Form im perversen Zwang zur Päderastie äußert. Sexualität über das bloße Fortpflanzungsverhalten hinaus ist das Wesen der Menschlichkeit: Liebe in all ihren erotischen und sexuellen Dimensionen als kulturelle Form von Beziehung und Kommunikation ist spezifisch menschliche Möglichkeit, ist gleichermaßen menschliche Natur wie Kultur. Wir können spielen und genießen, wie wir musizieren, um so spielend schöpferisch zu sein. In der Liebe sind wir die Instrumente. Und wie in der Musik müssen sich die Instrumente einstimmen zur Harmonie. Ein Spiel ohne

Grenzen, wenn wir frei genug sind: Es ist das tägliche Leben, ob mit zwanzig oder mit achtzig Jahren, ob die Haut nun glatt und geschmeidig oder faltig und brüchig ist, ob die Körper mager sind oder dick. Wenn Sexualität das Lächeln auf den Lippen des anderen ist, wird jenes Liebesglück mächtig, das in vorweggenommenen Gewißheiten die Liebesfreuden schon erleben läßt, Vorfreuden, die jener nicht kennt, der Zusammensein und Zusammenleben nach Maßstäben der Zweckmäßigkeit oder nach Fremdvorstellungen von Schicklichkeit oder Moral trennt. Die von derlei Verklemmungen und Vorstellungen befreite erotische Beziehung ist eine »fruchtbare« Beziehung: Frei vom Zwang, Defizite auszugleichen und aufzurechnen, begründet sie sich in einer authentisch personalen und personalisierenden Freude, wenn sie in der Liebesekstase ihren Höhepunkt durch die Freude des anderen erreicht: in der vollkommenen und unbelasteten Kenntnis des anderen, seiner unteilbar auf Erotik und Zärtlichkeit gerichteten Bedürfnisse, Erwartungen, seiner Zurückhaltung und seiner Freuden.

Erotische Lust ist ja weder beim Mann noch vor allem bei der Frau ausschließlich in einem Organ lokalisierbar, was sich nicht zuletzt im Orgasmuserlebnis zeigt, das den ganzen Organismus ergreift und den Körper in einen Haufen zuckenden Plasmas verwandelt. Es gibt keinen Bereich des Körpers, der sich nicht erotisch stimmen ließe, der nicht erotisch empfinden könnte, ja die erotische Lust ist eben nicht nur auf das Körperliche beschränkt, sondern umfaßt das Sehen, Riechen, Hören, Tasten, das Gefühl und die Gedanken. Erotisch und lustvoll und damit sexuell ist somit jede Art von Kommunikation zwischen Liebenden, wenn die Liebe nicht nur auf die genitale Begegnung beschränkt ist.

Erotik, so haben wir Anaïs Nin zitiert, ist eine der Grundlagen der Selbsterfahrung. Der Orgasmus ist es weitaus mehr: Er ist die einsamste und ausschließlichste Form des Selbsterlebens. Der Mensch ist in diesem Augenblick, da das klonische Zucken seinen Organismus ergreift, im Sinne des Wortes »bei sich«, bei seinen biologischen

Grundvorgängen und damit bei seiner seelischen und psychischen Identität. Daher kann eine erotische Partnerschaft in keiner Beziehung einen Verzicht auf einen Teil des Selbst bedeuten. Sie kann nur bedeuten, daß zwei »Ich« zu einem »Wir« werden, wie zwei Kreise, die sich zuweilen überlappen, ineinanderlegen und doch zwei Kreise bleiben: keine Vereinigung, sondern das Bilden einer vielschichtigen Gemeinsamkeit, die Einheit in der gemeinsamen Erfahrung als Mensch.

Auf diese Weise ist Intimität ein permanenter Zustand, eine positive Kraft, die es ermöglicht, die eigenen Kräfte und Energien mit jenen des anderen zu verbinden, nicht um, wie Hegel etwa glaubte, »im anderen seiner Gattung sein Selbstgefühl zu erlangen, sich durch die Einung mit ihm zu integrieren und durch diese Vermittlung die Gattung mit sich zusammen zu schließen und zur Existenz zu bringen«, sondern weil jeder in sich selbst nicht bloß eine Hälfte, sondern voll integrierte »Gattung« ist: Auf diese Weise ist es gewissermaßen die geschlechtsneutrale Lebens- und Liebeslust, die alle Möglichkeiten eines erotisch-schöpferischen Verhältnisses von Mensch zu Mensch eröffnet, indem man nicht erst im anderen nach sich selbst und seinen eigenen Wurzeln suchen muß. Wer ehrlich zu sich selbst ist und sich in seinen erotischen Bedürfnissen akzeptiert, wird auch seinem Partner alle Möglichkeiten bieten, sich voll zu entfalten.

Der Koitus mag wichtig sein für das Weiterbestehen der Menschheit; in der Sexualität des Menschen ist er eine Nebensache unter vielen. Die Bedeutung des Koitus liegt üblicherweise darin, daß er dem »Begattungstier« Mann in nahezu allen Fällen Erleichterung verschafft, während er für die Frau in der Regel nicht viel mehr an rein physischen Lustempfindungen auslöst, als sie der Mann verspüren würde, wenn jemand mit einem zylindrischen Gegenstand an seinem Hodensack herumriebe. Wären die Männer ehrlich und nicht auf ihr animalisches Fortpflanzungsverhalten fixiert, würden sie sicherlich ebenso wie die Frauen, die, selbst wenn sie es können, gar nicht immer beim Koitus zum Höhepunkt gelangen wollen, eine andere Art sexueller Reizung bevorzugen. Im übrigen ist es hinlänglich erwiesen, daß der Orgasmus von Mann und Frau im wesentlichen identisch ist. Orgasmusbeschreibungen von Frauen- und Männertestgruppen haben keinerlei wesentliche Unterschiede erkennen lassen. Andererseits aber ist der Koitus mehr als bloße Sexualität. Wenn der Koitus eine Bedeutung hat, so reicht diese über die bloße Fortpflanzung weit hinaus: Es ist die naheste und innigste Art der Umarmung, deren zwei Menschen fähig sind, und sie ist zu schade, um sie für einen Wettlauf um den Orgasmus zu mißbrauchen: ein Hinnehmen und Annehmen des anderen, ein Sich-Hingeben der gemeinsamen Lust einer zu Augenblicken gerinnenden Stunde.

In der bloßen sexuellen Betätigung sind wir stets auf der Suche nach etwas Undefinierbarem, das uns die reine Sexualität aber nicht geben kann, weil sie am Ende doch nur eine andere Form körperlicher Selbstbefriedigung darstellt. Alle möglichen Sehnsüchte und Wünsche wurden auf die Sexualität zentriert: vom Wunsch nach dem schnellen Orgasmus bis zur Sehnsucht nach jenem von den Dichtern beschriebenen romantischen Delirium, bei dem das Herz wild zu klopfen beginnt und man in Ohnmacht fällt.

Auch Transzendenz, geistige Grenzüberschreitung, suchen manche im sexuellen Akt. Natürlich ist Sex eine geistige Erfahrung, wenn wir den Begriff Sexualität weiter fassen, als dies üblich ist. Das Erlebnis der Transzendenz im sexuellen Akt ist rein zufällig, sie ist nicht auf ihn beschränkt, sondern Ergebnis eben einer umfassenderen Beziehung. Die Grenzüberschreitung der Erotik ins Geistige findet in allen Augenblicken der Nähe statt: Sie ist die ständige Gewißheit, die Anmut der Zeit- und der Grenzenlosigkeit einer erotischen Beziehung an sich, die das geistige Erlebnis unter anderem auch im sexuellen Bereich erfahrbar macht.

Wo immer wir aber nach etwas suchen, sind wir zweckorientiert und nicht frei genug, um »es« geschehen zu lassen. Auch Transzendenz kann nur erfahren werden, wenn wir sie nicht herbeizwingen.

Wenn wir uns mit Vorstellungen und Verstellungen, mit fixen Bildern der Liebe nähern, werden die Vorstellungen und Gedanken zu selbstverschuldeten und selbstgesteckten Grenzen unserer Erfahrung. Wer auf der Suche nach Wiederholungen eines einmal Erlebten ist, wird stets enttäuscht werden, weil sich jedes sexuelle Erlebnis, und sei es gar das Erlebnis der Transzendenz, immer wieder auf neue Weise zeigt. Sie hat stets ein anderes Gesicht, spannt stets eine neue Saite in uns, und nur die völlige, absichtslose Offenheit kann uns Erleben bringen.

Wenn wir den Orgasmus unbedingt im sexuellen Akt herbeizuzwingen versuchen, mögen wir jenes nur allzu kurze Gefühl erleben, das den Körper binnen weniger Sekunden flieht, ohne tiefere Spuren zu hinterlassen. Die Orgasmusfixiertheit im hitzigen Clinch der Unterleiber ist einer der neuen Zwänge, in die die sogenannte sexuelle Befreiung die Sexualität eingezwängt hat. Sie ist Altes in neuem Gewand: die modernisierte Form der bloßen Begattungssexualität, in der nicht unbedingt mehr die Anzahl der gezeugten Nachkommen als Nachweis männlicher Potenz gelten muß, sondern die Anzahl der tatsächlichen oder bloß gut vorgetäuschten Orgasmen der Frau wird nun der Befriedigung männlicher Potenzkomplexe wegen als Trostfahne an den Penis gehängt.

Da wir unsere Sexualität noch immer nicht entfalten können, ist es nicht verwunderlich, daß sie nach wie vor zentraler Kollisionspunkt in der Beziehung der Geschlechter ist, sei es in der Ehe oder in der offenen Zweierbeziehung. Ungeachtet des vielen Redens von sexueller Freiheit benehmen sich die Geschlechter nach wie vor wie Schafe, stauen sich wieder sexuelle und erotische Energien, die sich nun erst recht nur in unterschwelligen Fantasien und gelegentlichen Exzessen einen Weg bahnen können: ein unterirdischer Strom von sinnlicher und schöpferischer Potenz, gestaut vor einer Mauer aus Angst, falschen Hoffnungen, unerfüllten Erwartungen und übernommenen Vorstellungen, aus falscher Scham und unbegründeten Hemmungen.

So ist die Angst noch immer das Ferment der geschlechtlichen Beziehungen und verhindert die erotische Befreiung der Sexualität von Mann und Frau, mehr noch, sie verhindert die gesamtmenschliche Entwicklung. Dies liegt nicht zuletzt daran, daß jeder Zweierbeziehung, sei sie nun mittels Ehevertrags sanktioniert oder nicht, im Grunde genommen noch immer die Ehe mit all ihren historischen und entwicklungsgeschichtlichen Belastungen zugrunde liegt: die Ehe nicht nur als Grundmodell allgemeingesellschaftlicher Repression sowie als historisches Grundmodell der Repression des Mannes gegenüber der Frau. Die »Ehelichkeit« einer Beziehung engt vor allem die Sexualität auf bestimmte Zwecke und an die Geschlechtlichkeit fixierte Rollenzwänge ein. Es kommt nicht von ungefähr, daß oftmals gerade den sogenannten Liebesheiraten die stabile Grundlage für gemeinsames Wachstum in jenem Augenblick abhanden kommt, da der sexuelle Alltag der Eheverpflichtungen einkehrt. Um Mann und Frau erotisch zu befreien, werden wir daher davon abgehen müssen, in der Sexualität bloß den Ausdruck einer durch biologische Verschiedenheiten geprägten Beziehung zu sehen, ebenso wie wir davon abgehen müssen, in der Ehe sozusagen das offizielle Mäntelchen einer derart beschränkten Beziehung zu erblikken.

Dem vom historischen Ehebild geprägten sexuellen Verhaltensmuster liegt unbestritten noch immer die Tatsache zugrunde, daß die Ehe neben ihren wirtschaftlichen und sozialen Grundlagen die Sexualität auf die Fortpflanzung reduzierte und von der seelisch-geistigen Beziehung isolierte. Auch wenn heutzutage im allgemeinen die sexuellen Umgangsformen freier sind, so sind sie gerade dort, wo sie nicht ausschließlich der Erzeugung von Nachwuchs dienen, mit einer dunklen Aura von Schamhaftigkeit, schlechtem Gewissen und dem Gefühl von Niedrigkeit umgeben. Hier steckt die sexuell-erotische Revolution tatsächlich noch in den Kinderschuhen.

Die Ehe – sie ist bloß eine Metapher des Liebesglücks und der

Liebesfreude, und die vielen Witze, die über die Ehe gemacht werden, sind eben keine Witze, sondern Ausdruck der Realität. Was hat die Ehe denn mit Liebe zu tun? Sie bietet fassadenhafte Sicherheiten, die Liebende nur sich selbst geben können; wo sie es nicht können, führen die Zwänge der Ehe allemal zu bloßer Heuchelei.

Woraus entstehen denn die meisten Ehen? Aus der großen Liebe sind sie ja nur selten entsprungen. Daß sich Liebe, Freundschaft, Partnerschaft und Sexualität verbunden haben, ist, wie wir schon angedeutet haben, relativ neu. Das kirchliche Dogma vom Untrennbaren, das Gott verbunden hat, war jahrhundertelang nichts anderes als eine Verbindung von Macht und Geld dort, wo sich die Kirche mit ihrem größten Prunk an den Eheschließungen beteiligte. Und woraus entspringen die meisten Ehen heute? Sehr häufig doch lediglich aus flüchtigen, vielfach nur sexuellen Triebimpulsen, die man im allgemeinen eben für die große Liebe hält, nachdem man uns dazu gebracht hat, die Liebe auf den Sexualverkehr zurechtzustutzen. Diese bloßen Triebimpulse verflüchtigen sich nur allzuschnell, wenn sich in ihnen die Beziehung erübrigt. Dann führt man halt die Ehe weiter, denn sie aufzulösen bringt Unannehmlichkeiten mit sich.

Den Befund für den Gehalt und den Wert der Institution Ehe liefern nicht zuletzt die Gesetze: Sie befreien die Liebenden vom Risiko der Liebe einerseits und machen andererseits den Geliebten zum potentiellen Rechtsrisiko, zum potentiellen Gegner. Das Recht ist keine Ermunterung zur Toleranz, sondern zu einem raffinierten Gegeneinander, in dem man, rechtlich abgesichert, miteinander verkehrt. Die eheliche Absegnung der Liebesbeziehung beinhaltet viele Momente, die die Liebe töten: Sicherheit, die die Liebe zur bloßen und bequemen Gewohnheit werden läßt, ebenso wie die Angst vor ihrem Scheitern. Dort, wo Liebe zur Pflicht wird, versagt sie sich. Wo Treue zur Pflicht oder zur sozialen Notwendigkeit wird, erstickt sie die Liebe, läßt die Pflicht Mißtrauen keimen. Wo eheliche und gesellschaftliche Konventionen das Zusammensein bestimmen, behindern sie die frei fließende Erotik. Wo man in der Sicherheit der Ehe die Garantie für Liebesglück sucht, wird man es nicht finden: Wer seiner eigenen Liebe nicht vertraut, vertraut auch nicht der Liebe des anderen. Wo die Ehe aus bloßer und oberflächlicher Verantwortung und allenfalls wegen gottgewollter Endgültigkeit aufrechterhalten wird, ist sie Verantwortungslosigkeit vor allem auch den Kindern gegenüber: Dies sind die ärmsten aller Kinder, die in unauflöslichen Ehen der Scheinheiligkeit, der Gehässigkeiten und täglichen Zusammenstöße aufwachsen, der Gleichgültigkeit, der Gefühlskälte und der verderblichen Ausstrahlung haßerfüllter und unfreier Menschen, für die gerade Kinder in sensibelster Weise empfänglich sind. Es geht eben nicht nur um die Beziehung zwischen Mann und Frau als sich dualistisch gegenüberstehenden Gegensätzlichkeiten, die es zu überwinden gilt, sondern es geht stets um die Beziehung zwischen Menschen.

Gewiß ist es der beste Beweis, daß zwischen einem Mann und einer Frau wirklich Liebe besteht, wenn sie Freude bei dem Gedanken empfinden, gemeinsam alt zu werden. Wenn man mit einem Mann oder einer Frau wirklich, das heißt zu wirklicher körperlicher wie seelisch-geistiger Intimität, zusammenkommen kann, spielt es keine Rolle, ob diese Beziehung nun ehelich abgesichert ist oder nicht. Und es stimmt sicherlich, daß man auch lernen kann zu leben, zu lieben, leidenschaftlich zu empfinden, Gefühle auszudrücken, ohne sich zu schämen, liebend zu handeln, ohne etwas zu erwarten, ohne sich seine Handlungen vorzustellen, die Feinheiten der Liebe und des Verliebtseins zur Lebenskunst, zum ungezwungenen Spiel zu machen. Dies aber setzt voraus, daß wir die sexuellen Beziehungen im Sinne des Wortes humanisieren, sie einbinden in den grundlegenden Akt einer Kultur von Sensibilität, Gefühl und Zärtlichkeit, schlicht einer Kultur der Erotik.

Ungezwungen und angstfrei zu lieben bedeutet, ohne Angst vor dem Ende einer Beziehung zu lieben, das in einer erotischen Beziehung ja niemals ein Ende ist, weil sie keine gegenseitigen Abhängigkeiten und Erwartungen kennt. Sicherlich hat nicht jeder Mensch auf Anhieb das Glück, jenen durch und durch seelenverwandten Partner zu finden, mit dem er sich unbegrenzt auf einer gemeinsamen Wellenlänge in jene tiefe Harmonie einschwingen kann, die C.G. Jung »Gleichzeitigkeit« nannte. Es hat jedoch keinen Sinn, sich Gedanken darüber zu machen, wenn man liebt. Die Lust und die Freude an der Liebe gehören dem Augenblick, diesem und dem nächsten und dem übernächsten. Solange wir die Beziehungen zu einem anderen in die Zeit einbringen, ja sie von vornherein von einem Ablauf zwischen Anfang und einem möglichen Ende abhängig machen, trägt jede Beziehung Angst, Mißtrauen, ja ihr Ende schon in sich. Frei von zeitlichen Zwangsvorstellungen, findet auch die Liebe zu einem anderen Menschen nur im Genuß des Augenblicks das von allen Beziehungen Freie und Dauerhafte.

Weil nur wirklich lieben kann, wer sich selbst liebt, braucht man vor einem Ende der Liebe keine Angst zu haben. Wonach wir uns insgeheim sehnen, ist ja die Aufhebung der Momenthaftigkeit des Liebesglücks. Wonach wir uns sehnen, ist jene innigere Art des Orgasmus, jenes beiläufige Dahinschmelzen, das über den körperlichen Orgasmus hinausgeht, ihn zuweilen mit herbeiführt. Jeder Orgasmus, jede sexuelle Befriedigung ist am Ende doch nur stets so stark wie die Empfindungen, die sie begleiten: ein Rausch der Gefühle, ein Dahinschmelzen in Liebe und Überschwang, ausgelöst durch einen Blick, durch ein Lächeln, durch eine sanfte, beiläufige Berührung. Ohne Orgasmuszwang, weil stets offen für die Empfindungen des emotionalen Orgasmus des Herzens, eröffnen sich mit oder ohne Liebesakt Grenzenlosigkeiten und Erfahrungsstufen, die in manchen Kulturen nur jenen vorbehalten geblieben sind, die die höchste Kunst des Liebens beherrschten. Das ist jenes Gefühl fließender Weite, die sich einstellt, wenn wir begreifen, daß nicht nur eine bestimmte Art von Sexualität Liebe ist, die zu einem schnellen Orgasmus führt. Hier mögen aus der Sexualität tatsächlich alle Freuden quellen, wenn wir diesen Begriff gewissermaßen einbetten in die

Dreifaltigkeit von Eros, Sex und Agape, in die Dreifaltigkeit von umfassender Sinnlichkeit, sexueller Aufgeschlossenheit und Offenheit sowie jener Liebe, die das Leben insgesamt betrifft.

Gerade weil der Mensch ein körperlich-geistiges Wesen ist, hat auch die Sexualität eine geistige Dimension: als Ausdruck gegenseitiger und gemeinsamer Entwicklung auf jeder Ebene des Zusammenlebens. Sie kann sich nur dann frei entfalten, wenn sie als neutrale Ausdrucksform von Gemeinsamkeit artikuliert wird. Die Angst, »geschlechtsrollenfreie Sexualität« würde am Ende zur Zerstörung gesellschaftlicher Moral, zu zügellosem Sexualverhalten oder gar zum Verlust der sexuellen Eigenart führen, bringt gewiß mehr Unheil hervor, als man damit zu unterdrücken glaubt. Auch diese Angst entspringt jener allgemeinen Krankheit des abendländischen Denkens, die der aristotelische »Entweder-Oder-Bazillus« verursacht hat, jenem fatalen Zwang, das sich Ergänzende, das sich Entsprechende, das einander Bedingende, die lebendige Wirklichkeit des »Sowohl-als-Auch« als sich gegenseitig bekämpfende und einander ausschließende Gegensätze zu werten.

Sexualität und Erotik in ihrem ganzen unausschöpflichen Spektrum an Ausdrucksmöglichkeiten sind weitaus mehr als nur ein Teilaspekt zwischenmenschlicher Beziehung: Sie sind das Insgesamt der Beziehung, die Summe des Ausströmens und des Aufnehmens, des Austausches von Liebe und Energie.

Wenn sich die erotischen Bedürfnisse in den Untergrund begeben, wenn sie sich in sexuellen Ghettos isolieren und dort möglicherweise perverse Blüten treiben, dann nicht zuletzt deshalb, weil sie in den Beziehungen zwischen den Geschlechtern unterdrückt werden, die das rationale, zerteilende und vergegensätzlichende Denken und die daraus resultierende Moral auseinandergespalten haben. Und wie alles, so folgt auch unterdrückte Sexualität dem Prinzip der sich selbst erfüllenden Prophezeiung: Wer sie für sich als peinlich empfindet, wer sie als sündhaft verdrängt und zur Sünde erklärt, bewirkt, daß sie tatsächlich zur Sünde wird: gewalttätig nämlich, frustrierend, unmenschlich, asozial, beunruhigend wie ein unheimliches Gespenst.

Die Liebe gehört zur Magie des Lebens, und die sexuelle Anziehung ist gewiß ihre elementarste Ausdrucksform. Wenn es etwas aus der Geschichte vom Sündenfall zu lernen gäbe, dann doch dies: daß die Sexualität, die Tatsache der sich einander bedingenden Zweiheit des Menschen und des daraus entstehenden Dranges nach Einheit, nicht nur der biologischen Fortpflanzung dient, sondern eine ganz besondere und zentrale Weichenstellung in der gesamtmenschlichen Entwicklung darstellt: dort, wo ohne Auf- oder Abwertung des einen oder anderen Geschlechts die Menschheit ins Blickfeld rückt.

In diesem Sinne sei als eine Vision an das Ende gestellt, was Roger Garaudy in seinem Buch *Das schwache Geschlecht ist unsere Stärke* schreibt: »Entsteht aber eine Lebenskunst, die die Sexualität ins Leben und das Leben in die Liebe integriert, wird eine ganzheitliche Erotik als höchste Blüte des Lebens wieder möglich, in dem nicht mehr Konkurrenz und Gewinn zu Rivalität, Ehrgeiz und Herrschaft anstiften, sondern indem sich eine unteilbar mystische und leibliche Liebe ohne Puritanismus, aber auch ohne Zügellosigkeit in allen Dimensionen der Existenz für mit sich selbst und mit der Welt, in der sie leben, versöhnte Menschen entfaltet, und zwar ohne Primat oder Privilegierung eines der beiden Geschlechter. Die Renaissance der Lebenskunst, der Liebe und der Sexualität wird lediglich der universalste Aspekt einer Renaissance aller Formen der Schöpfung sein.«

Wir können alle damit beginnen, wenn wir wollen. Es liegt bei jedem einzelnen, ob diese Vision Wirklichkeit wird. Jeder einzelne für sich kann aus der Erde seinen Himmel oder seine Hölle machen. Das Leben ist kurz. Es will geliebt und in vollen Zügen genossen werden. Spielen wir einfach Menschen im Paradies, in diesem Augenblick, denn nur der Augenblick stammt aus der Ewigkeit …